TRAITÉ

DU BORNAGE.

LAON. IMPRIMERIE DE ÉD. FLEURY ET L. HUBIEZ,

rue Sérurier, 22.

TRAITÉ
DU BORNAGE

ET

DE LA COMPÉTENCE DES ACTIONS

QUI EN DÉRIVENT

Par M. MILLET

Licencié en droit, Juge de paix du canton de Sissonne (Aisne), auteur d'articles insérés aux recueils spéciaux de MM. AUGIER, avocat à la Cour de Cassation, & JAY, avocat.

***

A PARIS

Chez { DELAMOTTE, libre, place Dauphine, 26 et 27.
{ DURAND, libraire, rue des Grès, 3.

A LAON

Chez HURIEZ, libraire, place du Bourg, 7.

1844

A la mémoire de mon Père,

Et à mon excellent ami

V. OGER,

Membre de la Chambre des Députés, l'un des colonels de la garde natinale de Paris, et Officier de la Légion-d'Honneur.

Hommage de reconnaissance.

F. MILLET.

Octobre 1844.

DIVISION DE L'OUVRAGE.

CHAPITRE PREMIER.

COUP-D'ŒIL GÉNÉRAL.

ARTICLE 1er.

Analyse de la loi romaine.

§ 1er. Origine et nature de l'action.
§ 2. Pour quels héritages elle a lieu.
§ 3. Entre qui.
§ 4. Des contestations, du devoir du juge et des effets de l'action.
§ 5. Si prescription, et quelle.

ARTICLE 2.

Droit coutumier.

§ 1er. Comparution devant commissaires, ou arpenteurs-diviseurs avant que d'agir en justice.
§ 2. Bornes posées judiciairement font seules foi.
§ 3. En l'absence de bornes régulièrement établies, pas de prescription.
§ 4. Garantie de fixité matérielle des bornes.
§ 5. Entreprises, usurpations.

ARTICLE 3.

Dispositions de la loi de 1791 et du code civil. — Passage sur le bornage, tiré des observations de la cour de cassation sur le code de procédure.—Extrait du projet du code rural de 1808.

CHAPITRE VII.

ACTION EN BORNAGE TOUTE PETITOIRE.

L'action en bornage dévolue aux juges de paix par la loi de 1838, est-elle une action essentiellement immobilière-petitoire?

CHAPITRE VIII.

ACTION EN ARPENTAGE ET ACTION EN MESURAGE ET BORNAGE.

Existe-t-il en droit une action en arpentage et une action en mesurage et bornage?

CHAPITRE IX.

DE LA DÉLIMITATION.

La délimitation est-elle distincte de l'action en bornage? et peut-elle constituer à elle seule une action?

CHAPITRE X.

DEE RÉPARTITIONS DE TERRAIN, REPRISES OU RESTITUTIONS.

La restitution de terrain contestée ou non contestée peut-elle être ordonnée par le juge de paix?

CHAPITRE XI.

DU DÉFICIT.

L'énonciation d'un déficit dans la demande et les conclusions afin d'arpentage, constituent-elles une revendication?

CHAPITRE XII.

DU BORNAGE PROPREMENT DIT.

A qui appartient l'action en bornage et contre qui peut-elle être formée. — Des arrières-voisins. — Pour quels biens a-t-elle lieu et dans quel temps doit-elle être intentée ?

ARTICLE 1er.

Qui peut l'exercer ? — l'usufruitier, le fermier, le tuteur, le mari, le curateur à l'absence, ont-ils cette action ?

§ 1er. De l'usufruitier.
§ 2. Du fermier.
§ 3. Du tuteur ; l'autorisation du conseil de famille lui est-elle nécessaire ?
§ 4. Du mari ; faut-il le concours de la femme pour les biens personnels de cette dernière ?
§ 5. De l'absent.
§ 6. Du possesseur ; quel ?

ARTICLE 2.

Contre qui l'action en bornage peut-elle être formée ?

ARTICLE 3.

Des arrières-voisins.

La loi ne parlant que de bornage entre les propriétaires contigus, prohibe-t-elle le bornage avec les arrières-voisins ?

ARTICLE 4.

Quels sont les biens soumis au bornage?

Texte romain et explication de Cujas.

ARTICLE 5.

En quel temps la demande en bornage peut-elle être formée?

CHAPITRE XIII.

DU JUGE COMPÉTENT.

CHAPITRE IV.

DES FINS DE NON-RECEVOIR CONTRE LA DEMANDE EN BORNAGE.

CHAPITRE XV.

DE LA DEMANDE, OU CITATION; — DES QUALITÉS DES PARTIES; DIFFICULTÉS A CET ÉGARD. — JUGEMENTS PRÉPARATOIRES-INTERLOCUTOIRES OU PAR DÉFAUT; — NOMINATION D'UN, DEUX OU TROIS EXPERTS POUR ASSISTER LE JUGE; — SERMENT A L'AUDIENCE.

§ 1er. De la demande, ou citation.

§ 2. Des qualités des parties; des difficultés qu'elles peuvent faire naître.

§ 3. Du jugement préparatoire-contradictoire, ou par défaut. — Le jugement de défaut-profit-joint est-il applicable en justice de paix?

§ 4. Des experts. — La nomination des experts doit-

CHAPITRE XVIII.

QUAND Y A-T-IL LIEU A CONTESTATION DE PROPRIÉTÉ OU DE TITRES ? — ET SUFFIT-IL DE CONTESTER LA PROPRIÉTÉ OU LES TITRES , SANS DONNER DE MOTIFS , POUR QUE LE JUGE DE PAIX SE DÉCLARE INCOMPÉTENT A CET ÉGARD.

§ 1er.

Contestation de la propriété. — Prétention que le demandeur n'est pas propriétaire : révendication par le voisin ou un tiers.— Possession trentenaire. — Mode de l'opération en vertu de la prescription, des titres ou de la possession. — Reprise au-delà de mur , haie et fossé. — Chemin , haie et fossé.— Ligne divisoire contestée.

1er *Cas*. — Il y a contestation de la propriété lorsque l'une des parties soutient que le demandeur n'est point propriétaire de la pièce de terre dont il demande le bornage , ou lorsqu'il y a revendication de cette pièce de terre.

2e *Cas*. — Il y a encore contestation de la propriété, au cas où l'une des parties prétend avoir acquis par la prescription trentenaire une partie de terrain au-delà de la contenance énoncée dans les titres.

3e *Cas*. — Y a-t-il contestation de la propriété, quand il y a difficulté si ce sera en vertu des titres , de la prescription trentenaire ou de la possession actuelle , que le bornage sera fait ?

4e *Cas*. — La contestation de la propriété existe-elle lorsque, pour opérer les reprises, il s'agit d'outrepasser un mur, une haie, un fossé , ou un rideau fait de main d'homme ?

5e *Cas.* — Les difficultés relatives aux chemins, rivières, fossés, haies, terrain au-delà, et comment ces objets doivent être compris dans l'opération, constituent-ils des contestations de propriété?

6e *Cas.* — Y a-t-il contestation de propriété, quand les parties sont en désaccord sur la ligne divisoire?

§ 2.

De la contestation des titres. — Nullité, précarité. — Titres respectifs ou unique. — Deux titres donnant au même fonds différence de contenance. — Absence de titres et contestations de contenance.

1er *Cas.* — Il y a contestation lorsque le titre est argué de nullité aussi bien en la forme qu'au fonds, qu'il est précaire.

2e *Cas.* — Difficulté sur l'adaptation des titres.

3e *Cas.* — Quand l'un veut borner avec les titres respectifs, et l'autre seulement avec un seul titre désigné, est-ce là une contestation?

4e *Cas.* — Y a-t-il contestation de titre, quand le juge de paix est appelé à décider entre deux titres respectifs attribuant au même fonds une contenance différente, encore bien que le voisin demande l'application du titre à contenance moindre, et que le propriétaire du fonds résiste et veuille le contraire?

5° *Cas.* — Elever des difficultés sur le plus ou moins de contenance, est-ce contester la propriété ou le titre?

6e *Cas.* — L'absence des titres et la contestation de la contenance donnent-elle lieu à l'incompétence et au renvoi devant le tribunal d'arrondissement?

§ 3.

Contestation non-motivée, le juge de paix qui en est appréciateur n'y a pas égard.

CHAPITRE XIX.

DU SURSIS OU DU DESSAISISSEMENT EN CAS DE CONTESTATION DE PROPRIÉTÉ OU DE TITRE.

Lorsque des contestations soit de propriété, soit de titre s'élèvent dans le cours des opérations de bornage, le juge de paix doit-il seulement surseoir ou se dessaisir d'une manière absolue?

§ 1er. Point de vue général.

§ 2. Point de vue spécial, question examinée sur tous ses aspects.

CHAPITRE XX.

DES RESTITUTIONS. — DES DÉPENS. — DU PLACEMENT DES BORNES.

§ 1er. Des restitutions.

§ 2. Des frais. — Ceux judiciaires en commun, et d'opération matérielle proportionnellement aux quantités.

§ 3. De la plantation des bornes. — Aux bornes naturelles et immobiles, bornes artificielles.

CHAPITRE XXI.

DU PROCÈS-VERBAL DE L'OPÉRATION DE BORNAGE. — CE QU'IL DOIT CONTENIR. — PLAN FIGURATIF.

CHAPITRE XXII.

VUES GÉNÉRALES.

Sommation à comparaître sur les lieux avec expert.
— Comparution devant le juge de paix sur avertissement. — Citation aux récalcitrants et et comparution volontaire des autres parties. — Prorogation de compétence. — Arbitrage sans formalités de justice. — Bornage général d'un territoire
communal par voie d'arbitrage.

OBSERVATIONS PRÉLIMINAIRES.

Si l'on se reporte par la pensée au tems où tous les corps judiciaires reconnaissaient la nécessité d'apporter des améliorations, des augmentations dans la compétence des justices de paix, où il s'agissait de faire disparaître en quelque sorte la qualification de tribunaux exceptionnels, qualification peu exacte et qui n'existe dans aucune loi (1), on sera étonné

---

(1) *V.* Foucher, avocat-général, Commentaire, p. 24, n° 22.
— Curasson, Traité de la comp. des juges de paix, t. 1, p. 204, n° 20.
— Nourtier, Lois sur les justices de paix, p. 8.
— M. le président de Saint-Pol.—Dissertation sur les voies de fait. Annales, t. 11, p. 57.

1

que le législateur de 1838 soit resté au-dessous
de sa mission et que les améliorations qui ont
été introduites n'ont été que timidement ten-
tées. — Cette hésitation a peut-être sa source
dans l'organisation elle-même des justices de
paix.

Ces observations touchent principalement
à une matière sur laquelle tout le monde était
alors d'accord ; il s'agit ici des actions en
bornage.

Cependant la loi telle qu'elle est, sainement
interprétée, doit encore produire de très-bons
résultats.

A cette époque, non pas comme aujourd'hui,
il ne s'élevait, aucune difficulté à cet égard,
il était entendu, compris de tous, juges et
agents de la justice de tous rangs, que les
actions en bornage seraient désormais transférées aux justices de paix ; que ce serait un
grand bienfait pour les justiciables qui pourraient en ce cas promptement et à peu de
frais connaître les limites de leurs propriétés
et éviter par là une foule de procès au possessoire (1).

---

(1) Non pas que nous soyons ici d'avis de la suppression de ces actions dont l'utitité est incontestable
et facile à démontrer, malgré le sentiment contraire
de quelques magistrats.

Il le faut dire : c'est l'énormité des frais occasionnés par une procédure ruineuse qui
appelait cette réforme. — Il est des contrées
où parler de procès en bornage, c'était porter
la perturbation parmi les habitants des campagnes qui regardaient ces sortes d'affaires
comme un fléau et dont les frais outrepassaient
souvent de beaucoup la valeur des terrains
récupérés.

Les rapporteurs de la loi sur les justices de
paix aux législatures de 1837 et 1838, lorsqu'ils
disaient qu'il importait à l'ordre public que
les propriétés soient divisées, que les frais
qu'entraînaient les bornages les avaient rendus
beaucoup trop rares, avaient senti la profondeur de la plaie actuelle, le délaissement, sans
limites certaines, des propriétés.

Je ne me dissimule pas toute la difficulté
du sujet que j'entreprends ; il semble que plus
on va, plus les obstacles naissent, plus de
nouveaux systèmes surgissent. Mais les encouragements que j'ai reçus de graves autorités, la consécration de mes premières idées
sur la matière, jetées dans de simples jugements de justice de paix, au lieu de me décourager, doivent être pour moi un motif de
persévérance dans un projet depuis longtemps
conçu, mais délaissé par suite de certaines
circonstances.

Je diviserai mon travail en deux parties

distinctes : la compétence en matière de bornage et le bornage lui-même. — Parfois dans l'examen des questions qui seront traitées, l'une viendra, sera en aide à l'autre.

TRAITÉ

DU BORNAGE

ET

DE LA COMPÉTENCE DES ACTIONS

QUI EN DÉRIVENT.

CHAPITRE PREMIER.

COUP-D'OEIL GÉNÉRAL.

ARTICLE PREMIER.

Analyse de la loi romaine.

Au point de vue du droit romain, le bornage était le réglement de limites : le digeste, livre x, contient treize lois composées de plusieurs paragraphes. Ce livre a pour titre *finium regundorum*, que je translate en notre langue par ces mots : *règlement de limites*, locution qui a une bien grande portée comme on le verra plus loin.

Il n'existe aux instituts que trois paragraphes au titre xvii *de officio judicis*, et loi 4 titre 6 *de actionibus*.

Le code, livre 3 titre 39, a six lois : il porte le même titre que le digeste, c'est toujours le *finium regundorum.*

Ces textes de lois romaines ont pour but incessant la recherche des limites des héritages et les adjudications de terrains. La propriété est constamment en jeu, — il ne s'agit pas de simples plantations de bornes — nous aurons parfois occasion d'en faire l'application.

Pour plus de clarté, ces lois seront réunies selon l'ordre des matières.

§ 1er. *Origine et nature de l'action.*

Elle vient de la loi des XII tables : le préteur nommait trois arbitres, — un d'après la loi Manilia.

Elle est personnelle, quoiqu'il y ait revendication de la chose. L. 1.

Si plainte en limites, — d'abord la question de possession doit être terminée et ensuite arpenteur sur les lieux pour découvrir la vérité et terminer le procès. L. 3. C.

Dans cette action, chaque propriétaire est demandeur et défendeur. L. 10.

§ 2. *Pour quels héritages elle a lieu.*

Pour les héritages ruraux et non urbains, parce que la séparation de ces derniers existe par les murs mitoyens. — En ville elle peut avoir lieu pour les jardins. L. 4, § 10.

Voie publique entre les propriétés, pas d'actions,

L. 4 § 11. Parce que voie publique ou fleuve n'est pas contigu au voisin. Action si ruisseau privé. L. 5 et 6.

Elle appartient aux héritages ruraux avec bâtiments. L. 2.

L'action est reçue entre deux, trois et plusieurs fonds. L. 4. § 8.

§ 3. *Entre qui?*

Cette action compète aux champs vectigaliens, entre les usufruitiers, l'usufruitier et le maître de la propriété, et les gagistes. L. 4. § 9.

Elle n'est pas reçue pour un fond commun. L. 4. § 6.

Elle n'est pas donnée à un propriétaire d'un fond contre son communiste du fond voisin. L. 4. § 7.

§ 4. *Des contestations, du devoir du juge et des effets de cette action.*

Si confins confondus par irruption ou inondation, mesurage a lieu et restitution. L. 8.

Celui qui a une plus grande quantité doit fournir ceux qui en ont une moindre. L. 7.

Mesurage doit être ordonné et les questions de limites décidées par arpenteurs ; et si la chose l'exige, inspection de lieux par le juge. L. 8. § 1.

Si une des parties refuse de comparaître, ordre à l'arpenteur d'aller sur les lieux, il procédera en présence de l'autre partie. L. 5. Cod.

Census et monumenta doivent être suivis si les bornes n'ont pas été déplacées par suite de succession ou par les possesseurs à cause d'addition ou de distraction. L. 11.

Les marques d'une ancienne délimitation changeant souvent par suite de ces variations. L. 2. C.

Partie de fonds peut être distraite et l'acheteur ne peut réclamer plus. L. 1. C.

Quand difficulté relativement à des fonds vendus, le vendeur sera consulté. L. 12.

Incertitude sur les confins, déplacement de bornes par la voie de l'adjudication. L. 2. § 1.

Alors adjudication de terrain et condamnation à une somme pour le terrain adjugé. L. 3.

Un fonds à deux, l'autre à trois, adjudication du terrain recherché à une seule partie parceque plus au fonds qu'aux personnes les adjudications sont faites. — Si adjudication à plusieurs, la part est proportionnelle. L. 4. § 5.

Id quod interest.—Indemnité pour le profit tiré du terrain voisin. L. 4. § 1.

Fructus. — Après la contestation en cause sont accordés; perçus avant, non. L. 4. § 2.

Si mesureur est chargé par un seul, condamnation des deux parties. L. 4, §.1. V.

Règles pour les distances :

Haie, la limite; — mur, le pied; maison, deux pieds; — sépulcre ou fossé, la distance de la profondeur; — puits, un pas; — Olivier, figuier, neuf pieds; — autres arbres, cinq pieds. L. 13.

Ordre de couper arbre ou abattre édifice non exécuté, condamnation. L. 4. § 3.

§ 5. *Si prescription et quelle.*

D'après la loi des XII tables, la distance des cinq pieds était éternelle.

Pas de prescription de long temps pour terrain même considérable. L. 4. C. Th.

Cette action a été exceptée de celle trentenaire par Théodose. L. 4. D. Th.

Mais Justinien l'a soumise non à celle de *longi temporis*, mais à celle de trente ans. L. fin. C.

ARTICLE 2.

Droit coutumier.

Les coutumes seront également rangées par ordre de matière :

§ 1er. *Comparution devant commissaires.*

Une chose qui doit frapper dans ces coutumes diverses, c'est une bienfaisante institution que je voudrais voir figurer dans nos codes en tête du préliminaire de conciliation : je veux parler du collège d'arpenteurs-diviseurs.

Voici ce qu'on lit dans la coutume de Bruxelles :

Statut concernant le bornage des héritages.

I. De paraître devant commissaire avant de procéder en matière de bornage.

Lorsqu'entre parties résidentes en la ville ou sa juridiction, il y aura question de bornes des héritages, édifices, servitudes et choses semblables, lesdites parties, avant que d'être admises en droit,

seront obligées à demander des commissaires hors
de la loy, lesquels elles mèneront au lieu en
question ensemble avec les sermentez aux limites,
pour à leur intervention estre égalées en amiable
en leur différend s'il est possible.

I. Dans la susdite ville il y a un collège d'hommes que l'on nomme arpenteurs-diviseurs ou experts qui, par chacun an, sont renouvelez par la
loy, pourquoy il est mis des personnes ayant con-
noissance des droits de maisons, de servitudes, de
franchises et communauté d'héritage.

II. Lorsqu'il arrive quelque différend entre
quelques bourgeois et habitants à cause de communauté de cloisons ou murs, de franchises ou non
franchises, de maisons ou d'héritages, de ruisseaux,
de gouttières, d'égouts de toits, de communauté
de puits de pierre, de vuidange et d'entretien commun de privez, dont les parties ne pourroient s'accorder entre elles, elles comparoissent pardevant
les experts, et elles y déduisent leur différend au
long, afin de par eux être séparez *sommairement*.

III. Les quels experts, s'ils ne pouvoient accorder les parties, se transportent sur le lieu contentieux, prenant inspection de ce qu'ils y trouvent,
déclarant ce qu'il leur en semble et ils en feront le
rapport au greffe, où il est tenu notice de ce qu'ils
ont fait.

IV. Si tant est que l'une ou l'autre des parties
ne se contente pas de leur sentence ou jugement,

elle en peut faire la remontrance à la loy, qui les entendra sans amende.

§ 2. *Les bornes posées judiciairement font seule foi.*

Coutume de Bailleul. Rubrique XXIX.

Art. VII. Aucunes bornes ne pourront estre mises ny dressées que par des arpenteurs–jurez, et du consentement des propriétaires de terres voisines, ou par les formalités qui y conviennent, à peine de l'amende de x livres parisis et de punition arbitraire.

Coutume de la salle, baillage et chatellenie de Lille.
Chap. XXVII.

Par la coutume, pour vallablement planter et asseoir bornes est requis ce faire présent justice, par porteurs et mesureurs sermentez, à ce évoquez les seigneurs, baillifs ou lieutenans et ceux à qui ce peut toucher.

Coutume de la ville et échevinage de Lille.

I. Pour duement mettre bornes et assens entre deux confins de maisons et héritages, est requis faire évoquer et adjourner sur le lieu le prévost de Lille ou son lieutenant, quatre échevins du moins, et les héritiers circonvoisins, et illec par ouvriers sermentez, et autres à ce cognoissans, si mestier est, présens les dessus nommés échevins, à la semonce dudit prévost ou son lieutenant, faire asseoir

et mettre lesdites bornes et assens; en faisant par
ledit prevost ou son lieutenant deffenses de non
toucher à telles bornes et assens....

Coutume du Maine. CCLXXXXVII.

Fraescheurs qui ont départy la succession à eux
advenue, n'y peuvent mettre, n'asseoir bornes, ne
diviser sans authorité de justice; bien y peuvent
mettre paux ou enseignes en attendant que par
justice bornes y soient mises, et s'ils y mettent
bornes sans appeler justice, ils en feront soixante
sols mansays pour chacune borne, laquelle amende
appartient au seigneur de la justice foncière qui
avoit droit d'y mettre ou faire mettre lesdites bornes, toutes fois de bornes ostées ou arrachées les
bas justiciers n'ont pas la cognoissance comme dit
est dessus.

L'art. CCLXXX de la coutume d'Anjou reprodui-
sant textuellement l'art. CCLXXXXVII de celle du
Maine, celle-là ne sera pas rapportée.

§ 5. *En l'absence de bornes régulièrement établies par de prescription.*

Coutume du Pays et comté de Hainaut. Chap. CVII.

III. Contre borne et rétablissement, n'y aura,
comme de tout temps, aucune prescription.

Coutume de la ville de Valencienne.

XCVI. En matière de borne, cerquemanage et
mesurage de terre, n'y a prescription.

Coutume de la salle, baillage et chatellenie de Lille. Chap. XVII.

VII. — Pour emprinses d'héritages circonvoisins et joindans l'un l'autre, prescription n'a lieu pour quelque longue joyssance que l'on en ait eu, n'est qu'entre lesdits héritages y ait bornes, assens ou séparations notables.

Coutume de la ville et échevinage de Lille. Chap. VI.

VIII. — Prescription n'a lieu pour emprinse d'héritages circonvoisins contiguez et joindans l'un l'autre pour quelque longue jouissance, n'est qu'entre lesdits héritages y eust bornes, assens ou séparations notables.

Coutume de la ville et eschevinage de Douay. Chap. IX.

II. — Par ladite coutume prescription (sauf immémoriale) n'a lieu en matière de portement d'eaues, veues, passage ou autre servitude, *cerquemanage bornage* et desseurage, ne fut qu'il en apparut par lettres passées et données par les eschevins de ladite ville.

Coutume de la ville et eschevinage d'Orchies. Chap. VIII.

II. — Prescription ou longue possession n'a lieu en matière de droit de servitude, de portement d'eau, veues, passages, n'y autre servitude, *cerquemanage* bornage, desseurage, s'il n'en apport par lettres passées et données des echevins de ladite ville, sauf la possession immémoriale.

Coutume de Cambray.

IV. — En matière de cerquemanage, il n'y a point de prescription.

§ 4. *Garantie de fixité matérielle des bornes.*

Ville et échevinage de Lille.

I. — Par la coutume pour deuement mettre bonnes et assens... (infine).... en faisant par ledit Prevost ou son lieutenant deffanse de non toucher à telles bornes et assens, ne fouir à un pied près d'icelles, à péril de soixants sols d'amande de loy et punition d'eschevins.

Coutume du baillage d'Artois.

XXVI. — Quiconque arrache bournes, coupe ou abat une espine reputée et tenir pour bourne il commet vers le seigneur Viscomtier en la juridiction du quel les dites bournes ou espines sont assises ou plantées, amende de soixants sols parisis, et si les dites bournes ou espines estoient entre deux juridictions, celuy doit envers chacun desdits seigneurs pareille amende de soixants sols parisis, et ne peut ou ahasser, ou fouyer à pied et demy près dudit bourne ou espine sur ladite amende.

Coutume de Tournehem. T. IV chap. Ier.

XXIII. — Item que nul ne hanleve, ou fouisse à pied et demi près d'une bourne ou estanque, sur soixants sols parisis d'amende.

Coutume de Cassel.

Et pour obvier aux fraudes qu'on pourrait faire en creusant ou fossoyant proche bornes, personne dors en avant ne pourra creuser ou fouir plus proche des bornes qu'à deux pieds et demy autour, à peine de l'amende de LXII sols.

Coutume de la salle et chatellenie d'Ipre. Chap. XCV.

II. — Item et pour obvier aux fraudes que l'on pourrait faire en fouissant auprès des bornes, il est ordonné que dors en avant personne ne pourra fouir plus près que trois pieds à l'entour à peine d'amende de III. livres parisis.

Coutume de Bailleul. Rubrique. XXIX.

VI. — Personne ne creusera plus que trois pieds ni ne plantera plus près de deux pieds autour des bornes de pierre; le tout à peine de l'amende à lesgard des fiefs de X livres parisis; et à l'esgard des héritages rotures de III livres parisis, et de la reparation du creux et du planti osté à ses depens.

Coutume de la salle, baillage et chatellenie de Lille. Chap. XXVII.

II. — Anciens fossez et blanches espines sont réputez assens entre héritages circonvoisins.

Coutume d'Orléans.

Il n'est loisible planter ormes.... ne planter hayes visves plus près dé l'héritage de son voisin, que de pied et demy : et sera ladite haye d'espine blanche et non d'espine noire.

§ 5. *Entreprises, usurpations.*

Echevinage de Lille. Chap. XXI.

II. — Quand un héritier (propriétaire) entend son voisin héritier avoir *emprins* sur son héritage ;... il peut requerir cerquemanage ou visitation être faite des deux héritages, et pour ce faire doit faire convenir par devant eschevius en halle, et brief jour, sa partie pour consentir ou dessentir ledit cerquemanage ou visitation et que lors on ordonne sommairement que tel cerquemanage ou visitation se fera à tels dépens qu'il appartiendra. En ensievant ce, le prévost ou son lieutenant, les deux eschevins à ce commis avec le clerc de la dite ville, se transporteront sur le lieu et illec les parties peuvent exhiber telles lettres tiltres et enseignemens que bon leur semble, et par les ouvriers de la ville se fait ledit cerquemanage ou visitation qui se met par écrit par ledit clerc, et le rapporte en halle à certain jour ensievant, en n'y adjournant que les parties pour le voir prononcer, et lors s'il n'y a opposition, est ordonné que tel cerquemanage ou visitation doit sortir et se décrete, en ordonnant que les *emprises d'un costé et d'autre se retrancheront* et là où ne serait trouvé qu'il y eût emprises , les dépens dudit cerquemanage doivent être aux dépens du requerant.

III. — Après complainte intentée en la gouvernance de Lille, après icelle executée et restablis-

sement faict, l'on peut retourner à cerquemanage
par devant eschevins; en quel cas on ne procéderait plus avant en ladite complainte.

Coutume de Brusselles. Statut concernant le bornage.

XCVI. Lorsqu'entre parties est question à cause
que l'un a trop étendu son fond, et que tel fond
n'est trouvé distingué par des bornes, les embor-
neurs jurés sépareront tel fond sous leur serment,
et comme ils pouvront le mieux, selon les vieilles
marques et témoins qui auront fréquenté ledit fond
plusieurs années en avant, et le magistrat leur fera
suivre ce qu'après la division appartiendra à l'un et
à l'autre......

Cité et duché de Cambray et du pays et comté de Cambresy.
Tit XXV.

XXX. Un cerquemanage se peut détruire par trois
voyes : à savoir par un autre cerquemanage requis devant que de emologuer le précédent, ou
par lettre en forme, ou record de loy.

XXXII. — En matière de cerquemanage quand
les deux parties viennent à emologuer le premier
les dépens se doivent payer par moitié... (si un second, celui qui succombe paye les dépens, ainsi du
troisième, il n'y a jamais lieu à un quatrième).

ARTICLE 3.

*Dispositions de la loi de 1791 et du code civil;
passage sur le bornage tiré des observations de
la cour de cassation sur le code de procédure,
et extrait du projet du code rural de 1808.*

L'origine des règles sur le bornage en France est
là dans la loi romaine, le droit coutumier et les
usages.

L'expression bornage qui a passé dans la loi du
6 octobre 1791 et qui a été reproduite par les ré-
dacteurs du code civil n'est autre chose que la tra-
duction du *finium regundorum;* en effet les tra-
ducteurs du digeste, du code et des institutes ont
tous donné au titre romain le titre français du *bornage.* Le terme le plus générique a été employé
pour éviter les deux mots correspondants et très
explicites cependant, réglement de limites.

Ce détail grammatical était en quelque sorte nécessaire, parce que tout un système qui ne manque
pas de partisans a été échafaudé sur le mot bornage.

La loi de 1791 connue sous le titre de code
rural, porte article 3 : Tout propriétaire peut obliger
son voisin au bornage de leurs propriétés contiguës,
à moitié frais.

Cette disposition se retrouve dans l'article 646
du code civil, au titre des servitudes dérivant de
la situation des lieux: tout propriétaire, dit cet
article, peut obliger son voisin au bornage de leurs
propriétés contiguës. Le bornage se fait à frais
communs.

Dans la théorie du code judiciaire qui devait servir de prolégomènes au code de procédure de 1807, la cour de cassation a parlé des actions au bornage.

Cette théorie se trouve dans le recueil de Sirey, la cour y puise souvent des motifs de solution : elle a pour titre : observations préliminaires de la cour de cassation sur le projet du code de procédure civile :

Livre Ier. De l'administration de la justice en général.

Titre Ier. Des actions.

Section II. Des actions mixtes.

Art. 18. Il est des actions auxquelles on donne plus particulièrement qu'à toute autre, le nom d'action mixte, c'est-à-dire à la fois réelle et personnelle, parce qu'outre la revendication d'une chose, elles embrassent presque toujours des prestations.

Art. 19. Les actions mixtes sont...... l'action en bornage.

De l'action en bornage :

Art. 24. L'action en bornage appartient au propriétaire d'un héritage dont les limites sont confondues avec celles des héritages voisins.

Elle tend à faire cesser cette confusion, en replaçant les bornes déplacées, ou en en faisant établir de nouvelles à frais communs.

Art. 25. Si les parties ne sont pas d'accord sur les endroits où les bornes doivent être placées, et si les titres produits de part et d'autre ne suffisent pas pour les déterminer, le juge pourra admettre la preuve par témoins sur le placement des auciennes limites, et à défaut d'anciennes limites, sur une jouissance propre à opérer la prescription.

Art. 26. L'action en bornage ne compète ni au fermier ni à l'usufruitier, mais ils peuvent obliger le propriétaire à faire fixer dans un temps déterminé les limites de son bien.

Cette action s'intente contre les propriétaires des fonds adjacens et non contre les fermiers ou usufruitiers de ces mêmes fonds.

Titre II. Devant quels juges les actions civiles doivent s'intenter?

Art. 59. L'action en bornage s'intente devant le juge du lieu de la situation des biens qui doivent être bornés.

Chapitre II. De la compétence des tribunaux civils; art. 118 : Il y a en France quatre espèces de tribunaux civils : les justices de paix, les tribunaux de première instance, les tribunaux de commerce, les cours d'appel.

§ 1er. De la compétence des justices de paix.

Art. 124. Si, dans une procédure suivie devant un juge de paix, il s'élève une question d'état, ou si une partie déclare vouloir s'inscrire en faux contre un acte, ou dénie l'écriture, ou déclare ne pas la reconnaître, ou prétend qu'on a abusé de la signature en blanc pour le surmonter d'une obligation fausse, le juge de paix renverra ce débat au tribunal de première instance, et surseoira à l'instruction du principal.

§ III. De la compétence des tribunaux de première instance.

Art. 126. Les tribunaux de première instance

connaissent de toutes les affaires qui ne sont pas *réservées* aux justices de paix. — (V. Sirey, recueil des lois et arrêts, tome 9, p. 1.)

Le projet du code rural de 1808 contient quatre articles. Chapitre II du bornage.

Art. 58. Tout propriétaire peut obliger son voisin au bornage de leurs propriétés contigues : le bornage se fait à frais communs. (Art. 646 du code Napoléon.)

Art. 59. Dans le cas où un propriétaire réclamerait contre le placement d'une borne, les frais de la vérification seront supportés en entier par lui, si sa réclamation n'est pas fondée.

Dans le cas contraire, les frais seront payés en commun, à moins qu'on ne prouve qu'une des parties, ayant déplacé les bornes, se trouve dans le cas prévu par l'art. 156 au chapitre de la police rurale.

Art. 40. Les propriétaires riverains étant d'accord, procéderont au bornage de leurs propriétés, comme ils le jugeront convenable.

En cas de contestation, le juge de paix nommera des experts et prononcera sur leur rapport.

A défaut de titres, de bornes et de tous autres renseignements, les experts procéderont d'après la notoriété publique. (V. observations des commissions consultatives sur le projet du code rural, tome 1. — 1810, p. 42.)

La loi sur les justices de paix du 25 mai 1838 porte art. 6 : les juges de paix connaissent en outre à charge d'appel 1°..... des actions en bornage.... lorsque la propriété ou les titres qui l'établissent ne sont pas contestés.

CHAPITRE II.

DÉFINITION DU BORNAGE ET ACTION QUI EN DÉRIVE.

PARDESSUS. — Le bornage (qui) a pour objet de marquer d'une manière apparente le point où finissent deux héritages, de prévenir l'anticipation que des voisins peuvent commettre (l'un sur l'autre), soit avec intention, soit par méprise, et de faire restituer *ce qui a été perdu par le fait de ces anticipations* (est l'objet de l'art. 646, c. c.), v. 6⁰ édit., p. 175 et 8ᵉ édit. en 2 vol., t. 1ᵉʳ, p. 295. — 1838.

TOULLIER. — Lorsque deux héritages contigus n'ont jamais été séparés et qu'on n'a point fixé la ligne qui doit les séparer, ou que les bornes ne paraissent plus, les voisins sont exposés à empiéter l'un sur l'autre même sans le savoir, il devient donc nécessaire de déterminer les points précis où l'un des héritages finit et où l'autre commence, et d'y planter des bornes que l'on puisse reconnaître, c'est ce qu'on appele *bornage*. T. 3, sect. 2. Droit de bornage nᵘ 169.

DURANTON. — Le bornage a pour objet de régler les confins des héritages afin de *prévenir les empiétements*. T. 5, sect. 2 du bornage, nᵘ 245.

FAVARD. Tout propriétaire peut contraindre son voisin au bornage, disposition également bonne pour prévenir les usurpations et pour faire *restituer les choses usurpées,* qu'on peut appeler amie de la paix, par la quantité de contestations qu'elle empêche de naître et les moyens simples qu'elle donne pour les résoudre. — Répert. t. 5, p. 158, sect. 2, § 2, v° servitude.

LONCHAMPT. — Lorsque les limites qui existaient entre deux héritages ont disparu et qu'il n'y a été suppléé par aucune autre signe constatant *que l'étendue des droits respectifs de deux propriétaires* voisins est devenue incertaine, le bornage devient alors l'objet principal d'une convention ou d'une demande en justice. — Précis des lois et de la jurisprudence sur la police rurale, p. 49.

Le bornage peut donc être défini le droit qu'a tout propriétaire de faire fixer judiciairement et d'une manière certaine et invariable les limites de sa propriété.

De là il résulte également que le bornage présente une idée complexe, la recherche des limites, les reprises ou restitutions de terrain et la plantation des bornes.

CHAPITRE III.

DE LA NATURE DE L'ACTION EN BORNAGE.

Notre but dans ce chapitre qui est pour ainsi dire la suite du précédent, est moins de rechercher si l'action en bornage est ou personnelle ou immobilière, ou mixte, que de constater ce que c'est que le droit de bornage.

Le jurisconsulte Paul qualifie cette action de personnelle : *finium regundorum actio in personam est, licet pro vindicatione rei est.* Digeste, loi première. *Fin. regund.*

L'action de réglement de limites ou en bornage est personnelle, quoiqu'elle ait pour objet la revendication de la chose.

Aux instituts cette action est présentée comme mixte, participant des deux natures, personnelle et réelle, *in personam in rem.* au n° 20 *de actionibus*, l. IV, t. 6. *Quædam actiones mixtam causam obtinere videntur tam in rem quam in personam; qualis est.... item finium regundorum actio, qua inter eos agitur qui confines agros habent.*

Item l'action en bornage qui s'agite entre ceux qui ont des champs voisins.

La raison qui en est donnée est que : *permittitur judici rem alicui ex litigatoribus ex bono et æquo adjudicare, et si unius pars prægravari videtur, eum invicem certâ pecuniâ alteri condemnare.*

Il est permis au juge d'adjuger, selon l'équité, une chose à l'un des plaideurs, et si la part de l'un excède, le condamner à son tour à une certaine somme envers l'autre.

Ulpien, livre 44 du Digeste, t. 7, *de obligationibus et actionibus*, loi 37, parle des actions mixtes et leur donne ce caractère par une autre raison, parce que dans ces actions les deux plaideurs sont demandeurs, *mixtæ sunt actiones, in quibus uterque actor est. Ut puta finium regundorum, familiæ erciscundæ, communi dividendo interdictum uti possidetis, utrubi* (ces deux dernières actions possessoires.)

Pour l'interprétation de ces différents textes,
nous citerons Cujas, t. 2, des Posthumes, 2e édit.
de Colombet dite Longue-Barbe, page 360, dans ses
récitations solemnelles sur le livre XXIII de Paul
ad edictum.

Ad leg. I fin. regund.

« Finium regundorum actio in personam est,
» licet pro vindicatione rei est.

» Hic totus liber est de actionibus, quæ mixtæ esse
» videntur, primùm quidem, quia tam in rem quam
» in personam esse videntur, quia cum re personales
» prestationes persequuntur, sive rem vindicant
» simul, et adversarium intendunt obligatum esse
» ad dandum aliquid vel faciendum. — Denique,
» quia *in eis actionibus, uterque est actor, uterque*
» *reus, uterque petit, et ab utroque petitur.* Nam
» non illâ tantùm ratione, quod sint tam in rem
» quam in personam, sed et hâc ratione et mixtæ et
» duplices actiones esse di cuntur. L. 57, de oblig.
» et act. L. 10, hoc tit. Ejus autem generis sunt
» hæ tres actiones quæ omnes sunt ex 12 tab. fi-
» nium regundorum. Fam. ercisc. communi divid.
» Prima est actio finium reg., sive de finibus regun-
» dis quæ redditur inter vicinos, sive affines, qui
» inter se jurgant de terminatione finium : uno quo-
» que sibi vindicante ampliores fines ac propterea
» intendente sibi dari aliquid, aut præstari oportec
» vel quod utilitatis ex eo loco vicinus percepit,
» qui suus fuit, vel quod ipse impendit agri men-
» soris adhibendi causa, ut l. 4, § 1. fin. reg. vel

» quod vicinus circa fines maliciosè egit. § ult. inst,
» de offic. jud. et statim in l. 1. fin. reg. ex hoc
» Pauli libro proponitur, hanc actionem finium re-
» gundorum esse mixtam tam in rem, quam in per-
» sonam : his verbis, finium regundorum actio in
» personam est, licet pro vindicatione rei est, id
» est, licet principaliter sit rei vindicatio, nempè
» finium vindicatio, ut l. 10 C. de evict. et novell.
» 69. Tamen est etiam in personam. »

On peut également consulter au tome 2 *de jure
fecit*, p. 63, les paratiles ou expositions du lib. 3
du code de Justinien, titre 39, *finium regundorum*.

« Inter judicia divisionis pono etiam actionem de
» finibus qui fortè confusi, vel obscurati, vel occu-
» pati sunt dirigendis, dirimendis, disterminandis
» inter affines quâ veteres Galli interpretantur
» (plet de bonnes) actionem arbitrariam, ut rei vin-
» dicationem non bonæ fidei, et dicere possim de
» finibus erciscundis, ut Apuleius in metamorphosi,
» viæ erciscundæ. Nec ambigitur quin sit mixta in
» rem et in personam. Est igitur quadrigamistarum
» actionum hæc, petitio bæreditatis, familiæ ercis-
» cundæ, communi dividendo, finium regundorum,
» quas tamen omnes existimandum est plerumque
» magis esse in rem quam in personam l. si quis
» cum. D. commun. divid. l. si furiosus. D. de oblig.
» et act. id est, principaliter esse in rem, nec enim
» sunt ex contractu, et hæreditatem potissimùm
» vindicant, vel id quod cuique competit in hære-
» ditate aut re communi, vel etiam fines ut nov. 69.
» Sed et rationem admittit actio finium regundorum
» ejus quod affinem affini dare facere oportet § Si

» finium inst. de offic. jud. l. 4 § 1. D. fin. regund.
» quæ actio personalis est. Et quia personales etiam
» eæ actiones sunt, ideò neque usucapio eis obstat,
» neque præscriptio longi temporis, id est x aut xx
» annorum, quæ tamen alio respectu quæ reales
» magis sunt videretur objicienda, sed placuit exigi
» xxx annorum spatium. Quia igitur actio finium
» regundorum datur si lis consistat iutrà pedes
» quinque (hic enim est finis finium) *actio in rem*
» si amplioris terræ controversia sit, hæc perimitur
» præscriptione longi temporis, illa non item, et
» quod ait l. penult. tit. quinque pedum præscrip-
» tionem esse summotam, hoc est, de quinque pe-
» dibus controversia arbitros tres ex xii (sicut in
» vindicationibus ex lege, si vindiciam falsam tulit),
» vel arbitros singulos ex lege maniliâ judicare,
» non observatâ præscriptione longi temporis l. ult.
» cod. th. ead. et ut additur in eod. cod. hâc solâ
» præscriptione actorem repelli, si veteribus finem
» cum signis limes inclusus congruum eruditâ arte
» præstiterit, in concilio spalensi ii. Si veteribus
» signis limes præfixus monstraverit reo jus esse
» retentionis et signis, ut poeta ait, signare cam-
» pum; et arcadius augustus gromaticos. Cum signis
» et sigillis terminos constituimus. Ex lege duo-
» decim, ex lege maniliâ non erat usucapio intrà
» quinque pedes, quoniam hanc latitudinem iter ad
» culturas accedentium occupat, vel circumactus
» aratri, ut Aggenus Urbicus ait, et iter quidem ad
» eundum ambulandum, id est servitus itineris cum
» prædio usucapi potest, iter ad culturas, vel ut
» loquitur Varro, iter limitare usucapi non potest,
» sed neque longo tempore acquiri. l. penul. et ult. »

Nous nous bornerons à ces deux citations tirées de Cujas. L'exposition de l'infinie variété des opinions des commentateurs du droit romain aurait le double inconvénient d'un travail immense et sans résultat pratique au surplus.

Voici comment s'exprime Pothier, second appendice du voisinage, édit. de Debure, p. 232.

Elle (cette action) est principalement personnelle puisqu'elle nait de l'obligation personnelle que les voisins contractent réciproquement l'un envers l'autre par le voisinage *quasi-contractu;* elle tient aussi quelque chose *de l'action réelle* en ce que par cette action le voisin réclame ce qui fait partie de son héritage et pourrait se trouver avoir été usurpé par son voisin. »

« Cette action est aussi au nombre de celles *judicia duplicia*, car par cette action, chacune des parties, celle qui est assignée aussi bien que celle qui a assigné, *réclame chacune l'une contre l'autre ce qui par le bornage sera déterminé faire partie de son héritage.* »

Si les interprètes du droit romain ne nous ont laissé qu'incertitude sur la nature de l'action en bornage, les auteurs modernes ne sont pas plus heureux : même confusion, même désaccord.

Mais comme nous l'avons dit en commençant ce chapitre, ce qui importe c'est de constater ce que l'on entend par bornage, de connaître en un mot toute l'étendue de ce droit.

Nous citerons les auteurs dans leur ordre de publication :

Poncet a traité la question *ex-professo;* son œuvre remonte à 1817.

Page 160, « l'action en bornage, dit cet auteur, » pourrait aussi être qualifiée réelle, comme ayant » pour but de recouvrer par le bornage *la portion* » *de notre héritage que le voisin a pu comprendre* » *dans le sien.* » Tel est le sentiment de Voët, qui reconnaît cette prédominance de la réalité dans l'action en bornage.

Poncet, après avoir fait connaître l'insuffisance des jurisconsultes romains et des docteurs, se prononce pour l'action mixte, parce que l'une et l'autre action réelle et personnelle dérivent tout à la fois du droit de propriété dans la chose à borner et de l'obligation légale de borner. V. *p.* 194.

Le répertoire de la nouvelle législation qui a paru en 1825, t. 1er, v° action, § 1er, n° 5, établit une distinction plus ou moins rationnelle. L'action serait mixte si à la demande se trouvent joints des restitutions de fruits, des dommages intérêts, des prestations quelconques; — seule, la demande serait réelle. — L'action n'est personnelle sous aucun rapport; elle est purement réelle immobilière, puisqu'elle tend uniquement à faire déterminer une part dans un immeuble; mais s'il y a demande en prestation, l'action devient alors mixte.

Carré, lois de la compétence, t. 1er, 1re édit. 1825, *p.* 476, déclare des plus essentiellement réelles l'action de bornage, parce qu'elle n'a pour objet que l'exercice du droit dans la chose.

Dans la théorie de la procédure publiée en 1828, t. 1er, Introduction, chap. 5 des actions, on lit, *p.* 74 : « Quant à l'action en bornage, souvent elle » se complique de la revendication d'une portion » de terrain usurpée dans la confusion des limites;

» sous cet aspect elle serait réelle; mais reste tou-
» jours le caractère de personnalité qui sort du
» quasi contrat de voisinage et d'une obligation
» imposée par la loi. Elle est donc mixte, soit
» qu'il y ait ou qu'il n'y ait pas de conclusions.
» accessoires afin d'obtenir des prestations per--
» sonnelles. »

« Il peut arriver aussi que la plantation de bornes
» soit demandée pour l'état actuel de la possession
» sans application de titres, sans arpentage et sans
» revendication de terrain; on aperçoit alors dans
» l'action une grande prédominance de personnalité. »

Chauveau, lois de la procédure de Carré, ouvrage
immense par la matière, ne reconnaît que les actions mobilières et immobilières. Il cite Benech
qui, dans son traité des tribunaux de première
instance, a été forcé de détacher des actions qua-
lifiées mixtes les demandes en bornage qui lui paraissent évidemment des demandes immobilières.

D'après les sources où la loi a été puisée, l'opinion
des auteurs et l'esprit de cette loi, on doit décider
que l'action en bornage présente une idée complexe,
la recherche des limites, et par voie de conséquence
la restitution des terrains, et comme consécration
de l'opération la plantation des bornes; — Qu'en
un mot, le bornage tel que l'entend la loi romaine,
ainsi que la loi française qui n'a fait que reproduire
peut-être trop succinctement le principe romain,
comprend tout à la fois la délimitation et le fait
matériel du placement des bornes.

Maintenant que nous savons ce que c'est que le
bornage, que nous connaissons son origine, sa
nature et toute l'étendue de ce droit, nous allons

nous livrer à l'examen des questions les plus irritantes qui soient nées de la loi nouvelle de compétence des justices de paix du 25 mai 1838.

CHAPITRE IV.

DE LA COMPÉTENCE EN MATIÈRE DE BORNAGE.

Motifs de la loi nouvelle en ce qui concerne le bornage et opinion des commentateurs de cette loi.

Comme je l'ai fait remarquer dans les observations préliminaires, depuis long-temps, peu ou point de procès en bornage n'apparaissaient plus devant les tribunaux d'arrondissement ; la cause de cette amélioration venait-elle des dispositions pacifiques des habitants des campagnes ou des magistrats populaires qui terminaient soit comme conciliateurs, soit comme arbitres ces différends? ou plutôt la cause ne provenait-elle pas d'une procédure ruineuse dont les simples opérations préalables coutaient ce que coûtent des procès d'un grand intérêt? (il s'agit de toute la procédure d'expertise.) Nos législateurs, ayant apprécié cet état de choses, y ont apporté un remède en déplaçant la compétence pour ces sortes d'actions.

§ 1er. *Exposé des motifs ou discours de présentation, rapports et discussions aux chambres.*

Le projet de loi de 1855 sur l'organisation judi-

ciaire comprenait dans la longue nomenclature de
l'art. 4, n° 6, les actions en bornage *entre propriétaires voisins*, lorsque la propriété et les titres
qui l'établissent ne sont pas contestés.

L'exposé des motifs ou le discours de présentation à la chambre des députés séance du 25 janvier
1855 ne parle pas des actions en bornage.

Le ministre a cru suffisante cette énonciation :
actions en bornage entre propriétaires voisins, lorsque la propriété et les titres ne sont point contestés.
C'était faire connaître assez qu'il ne s'agissait pas
de possession, cette dernière attribution se trouvant portée au n° 1er et l'action en bornage entre
celle en élagage et celle concernant les gens de
travail.

Dans le rapport de la commission de la chambre
des députés, M. Amilhau a dit : L'action en bornage
était attribuée au juge de paix, lorsque la propriété
et les titres n'étaient pas contestés ; les mêmes raisons existent pour placer sous cette juridiction les
questions relatives à la distance des arbres lorsqu'il n'y a aucun litige sur le fond du droit; ce sont
des questions simples, objet d'une expertise et
d'une solution facile.

Le premier projet de loi ayant été soumis à la
cour de cassation et aux cours royales, le gouvernement a publié l'analyse des observations de ces cours.

Voici ce qu'on lit *p.* 24 (art. IV 6°) présenté
par le gouvernement :

6° Des actions en bornage entre les propriétaires
voisins, lorsque la propriété ou les titres qui l'établissent ne sont pas contestés.

Proposé par la commission. — Renvoyé à l'art. 5.

Suit l'observation : Tout le monde s'est accordé à ne confier la décision de ces sortes de contestations aux juges de paix qu'à charge d'appel. On s'est fondé sur ce qu'elles étaient trop *intimement liées avec le droit de propriété pour ne les faire dépendre que d'un seul degré de juridiction.* Nous nous rendons à ces motifs, et nous consentons à reporter cette disposition à l'art. 5, ainsi que le demande la commission.

Ce § 6 ayant été renvoyé par la commission à l'art. 3, il se trouve rangé sous le n° 2; en voici les observations : C'est sans doute par erreur que le rapporteur de la commission a dit que l'action en bornage était attribuée au juge de paix, lorsque la propriété n'était pas contestée. La loi du 24 août 1790 ne lui défère que les déplacements de bornes commis dans l'année, et cette action ne peut être confondue avec l'action en mesurage et bornage. Cette dernière action, par le nombre des parties ordinairement en cause; par la nécessité du renvoi devant le tribunal, lorsque la propriété et les titres sont contestés, ce qui arrive le plus souvent, doit être maintenue dans la juridiction des tribunaux de première instance. (Cour royale d'Amiens.)

— Au surplus, il est prudent d'exprimer nettement que le juge de paix n'est compétent que quand la propriété et *ses limites* ne sont pas contestées. (Cour de Metz.) V. *p.* 41.

Nous ferons observer que l'opinion actuelle de la cour d'Amiens, qui a persisté dans celle par elle émise sur le projet du code rural de 1808, n'a point été suivie, pas plus que celle de la cour de Metz, pour les *limites.*

Dans la séance du 6 janvier 1837, l'ancien projet de loi a été reproduit par M. le garde-des-sceaux Persil.

Le juge de paix, a dit le ministre, est juge ordinaire de la possession. Si le litige porte sur la propriété, l'examen des titres et la connaissance approfondie du droit sont nécessaires ; dès lors doit cesser la juridiction exceptionnelle. C'est ce qu'explique le projet, en même temps qu'il défère au tribunal de paix les actions en bornage ainsi que quelques autres contestations qui naissent des rapports du voisinage, discussions toujours peu importantes dans leur principe, à l'occasion desquelles il est si regrettable de voir aujourd'hui engager devant les tribunaux de première instance des procès que l'amour-propre élève aussi souvent qu'un véritable intérêt, et qui, plus tard, n'entretiennent la division qu'en raison des frais considérables qu'ils ont entraînés, dont chaque plaideur s'efforce de repousser le pesant fardeau comme une cause de gêne ou de ruine.

Ce passage, qui pourrait laisser quelque doute dans l'esprit, doit être ainsi entendu : le ministre ne fait qu'énoncer une des attributions préexistantes des juges de paix en matière possessoire. Il annonce que, juges ordinaires de la possession, ils sont incompétents quand il y a litige ou contestation sur la propriété, — ce qui ne veut pas dire que l'action en bornage n'entrera dans leur compétence qu'en tant que possessoire, mais bien que les juges de paix ne connaîtront pas de contestations de propriété. — D'un autre côté, des regrets sont manifestés de voir les tribunaux d'arrondissement saisis de pareilles affaires excitées moins par l'intérêt que par l'amour-propre.

Au surplus, les motifs du renvoi à l'art. 5, motifs agréés par le ministre, prouvent que ce dernier n'entendait point ne conférer aux justices de paix qu'une compétence possessoire.

L'observation qui suit le renvoi à l'art. 5 détruit donc l'interprétation que l'on a donnée aux paroles du ministre.

Le 29 mars 1837, à la chambre des députés, le rapport de la loi a été fait par M. Renouard, qui s'est exprimé ainsi sur l'art. 6 : — Il contient, entre autres additions celle des actions en bornage que la loi du 24 août 1790 n'attribuait pas aux juges de paix, puisqu'elle ne leur déférait que les déplacements de bornes commis dans l'année. Cette extension de compétence était vivement réclamée, et la division toujours croissante des propriétés en rend la nécessité de plus en plus sensible. Les frais que les bornages entraînent les ont rendus beaucoup trop rares. Il importe à l'ordre public que les limites des propriétés soient fixées ; par là on prévient des procès et des voies de fait, seulement il importait de bien constater que, si des questions de propriété se trouvent engagées dans le litige, le juge de paix n'en devra pas connaître.

Le 18 mai 1857, adoption par la chambre des députés.

Le discours de présentation à la chambre des députés, fait par M. Barthe, ministre de la justice, porte : Au nombre des fréquentes contestations que font naître les rapports du voisinage sont celles qui s'agitent au sujet de la *délimitation des propriétés,* de la distance à observer pour les plantations d'arbres ou de haies, et des constructions et travaux destinés à préserver de dommage les propriétes urbaines contigues. Ces discussions ne se jugent bien que par la vue des lieux; c'est en leur présence que *les titres s'interprètent* sans équivoque, et que les subterfuges échappent à la mauvaise foi, que les droits s'éclaircissent. Ordinairement plus à la portée des lieux contentieux, et pouvant, dans tous les cas, mieux s'y transporter qu'un tribunal plus nombreux, le juge de paix évitera aux parties *les frais d'expertise,* il se servira à lui-même d'expert et de géomètre. La division sans cesse croissante des propriétés rend cette mission de plus en plus nécessaire.

Nous ne doutons pas que, si elle est bien comprise, ce magistrat ne trouve dans son accomplissement le principe de la plus heureuse influence. — Mais s'il s'agit moins de rechercher les bornes et de les poser que de statuer sur une revendication de propriété, ou si, à l'occasion, soit des travaux de précaution à faire, soit de la distance à observer dans les plantations, la propriété ou les titres qui l'établissent sont contestés, de trop graves intérêts étant alors engagés, la compétence exceptionnelle *s'arrêtera.*

Le 19 juin 1857, M. Gasparin a fait le rapport à la chambre des pairs. Sur l'art. 5, il a dit : La loi nouvelle ajoute avec raison à la nomenclature de 1790 les actions en bornage et celles relatives à la distance prescrite par la loi pour les plantations d'arbres et de haies. Cette disposition éteindra de bonne heure une foule de contestations de peu d'importance.

Lors de la troisième présentation le 15 février 1838 à la chambre des députés, de la loi sur les justices de paix, le ministre Barthe a reproduit les motifs donnés à la législature de 1837 : — Aux avantages de l'épargne des frais et d'une *décision* qui ne se fera pas attendre, le juge de paix joindra autant de garanties qu'une autre juridiction... S'il s'agit moins de rechercher les bornes et de les poser que de statuer sur une revendication de propriété... de trop graves intérêts étant alors engagés, la compétence exceptionnelle *s'arrêtera*.

A la séance du 6 avril 1838, rapport par **M.** Amilhau : — Nous avons approuvé complètement les dispositions relatives aux actions possessoires qui sont comprises sous une meilleure définition, les actions en bornage et celles relatives aux constructions et travaux énoncés en l'art. 674 du code civil. Quant aux actions en bornage, qui seules avaient été l'objet d'une critique en 1835, avec la division toujours croissante des propriétés, il importe à l'ordre public que les limites en soient fixées : c'est un moyen d'empêcher les usurpations et d'arrêter les procès. Au reste, c'est lorsque le fond du droit n'est pas en litige, que le juge est autorisé à *prononcer*, et sa *décision* n'est jamais qu'en premier ressort.

Lors de la discussion à la chambre des députés, M. Taillandier a demandé la parole sur le second paragraphe de l'article 6.

M. Taillandier : Lorsque la propriété ou les titres ne sont pas contestés, ces mots s'appliquent-ils au premier membre de la phrase, les actions en bornage, ou au second, les actions relatives à la distance prescrite par la loi, ou à tous les deux ?

M. le rapporteur : L'intention de la commission, comme de toutes les commissions qui ont examiné le projet de loi, a été d'appliquer cette disposition à tous les deux ; ainsi, ce n'est que quand la propriété n'est pas contestée, que le juge de paix connaît des actions en bornage.

M. Taillandier : Je demande à la commission comment elle peut supposer qu'un procès en bornage s'établira lorsqu'il n'y aura pas de contestation sur le titre. Il est évident que si l'on pense qu'il y aura contestation sur le titre ou la propriété, il y aura lieu à procès.

Une voix : Le juge de paix *s'arrêtera.*

M. Taillandier : Cela donnera lieu à mille difficultés de compétence pour savoir s'il y a difficulté sur le titre.

M. le rapporteur : *Lorsque le titre n'est pas contesté ou que les parties ne sont pas d'accord sur le lieu du bornage, chacun remet ses titres au juge de paix, qui fait une visite de lieux, et qui ordonne que la borne sera placée à l'endroit déterminé par un expert. Si l'on conteste le titre, alors c'est une question de propriété, il faut aller devant les tribunaux ordinaires :* voilà la distinction que la commission a établie.

§ 2. *Sentiments des auteurs.*

Les premiers commentaires qui ont paru sont ceux de MM. Gireaudeau, avocat, auteur des annales des justices de paix, et Victor Augier, avocat à la cour de cassation et rédacteur du recueil *le Juge de Paix*.

Le premier commentaire sur l'art. 6 est très-succinct. L'interpellation de M. Taillandier, député, et la réponse de M. Amilhau, y sont rapportées.

Après avoir rappelé que les actions en bornage n'étaient pas soumises à la juridiction des juges de paix par la loi de 1790, M. Giraudeau ajoute :

Il faut bien se garder de confondre l'action en bornage, c'est-à-dire l'action qu'a tout propriétaire de contraindre son voisin à faire procéder à frais communs au placement des bornes séparatives de deux propriétés contigues, avec celle en déplacement de bornes, qui pouvait, comme action possessoire, être soumise à la juridiction de paix, même avant la loi de 1838. A la différence de l'action en déplacement de bornes, l'action en bornage peut être intentée par tout ayant droit à la propriété. *V.* Gireaudeau, commentaire, loi de 1838, *p.* 83.

Au mot *bornage*. n° 1 du commentaire de M. Augier, on lit : La loi nouvelle, art. 6, § 2, attribue aux juges de paix, mais toujours à la charge d'appel, la connaissance des actions en bornage que leur refusait celle du 24 août 1790. — M. Chas, auteur de cet article, expose les principes généraux qui régissaient la matière avant la loi nouvelle.

M. Marc-Deffaux, dans son commentaire également très-succinct de la loi de 1838, dit, *p.* 109 :

— *Bornage* — L'action en bornage devra être intentée devant le juge de paix, lors même que le demandeur penserait que son adversaire contestera son droit de propriété ou son titre. En effet, il ne sera certain de la contestation que lorsqu'elle aura eu lieu devant le juge de paix qui, en définitive, peut apprécier si elle porte sur la propriété ou le titre. — *V.* Marc-Deffaux, comm., loi de 1838, *p.* 109.

M. Masson fils, avocat à Neufchâteau, a consacré dix-huit pages aux actions en bornage. *V.* son *Commentaire de la loi de 1838, p.* 178; sect. 4e, *Actions en bornage,* n° 233. C'est sans doute une heureuse innovation que celle qui confère à la compétence des juges de paix la connaissance des actions en bornage. Il faut espérer que cette extension de leur juridiction déterminera les propriétaires à recourir à cette voie simple et peu dispendieuse pour faire fixer les limites de leurs propriétés; mais on se demande comment les actions en bornage, toujours si difficiles à bien caractériser, quand elles se trouvaient dans le domaine des tribunaux de première instance, ont pu être attribuées au juge de paix !

Le professeur Benech, de Toulouse, a écrit sept pages sur le bornage. Après avoir annoncé qu'avant la loi nouvelle, la cour de cassation, nonobstant l'opinion de Maleville, rejetée par tous les auteurs, avait constamment décidé que les juges de paix ne pouvaient connaître de l'action en bornage autrement qu'à titre d'action possessoire, cet auteur fait connaître que, dès la rédaction du projet primitif, on avait compris le besoin de changer les principes et de transporter dans tous les cas ces actions dans le domaine des juges de paix; et cette partie du projet n'excita aucune réclamation, à l'exception des cours royales d'Amiens et de Nancy, qui crurent devoir demander le maintien des principes en vigueur.

Cette opinion des deux cours ne trouva aucun écho dans le sein des deux chambres; aucune objection n'y fut proposée contre l'innovation projetée.

M. Victor Foucher, avocat-général à la cour royale de Rennes, sur l'art. 6, § 2, rapporte d'abord les discours prononcés aux chambres, puis à la page 292 de son commentaire, fait sur le § 2 quelques observations :

« Nº 274.—Sous l'empire de la législation de 1790, les juges de paix ne connaissaient que des actions possessoires en déplacements de bornes; la loi nouvelle leur a donné les actions en bornage, non pas seulement comme *action possessoire* ou comme conséquence d'une action possessoire, mais comme *action ordinaire* tendant à constater **définitivement** les limites de la propriété.

275. — L'action en bornage a son fondement dans l'article 646 du code civil; elle a pour but de faire cesser la confusion qui existe entre deux héritages voisins, en faisant pour la première fois placer des bornes, ou en remplaçant les bornes déplacées, ou encore en en faisant établir de nouvelles à frais communs. »

Carou, juge de paix à Nantes, a fait paraître, en 1839, un traité en deux volumes sur la juridiction civile des juges de paix, ouvrage très-remarquable. — Le tome 1ᵉʳ contient une section sur le bornage. L'auteur pensant que la cour de cassation, par plusieurs arrêts, avait entendu faire entrer dans la compétence des justices de paix l'action en plantation de bornes, désapprouve ces décisions et dit : Quoi qu'il en soit, l'action en bornage est aujourd'hui dans les attributions des juges de paix; cela résulte de l'art. 6, n° 2, de la loi de 1838; mais ce n'est pas moins encore une action distincte de l'action pour déplacement de bornes. Celle-ci est une action possessoire; l'action en bornage, au contraire, *est une action ordinaire.*

Déjà en 1838, Carou, dans son traité des actions possessoires, avait dit, *p.* 91 : — N° 66. — Mais quand il s'agit de bornage proprement dit, c'est-à-dire de l'exécution de l'art. 646 du code civil, ce n'est plus un fait ancien à vérifier, dont il faut retrouver les traces, ce sont des droits nouveaux à reconnaître, à fixer; mais pour cela il faut étudier les titres, déterminer quelle est la contenance respective des deux propriétés; puis enfin, indiquer quelle en doit être, quelle en sera pour l'avenir la limite séparative. Cela ne peut se faire par l'action possessoire. — L'action en bornage pourrait néanmoins, en vertu de la nouvelle loi, être portée dans certains cas devant le juge de paix; mais ce serait comme action ordinaire, non comme action possessoire.

Curasson, en son traité sur la compétence des justices de paix, œuvre qui a placé si haut son auteur, s'est le plus étendu sur les actions en bornage; le 1er volume a 32 pages sur cette matière.

Il s'exprime ainsi, *p.* 330, § 11, n° 8 : Autrefois, la compétence des juges de paix était restreinte aux actions possessoires; en matière réelle et immobilière, ces juges ne pouvaient ordonner qu'une plantation de bornes provisoire et par suite d'une demande en complainte. C'est du *bornage définitif* que la loi nouvelle leur attribue la connaissance, lorsque la propriété ou les titres qui l'établissent ne sont pas contestés.

CHAPITRE V.

RÉSUMÉ DE L'EXPOSÉ DES MOTIFS DE LA LOI ET DU SENTIMENT DES AUTEURS, ET LEUR INTERPRÉ-TATION.

§ 1er.

Ce qui doit frapper tout lecteur attentif, c'est que dans les rapports et discours faits aux chambres législatives et surtout dans la discussion, on a constamment entendu conférer aux juges de paix de nouveaux pouvoirs, de nouvelles attributions toutes pétitoires, on doit le reconnaître, sans doute avec de certaines conditions; mais ces modifications n'en altèrent pas la nature de l'action qui reste pétitoire, c'est-à-dire concernant, affectant essentiellement la *propriété* et non la *possession*.

En effet l'article 6, n°s 2 et 3 de la loi du 25 mai 1838, n'a pas seulement donné aux justices de paix la connaissance des actions en bornage, mais encore celles relatives à la plantation des arbres et haies, à leur distance et aux précautions à prendre lors de certaines constructions, toutes actions qui, avant la loi nouvelle, appartenaient aux tribunaux d'arrondissement.

En citant le discours du ministre à l'appui du projet de loi présenté en 1837, nous avons fait use observation; nous en ferons en ce moment une seconde : si le ministre n'a pas entendu parler du possessoire en disant que le juge de paix est juge ordinaire de la possession, il n'a pas voulu non plus interdire au juge saisi de l'action en bornage, l'application des titres, même leur examen. Il ne s'agit dans ce discours que du litige portant sur la propriété, et alors le ministre dit que ce litige nécessitant l'examen des titres, il n'y a plus juridiction. Cela est exact, mais cela n'empêche pas, quand les titres ne sont pas contestés, de les examiner, de les appliquer, et je trouve que la critique de cette partie du discours n'est pas entièrement fondée. Le ministre aurait pu formuler peut-être plus expressément sa pensée; mais ce discours n'est pas en opposition avec ceux qui ont été ultérieurement prononcés. Il n'y a pas contradiction, c'est toujours le même motif qui prédomine, contestation sur la propriété ou sur les titres. S'il y a litige sur la propriété, nécessité d'examiner les titres, nécessité d'avoir recours aux principes du droit; nous ajouterons: nécessité surtout d'une garantie de plusieurs juges.

Nous n'aurions sur la loi que ce discours, qui trouve son complément dans des observations qui ont occasionné le renvoi du n° 6 de l'art. 4 à l'art. 5, que la pensée du législateur nous eût été suffisamment révélée, et que ce ne serait point témérité d'en inférer que les tribunaux de canton ont reçu une nouvelle attribution.

Le rapport fait par M. Renouard est formel; ce député annonce que cette extension de compétence était vivement réclamée. Si les frais les rendaient trop rares, donc qu'il s'agissait d'autre chose que de poser simplement des bornes.

Le discours de présentation à la chambre des pairs renferme des éléments précieux; il est question de *délimitation* de propriété, de discussions se jugeant sur la vue des lieux, d'applications de titres et de leur interprétation, de frais d'expertise évités, c'est-à-dire expertise des tribunaux d'arrondissement qui n'avaient jamais lieu que par trois experts. — Peut-on croire que si les juges de paix sont appelés à aplanir les difficultés et matérielles et résultant des titres, on n'ait fait de ces magistrats que de simples poseurs de bornes?

La dernière partie de cet exposé des motifs semblerait être en contradiction avec ce qui précède. S'il s'agissait, dit M. Barthe, moins de rechercher les bornes et de les poser, que de statuer sur une revendication de propriété,.... de trop graves intérêts étant alors engagés, la compétence exceptionnelle s'arrêtera.

On pourrait dire que le juge de paix n'est préposé qu'à la recherche et à la pose des bornes; et s'il s'agit de reprises ou de restitutions, revendication alors et incompétence.

Ce n'est point ainsi que la restriction apportée à la nouvelle attribution doit être interprétée; rechercher les limites, c'est aller à la découverte des endroits où elles étaient auparavant, c'est les faire replacer. Pour faire cette opération, il faut nécessairement que des terrains soient restitués, et cela ne peut être appelé revendication proprement dite.

Si M. Barthe avait compris que ce fût là une revendication, il n'aurait pas parlé de *délimitation,*

2*

d'interprétation de titres et de tout ce qui peut constituer une opération de bornage ; la contradiction eût été trop flagrante. Ce n'est pas le cas ici de démontrer ce que c'est que la revendication proprement dite : il en sera question en son lieu.

Le rapport de M. Amilhau à la chambre des députés est peu étendu. Les propriétés ne peuvent rester sans être limitées ; par ce moyen, pas d'usurpation, pas de procès. — Litige sur le fond du droit, le juge de paix ne peut en connaître, c'est toujours la condition imposée de non contestation de propriété et de titres : voilà ce que le rapporteur entend par fond du droit.

La pensée de M. Amilhau, si féconde en résultats, s'est fait jour lors de la discussion à la chambre des députés.

Sur l'objection présentée par M. Taillandier, qu'il ne pouvait y avoir de procès sans contestation de titres, M. Amilhau a dit que la mission du juge de paix, quand les parties *ne sont pas d'accord* sur leurs limites, est de faire mesurer les terrains, d'y appliquer les titres et de les borner. — S'il y a contestation de titres ou de propriété, renvoi devant le tribunal d'arrondissement.

C'est ainsi que la réponse du rapporteur peut être rendue sans quitter le vrai et le praticable.

Cette réponse de M. Amilhau est le document qui caractérise le mieux l'objet de la loi. Aussi nous aurons souvent occasion de rappeler cette réponse.

§ 2. *Résumé des opinions des principaux auteurs.*

Tous les auteurs, même ceux que nous n'avons pas cités, sont unanimement d'accord sur ce point, que l'action en bornage déférée aux juges de paix par la loi de 1838, est une attribution nouvelle et surtout une extension de compétence qui a son fondement dans l'article 646 du code civil.

Gireaudeau. — Les actions en bornage n'étaient pas soumises à la juridiction des juges de paix sous la loi de 1790. — Ne pas confondre cette action avec celle en déplacement de bornes.

Augier. — La loi nouvelle attribue aux juges de paix l'action en bornage que leur refusait la loi de 1790.

Deffaux. — A l'avenir, toute action en bornage doit être intentée en justice de paix.

Masson. — Heureuse innovation que la translation des actions en bornage aux tribunaux de paix.

Bénech. — Dès le projet primitif, on avait senti le besoin de changer les principes et de transporter dans tous les cas les actions en bornage dans le domaine des justices de paix.

Foucher. — L'action en bornage qui est donnée aux juges de paix est une action ordinaire.

Carou. — L'action en bornage est aujourd'hui dans les les attributions des juges de paix.... Elle est distincte de celle en déplacement de bornes.... c'est une action ordinaire.

Curasson. — C'est du bornage définitif dont connaissent les juges de paix.

Nous ne nous étendrons pas davantage sur ces citations, parceque dans l'examen des questions qui vont suivre, nous aurons occasion d'en parler plus au long.

CHAPITRE VI.

DE LA NATURE DE LA COMPÉTENCE.

§ 1er. *L'action prévue par l'article 6, n° 2 de la loi du 25 mai 1858, est-elle une action possessoire ?*

La classification des actions en bornage qui n'est pas à l'abri de toute critique, a pu donner naissance à cette difficulté, qui, dès l'apparition de la loi, a pris quelque consistance, mais qui ne trouve plus, au moment où nous écrivons, que quelques partisans.

Le projet primitif, article 4, comportait une longue nomenclature : Premier ressort, jusqu'à 150 fr.; et dernier ressort, jusqu'à quelque valeur que la demande puisse s'élever.

Le n° 1er rappelait toutes les actions possessoires sans qualification;

Le n° 2, les demandes pour loyers, fermages, congés, expulsion de lieux et validité de saisie-gagerie, etc.;...

Le n° 3, les réparations locatives, les dégradations, etc.;...

Le n° 4, les indemnités du locataire;

Le n° 5, les dommages aux champs, élagage et curage;

Le n° 6, les actions en bornage entre propriétaires voisins, lorsque la propriété et les titres qui l'établissent ne sont pas contestés;

Les n°s 7, 8, 9, 10 et 11 des engagements entre maîtres et gens de travail, et des domestiques, des nourrices, des voyageurs; des injures et diffamations, rixes et voies de fait; des demandes en validité, des saisies-arrêts dont la valeur rentrerait dans la compétence.

Ce projet amendé par la commission, l'article 4 a été scindé; les actions possessoires, les actions en bornage auxquelles on a joint celles en distance des arbres et haies, et les pensions alimentaires, ont formé l'article 5; le tout à charge d'appel.

Cet article dit encore que le juge de paix connaît, 1° de toutes les actions possessoires; 2° des actions en bornage, etc.

Dans les projets de 1857 et 1858, sur les observations de la cour de cassation, les trois principales espèces d'actions possessoires ont été rappelées. On a encore ajouté : et autres actions possessoires fondées sur des faits commis également dans l'année.

Viennent ensuite, par un paragraphe séparé, les actions en bornage, celles en distance pour plantations d'arbres et haies, et aussi par un paragraphe séparé, les actions relatives aux précautions à prendre pour certaines constructions; et par un dernier paragraphe, les pensions alimentaires.

On a pu croire de ce que le paragraphe des demandes en bornage suivait immédiatement les actions possessoires que les demandes en bornage n'étaient qu'une nouvelle espèce d'action possessoire,

On se confirmait dans cette idée surtout, quand on lisait dans le discours de présentation, en 1837, que le juge de paix étant juge ordinaire de la possession, s'il y a litige sur la propriété, l'examen des titres et une étude approfondie du droit deviennent nécessaire, la juridiction des juges de paix devait cesser.

Nous l'avons remarqué ailleurs : le ministre, en rappelant une des attributions ordinaires des tribunaux de paix, n'a pas entendu par là caractériser l'action en bornage, ni faire connaître que ce n'était qu'une action possessoire.

Il eût été préférable, sans doute, que le législateur eût fait une nomenclature séparée de l'extension de compétence en ce qui concernait les nouvelles matières.

Le simple rapprochement des différents projets de loi indique suffisamment que l'action en bornage n'a jamais été considérée comme possessoire.

Dans le premier projet, le n° 2 parle de toutes les actions possessoires, et les actions en bornage se trouvent rejetées au n° 6.

Ainsi, en remontant à l'origine de la loi, on voit que l'action en bornage n'a pu être une nouvelle espèce d'action possessoire.

D'après même les modifications qu'ont reçues les différents projets convertis en lois, on ne pourrait non plus en tirer cette conséquence, parce que, d'abord, le législateur a renfermé dans un seul paragraphe toute la série possessoire. Les expressions et autres actions qui terminent ce paragraphe démontrent qu'il contient tout ce qui est relatif à cette matière, et ce serait imputer au législateur une par trop grande inconséquence, que de croire qu'après avoir déposé dans un paragraphe spécial tout ce qui concernait la possession, revenant immédiatemens sur ses pas, il eût créé une quatrième espèce d'action possessoire.

Ce qui a pu induire également plusieurs personnes en erreur, c'est l'apparition du commentaire de M. Gireaudeau où cet auteur émet l'opinion que le juge de paix ne peut connaître des actions en bornage que dans *l'état de la possession actuelle,* question des plus importantes qui fera l'objet d'un examen approfondi.

Au surplus on ne peut pas concevoir une action possessoire ayant pour but, pour objet principal, le bornage. Les éléments constitutifs du possessoire ne peuvent entrer dans cette action. — Comment pouvoir libeller, formuler une pareille action ? — Pour agir au possessoire, il faut un fait, un acte quelconque qui apporte quelqu'entrave à la libre possession et jouissance d'un immeuble; personne n'a rien fait, les champs sont ce qu'ils étaient, le soc de la charrue n'a point pénétré sur le voisin, la faulx a respecté la récolte de chacun; de quoi peut-on se plaindre?... Les champs ne sont point bornés.... Mais cette absence de signes délimitatifs n'est point un trouble donnant ouverture soit à la complainte, soit à la réintégrande.

Si au contraire il existe des bornes, qu'il y ait déplacement ou suppression, voies de fait distinctes qui sont des méfaits punissables, s'il y a usurpation de terrain par labour, fauchage de partie de récolte du voisin, ou autres faits constitutifs de trouble, ces faits rentrent dans le domaine possesso.re; alors le juge dans le premier cas replace les bornes où elles étaient; dans le second, en peut placer afin de conserver intacte la décision au possessoire et arrêter pour l'avenir toute usurpation.

C'est ainsi que l'on peut comprendre la simple plantation de bornes accessoirement et par suite d'une action possessoire; mais ce n'est point là une demande principale, ce n'est qu'un accessoire, un mode d'exécution du jugement sur complainte ou réintégrande.

Deux arrêts de la cour de Cassation des 27 avril 1814 et 26 janvier 1825 l'ont ainsi décidé. Le premier arrêt a été rendu à l'occasion d'une usurpation de terre par labour et l'autre d'abattage d'arbres sur un terrain contesté.

L'arrêt du 27 avril 1814 peut donner lieu à quelque critique; il ne s'agissait pas de déplacement placement de bornes ni suppression, mais bien d'usurpation de sept sillons, et cependant la cour s'est basée principalement sur ce que le juge, compétent pour déplacement de bornes, l'est par conséquent pour l'action en plantation.

Cette remarque n'a pas échapé à M. Carou; mais nous pensons que cet auteur donne au motif de l'arrêt une portée qu'il n'a pas; il pense que la cour a entendu donner aux juges de paix les actions en plantation de bornes, mais c'est une erreur, ce n'est que comme accessoire et pour éviter les usurpations.

Cette décision s'interprète par le second arrêt de la même cour qui porte que, si le juge de paix a autorisé une plantation de bornes pour prévenir de nouvelles entreprises, de nouveaux troubles, il a bien eu l'attention de déclarer que les bornes ne pouvaient nuire à l'action pétitoire.

C'est avec raison que notre collègue et ami M. Levreau, juge de paix de Granvilliers (Oise) a prétendu dans son jugement du 28 juin 1841 inséré au receuil *le Juge de Paix*, tome XI p. 253, qu'aucune loi ancienne, ni nouvelle avant celle de 1858, ne reconnaissait d'action possessoire ayant pour chef principal le bornage.

Il permettra à l'amitié quelques observations même critiques : le neuvième considérant de son jugement ne me paraît pas exact : la loi nouvelle n'a pas remplacé les actions possessoires pour déplacement de bornes non intentées dans l'année ; cette action subsiste toujours sous la dénomination d'action possessoire, et si l'action n'est pas exercée dans le temps voulu, on retombe dans le droit commun.

Mais une opinion que je ne partage nullement est celle relative aux usurpations par labour ne pouvant donner lieu à l'action possessoire de la part de l'usurpateur.

C'est ce que j'appelle une erreur commune, parcequ'elle est presque générale en théorie. — Notre collègue, qualifiant les usurpations qui se commettent entre voisins de clandestines et ne conduisant pas à la possession civile, partant de là, arrive à cette conclusion que la possession civile n'ayant pas lieu quant à la délimitation sans borne de foi, le simple bornage possessoire lui-même ne pourrait être fait dans les limites incertaines marquées par la jouissance ou la culture.

Je ne ferai toutefois qu'indiquer mes raisons contraires, quoique je ne sois pas encore hors de mon sujet.

Oui, en plaine, en l'absence de tout signe, les usurpations graduelles insensibles sont assez généralement inefficaces pour conduire à la prescription, partant à l'action possessoire; mais autre chose est quand il ne s'agit que d'une année d'usurpation.

L'arrêt de la cour royale de Paris du 18 février 1821, qui a dû jeter les jurisconsultes et les magistrats du premier degré surtout dans l'incertitude, dit qu'il n'y a pas lieu à prescription pour anticipations graduelles et insensiblement faites.

Non, au pétitoire quand il s'agit ou de bornage ou de revendication.

Mais lors qu'il est question d'action possessoire, l'application serait erronée, parceque l'anticipation n'étant ni *graduelle* ni insensible, elle doit être admise et produire tous ses effets.

Je cite un exemple : un voisin anticipe sur son voisin de plusieurs sillons, leur donne tous les travaux nécessaires de culture, les ensemence, leur donne tous ses soins : il récolte, l'année se passe, la possession annale est acquise. Mais le voisin, armé de l'arrêt de Paris de 1821, reprend ce qu'on lui a pris ; action au possessoire de la part de l'autre voisin et preuve de la possession annale de plusieurs sillons. — Cette possession n'est ni graduelle, ni insensiblement faite, ni clandestine; pas d'application de l'arrêt.

L'argument à contrario se trouve très légitime-ment déduit et doit avoir succès.

Si les raisons données par notre collègue doivent être écartées, il n'en aura pas moins prouvé que l'action possessoire ne peut avoir lieu en matière de bornage.

Voici comme s'exprime Carou dans sa 1re édition des principes des actions possessoires : Cette action, (déplacement de bornes) a tous les caractères de l'action possessoire; il ne nous paraît pas qu'il en soit ainsi de l'action en plantation de bornes ; cette action est une action directe, ce n'est autre chose que l'action en bornage. Cette action donc ne peut être intentée sous forme d'action possessoire.

M. Victor Augier, dans un artiele sur l'action en bornage inséré dans son recueil *le Juge de Paix*, T. II p. 274 dit : que si elle n'était que possessoire, on n'aurait pas besoin d'une disposition nouvelle pour la faire entrer dans la compétence du juge de paix ; les actions possessoires d'ailleurs ne peuvent être exercées que dans l'année du trouble, et l'ac-tion en bornage est imprescriptible. C'est là ce qui distingue cette action de l'action pour déplacement de bornes, qui, d'après l'art. 5 du code de pr. c., n'est de la compétence du juge de paix que lorsque le déplacement a été commis dans l'année.

Il faut donc reconnaître, ainsi que je l'ai consacré par un jugement du 8 avril 1842 imprimé *au Juge de Paix* T. 12 p. 201 et suivantes, qu'en ne consul-tant que les textes de la loi nouvelle de compé-tence, il devient constant que les actions en bor-nage de l'art. 6 ne sont point possessoires. — Que bien que la classification des matières contenues dans cet article ne soit pas à l'abri de toute critique, cependant on voit que le législateur n'a pas voulu les confondre sous la même dénomination d'actions possessoires, puisqu'il les distingue et en fait autant de paragraphes dont la connaissance n'est attribuée au juge de paix qu'en premier ressort ; que dans le n° 1er se trouvent toutes les actions possessoires rangées sous une meilleure dénomination ; que les expressions *et autres actions* possessoires démontrent que ce paragraphe renferme tout ce qui est relatif au possessoire ;—Que les n°s 2, 5 et 4 sont évidemment des matières étrangères au possessoire, puisqu'il s'agit d'action en bornage avec application de titres, de distance pour arbres ou haies, et de précautions à prendre pour certains travaux, et, dans ce dernier paragraphe, de pensions alimentaires, toutes matières qui, avant la loi de 1858, étaient de la compétence des tribunaux d'arrondissement ; que sous la loi de 1790 il existait deux manières d'agir au possessoire en plantation de bornes : 1°. Lorsqu'il y avait déplacement ou suppression de bornes ; 2° Par suite d'actions possessoires, afin de conserver intacte la décision au pétitoire, et d'arrêter pour l'avenir toute anticipation, mesure très sage, quoique provisoire et sanctionnée par la cour suprême. — Que la loi de 1790 n'a pas sur ce point son complément dans le paragraphe 2 de l'art. 6 de la loi de 1858, parceque la plantation de bornes par suite de déplacement ou de suppression a son fondement dans le § 1er, où se trouve le principe générateur de toutes les actions possessoires.

§ 2. *Suite de la nature de l'action relative à la compétence.*

Si l'action en bornage n'est pas proprement possessoire, n'a-t-elle pas lieu dans l'état actuel de possession ou de jouissance, ou plutôt dans l'état où se trouvent les propriétés au jour de la demande?

A ce point de vue, la question mérite une attention très sérieuse, d'autant plus que c'est là où convergent maintenant tous les adversaires pratiques de la loi, tous les hommes d'affaires de haut et de bas étages; quelques tribunaux même, hésitant encore à se prononcer, ont pris cette voie douteuse; d'autres l'ont rejetée, et ont proclamé les vrais principes qui déjà ont commencé à se faire jour et finiront par triompher.

C'est dans le commentaire de M. Gireaudeau, qui a paru aussitôt la loi, que je trouve émise cette opinion extraordinaire.

Pour que le juge de paix soit compétent, dit cet auteur, sur ces sortes d'actions, il faut qu'il ne s'agisse que de la *jouissance actuelle* des propriétés au jour de la demande; car si ces actions étaient formées par l'assignation en ces termes : « pour voir ordonner l'assigné que le juge de paix fera procéder à l'arpentage des propriétés respectives des parties pour établir sur la ligne les bornes divisoires : » dans ce cas, le demandeur formerait une *demande en revendication* d'une partie de terrain; delà la conséquence que le juge de paix s'arrogerait un droit que la nouvelle loi ne lui accorde pas, attendu qu'en pareille matière il s'agirait *d'interpréter les titres* de propriété ; il faut donc dire que les actions en bornage ne doivent et ne peuvent être entendues que dans l'état *de la possession actuelle* des parties, c'est-à-dire au moment où la demande est formée. — V. Commentaire, loi 25 mai 1838, p. 84.

Cette conclusion de M. Gireaudeau doit paraître d'autant plus surprenante qu'il rapporte la réponse de M. Amilhau à l'interpellation de M. Taillandier et l'adopte tellement qu'il ajoute : les actions dont parle le § 2 n'étaient pas soumises à la juridiction des juges de paix par la loi de 1790 ; il est donc très important de ne pas oublier pour son interprétation la *distinction établie* par la commission et sanctionnée par la chambre et qui n'est pas très clairement indiquée par le texte.

Dans l'alinéa qui suit, il recommande bien de ne pas confondre l'action prévue par l'art. 646 C. C. avec celle en déplacement de borne qui pouvait comme *action possessoire* être soumise à la juridiction de paix même avant la loi de 1838. — Tout *ayant droit à la propriété* peut intenter cette action.

Cette contradiction de raisonnement et de conséquence est inconciliable.

Comment, vous reconnaissez d'abord que, lorsqu'il y a *désaccord sur les limites, les titres sont remis au juge de paix qui fait une visite, fait mesurer les terrains, y applique les titres et borne d'après le travail de l'expert,* et puis vous viendrez conclure en terminant vos observations sur l'examen du § 2 de l'art. 6 de la loi, qu'il ne s'agit que de *jouissance actuelle,* de *possession actuelle ?*

Pourquoi ensuite faire ressortir la distinction de la commission, puis dire que tout ayant droit à la propriété peut agir par cette action; pourquoi rappeler les principes, renvoyer à l'arrêt de Rouen pour l'exercice de l'action par le mari? Tout cela était inutile quand vous alliez décider que l'action en bornage n'était en quelque sorte que possessoire, car on a beau déguiser le mot, la chose reste. — Prétendre qu'il ne s'agit que de la jouissance actuelle des propriétés au jour de la demande, que la demande ne peut être formée que dans l'état de la possession actuelle, ce n'est jamais là que du possessoire en définitive.

A quoi servent les titres donc, sera-ce pour éclairer le possessoire? mais le possessoire n'aurait même pas besoin de lumière, l'opération n'ayant lieu que dans la jouissance actuelle au moment de la demande.

Il ne peut y avoir non plus de désaccord sur le lieu du bornage, puisque c'est la jouissance actuelle qu'on envisage; on borne les propriétés comme elles sont, comme elles se trouvent, les limites étant connues.

Que faire également d'un expert? pour creuser des trous et y placer des bornes. Les propriétaires n'ont pas besoin d'un être inutile et parasite, et la commission par l'organe de son rapporteur, en parlant d'expert qui déterminerait l'endroit où la borne serait placée, a voulu évidemment que l'expert-géomètre allât à la recherche des limites en mesurant, en arpentant les pièces de terres soumises au bornage.

Nous arrivons au passage lui-même. Comme nous

l'avons dit, d'après les motifs qu'il venait d'exposer, l'auteur aurait dû déduire une toute autre conséquence et adopter l'opinion opposée.

Quelques raisons sont sans doute données ; mais elles ont si peu de valeur, de force, qu'il sera facile de les réfuter.

D'abord, première observation : si la citation a pour but l'arpentage pour établir sur la ligne les bornes divisoires, revendication d'une partie de terrain.

Où a-t-on vu que *l'arpentage* conduisait à la *revendication?* Ce moyen employé est le seul praticable pour rechercher les limites de chaque propriété. — Jusqu'à un certain point on concevrait encore cette prétention, si, arguant d'un déficit et annonçant qu'il est dans la pièce immédiatement contigue, on demandait le mesurage ; mais dans la formule de M. Gireaudeau, il n'est point du tout question du déficit : pour voir ordonner, dit-il, l'assigné que le juge de paix fera procéder à l'arpentage des propriétés respectives des parties pour établir sur la ligne les bornes divisoires.

Assurément il n'y a rien dans ces conclusions qui puisse faire présumer une revendication quelconque. Les propriétaires ne savent pas souvent eux-mêmes ce que contiennent les pièces de terre, et du reste les répartitions de terrains qui ont lieu par suite de la recherche des limites ne sont pas des revendications.

La seconde observation porte sur ce point, qu'en pareille action il s'agirait d'interpréter les titres de propriété et que le juge de paix n'a pas ce droit.

Si au possessoire les titres peuvent être inter-

prétés pour savoir quelle est la partie qui a le plus
de droits, dans l'occurrence, ils le peuvent être bien
plus encore.

En ce cas, l'interprétation des titres ne serait
encore qu'exceptionnelle et assez rare, et dès lors
la règle devrait reprendre son empire, parce qu'en
supposant que les titres ne puissent être interprétés
(ce qui est une erreur) on ne pourrait en nier au
moins leur application aux terrains.

M. Gireaudeau cite par forme de renvoi Henrion
de Pensay, chap. 24 et Carré, t. 2, 272.

On sait que ces deux auteurs n'ont point écrit
sur la loi de 1838 : la citation n'est relative qu'aux
actions pour déplacement de bornes; elle ne concerne point le bornage.

Quand nous disions, il n'y a qu'un instant, que
le bornage, dans l'état de la possession actuelle,
n'était encore en définitif qu'une action possessoire
déguisée, notre prévision était exacte; car cette
qualification, étrange sans doute, de l'action en
bornage a été suivie par un ancien juge de paix,
M. Biret qui, publiant une nouvelle édition du
manuel de Levasseur, y a joint un petit commentaire
de la loi de 1838.

Sur le § 2 de l'art. 6, M. Biret, après avoir
annoncé que le bornage doit être placé au rang des
actions pétitoires, en ce qu'il produit une espèce
de division de propriété, ou du moins une délimitation. — et que c'est pour cela que la loi de 1790
ne l'avait pas compris dans les attributions possessoire des juges de paix, « dit qu'à présent le juge
de paix est compétent de statuer sur les actions en
bornage comme il est et le fut toujours de juger les

déplacements de bornes. Ces deux sortes d'actions sont réputées d'une *même nature possessoire par la loi actuelle*. Cependant il faut admettre une grande différence entre elles. Le bornage n'est dans la compétence des juges de paix que lorsqu'il s'agit de la possession des objets contigus et non lorsque la propriété en est contestée en tout ou en partie. Le déplacement des bornes au contraire est toujours dans la même compétence, car il n'est par lui-même qu'un fait ou voie de fait qui trouble le possesseur. Ainsi, dans le cas de revendication de propriété ou de contestation sur les titres dont il faut faire l'application au terrain, le juge de paix est incompétent pour statuer sur le bornage. »

Nous sommes étonné d'un pareil raisonnement de la part d'un juge de paix qui doit savoir mieux que personne ce que c'est qu'une action possessoire, et quels sont les éléments essentiels de ses sortes d'action.

Nous demanderons à M. Biret s'il peut comprendre une action possessoire ayant pour objet principal le bornage. Nous renverrons à ce que nous avons dit plus haut. — Pour exercer cette action, il faut une possession annale, un trouble dans cette possession, et la mise en mouvement dans l'année. Où sera le *trouble?* Sera-t-il dans *l'absence* de signes délimimitatifs? Non bien certainement. C'est autre chose qu'il faut, un acte, un fait quelconque conduisant ou ne conduisant pas à la possession, peu importe.

Où M. Biret a-t-il vu que l'action possessoire en déplacement de bornes et l'action en bornage étaient réputées d'une même nature possessoire par la loi actuelle ?

Est-ce la classification de l'article 6 qui a pu faire naître cette idée? Elle serait des plus fausses, le paragraphe 1er contenant tout ce qui a rapport au possessoire, et le paragraphe suivant ayant pour objet des matières entièrement étrangères au possessoire. Elles se trouvent réunies sous le même article à cause du *ressort;* elles auraient pu être rangées sous un meilleur ordre, mais cet inconvénient n'en change pas la nature.

« Le bornage, dit encore cet auteur, n'entre
» dans la compétence du juge de paix que lorsqu'il
» s'agit de la *possession* des objets contigus, et non
» lorsque la *propriété* en est contestée en tout ou
» en partie. »

Le sens de la loi est ici faussé dans son expression. La loi dit que le juge de paix connaît des actions en bornage, lorsque la propriété ou les titres qui l'établissent ne sont pas contestés.

Il n'est pas question d'un bornage possessoire ou provisoire, mais du bornage définitif, sans contestation ni de titre ni de propriété, la connaissance de ces contestations appartenant exclusivement aux tribunaux d'arrondissement.

M. Biret semble croire que lorsqu'il s'agit de propriété, il y a toujours contestation, et il refuse au juge de paix toute connaissance de l'action en bornage. Cette conséquence serait exacte si telles étaient les choses; mais il n'en est rien; car le bornage peut avoir lieu définitivement et produire tous les effets ordinaires de ces sortes d'opérations, sans qu'il y ait la moindre contestation, ou au moins sans que le fond du droit soit essentiellement affecté. —

Alors, mais seulement alors, la justice de paix ne pourrait être saisie de ces difficultés.

Les annales de la science des juges de paix, originairement sous la direction de M. Gireaudeau, actuellement sous celle de M. Jay, qui a fait subir à ce recueil de notables changements, d'excellentes améliorations, surtout sous le rapport des annotations faites avec savoir et beaucoup de soin, contiennent plusieurs articles sur le bornage, sur lesquels je reviendrai ; je m'occuperai en ce moment de l'article qui a rapport à la question. J'en citerai quelques passages. V. année 1841, t., 8, *p.* 80.

La question posée concerne un déficit, et par conséquent l'arpentage comme moyen nécessaire.

L'auteur anonyme décide d'abord que c'est là une délimitation, et que délimiter c'est circonscrire, étendre les droits de propriété, et que le juge de paix ne peut régler la délimitation.

Puis il ajoute : Le bornage, sous quelque point de vue qu'on le considère, ne s'applique qu'à la possession, il s'efface avec elle. Il cite à l'appui un arrêt d'Orléans, de 1816, un autre de Besançon, de 1828, arrêts dont nous renvoyons l'examen au chapitre qui traitera de la jurisprudence avant 1838.

Ce qui se passait sous la loi de 1790 est rappelé: «Compétents pour déplacements de bornes, les juges de paix en connaissaient par voie de complainte ou réintégrande, par conséquent n'ayant que l'examen du simple fait de possession ou de dépossession, leur juridiction ne pouvant, en aucun cas, dépasser l'année du trouble; franchir cet espace, c'eût été aboutir au pétitoire, et le législateur ne l'a pas voulu, parce que l'on aurait touché au fond du droit. — Distinction entre l'action en rétablissement des bornes déplacées et celle en plantation de bornes est faite : l'une est possessoire, l'autre est trop près de la propriété.—Ce n'était qu'exceptionnellement et incidemment qu'il y avait placement de bornes au cas de complainte.

L'auteur se demande si la loi de 1838 a changé les principes de compétence, et décide que non. Il donne l'opinion du rapporteur. — S'il en était autrement, on bouleverserait la hiérarchie judiciaire ; plus de juridiction de cours royales. Non, en matière d'immeubles ou de droits immobiliers, la loi de compétence de 1838 n'a pas fait entrer *le pétitoire* dans les attributions des juges de paix ; c'est ce qu'indique au surplus *l'article 6 lui-même par la nomenclature qu'il donne des cas possessoires, et au nombre desquels est comprise l'action en bornage.* — Il y aurait lieu à cassation du jugement contradictoire ou de défaut, si le juge de paix n'avait point égard à la résistance du possesseur sur le droit de propriété, à moins que le demandeur, n'insistant que sur le fait de possession, ne veuille obtenir qu'un bornage possessoire, et sans préjudice de se pourvoir ensuite au principal. »

Cette opinion, qui se produit sous de spécieuses apparences, a pour fondement des raisonnements vrais pris abstractivement, mais faux relativement à la matière.

La délimitation, nous n'en parlerons pas en ce moment ; nous dirons seulement qu'il n'existe pas d'action en délimitation pas plus qu'en arpentage : borner, c'est délimiter, c'est tout un.

Ce que vous dites de la loi de 1790 est fort bien.

2***

dit. Vous avez raison de décider que l'action en plantation de bornes était trop près de la propriété pour appartenir aux juges de paix. — La plantation de bornes, comme nous l'avons prouvé, n'avait jamais lieu qu'accessoirement et jamais par voie principale, c'était l'exécution du jugement possessoire.

Sous l'empire de cette loi et du code judiciaire de 1807, le juge de paix avait quelques attributions relatives aux immeubles qui n'étaient pas de nature possessoire : les dommages aux champs, les réparations locatives, les dégradations, les indemnités pour non-jouissance; toutes actions incontestablement qui pouvaient n'être point intentées dans l'année.

Je suppose même que les juges de paix n'avaient rien de pétitoire avant la loi nouvelle, ce ne serait pas un motif pour que le législateur de 1838 ne lui ait pas déféré quelques attributions de cette nature.

L'anonyme n'est pas heureux dans sa citation pour établir que la compétence n'a pas reçu de changements; car il cite la réponse de M. Amilhau comme faisant connaître l'esprit du texte qui était en discussion. C'est là précisément où l'on aurait dû voir que c'était l'action ordinaire en bornage de droit commun que l'on déférait aux tribunaux de paix. On ne conçoit pas qu'en présence d'un semblable document, on puisse ne voir que le possessoire.

Le renversement de la hiérarchie judiciaire n'a que faire dans l'occurence. Et pourquoi nous le demandons, les causes en bornage resteraient-elles dans la juridiction des cours d'appel?—On n'ignore cependant pas les vrais et urgents motifs de cette extension de compétence.—Au surplus, les garanties existent toujours et le propriétaire n'a rien à craindre des erreurs de son seul juge qui ne peut pas entrer dans la connaissance des incidents, des difficultés de propriété ou de titres ; et les questions matérielles qu'il a pu résoudre peuvent encore être revisées, puisque ce n'est jamais qu'en premier ressort qu'il a attribution.

La prétention des plus erronées que nous avons signalées plus haut se trouve reproduite dans l'article ; il y est dit : *qu'au nombre des actions possessoires est comprise l'action en bornage.*

Nous renverrons à ce que nous avons dit à cet égard en commençant ce §. — Nous n'insisterons pas, car l'évidence se touche du doigt.

Nous terminerons l'examen de la question du bornage possessoire, ou dans les limites reconnues, par la citation d'un ouvrage qui a paru dans ces derniers temps sur le droit de possession et les actions possessoires, du traité de M. Bélime, professeur à la faculté de droit de Dijon.

Voici ce que dit cet écrivain, p. 229, n° 214. « La loi de 1858 attribue au juge de paix la connaissance des actions en bornage, lorsque la propriété ou les titres ne sont pas contestés ; mais, a-t-on dit, comment entendre cela ? Peut-il y avoir procès en bornage sans contestation sur la propriété ? De deux choses l'une : ou bien les parties sont d'accord sur la limite de leurs héritages et il n'y a pas de procès ; ou bien elles ne sont pas d'accord, l'un prétendant que la *borne* doit être placée à *tel endroit*, l'autre à tel autre, ce qui se présente toujours, et alors il y a litige sur la propriété, de sorte que le juge de paix ne sera jamais compétent. »

M. Belime recherche quelle a été la pensée du législateur; il ne rencontre que la réponse de M. Amilhau qu'il trouve fort insuffisante. — Il est d'avis que la loi ne doit pas être ainsi comprise. Le rapporteur ne parlant que de contestation de titres, il pense que ce dernier s'est abusé et n'a eu en vue que les titres. — Il croit au contraire qu'une question de propriété s'élève lorsque les deux propriétaires disputent *sur la place des bornes*, que tout l'espace intermédiaire est litigieux, que chaque partie le revendique et que si c'est une question de propriété immobilière le juge de paix n'aurait pas qualité pour la trancher.

Arrêtons nous là et pesons ces raisonnements d'un professeur de droit romain qui a publié un traité à vues larges et neuves et dont la diction est remarquable pour un tel ouvrage.

Si je ne m'abuse, je crois que M. Bélime s'est mis à côté du vrai.

D'abord la réponse du rapporteur de la commission à la chambre des députés sur l'interpellation qui lui avait été faite n'est pas tout ce qui a été dit sur la question. — La pensée du législateur se révèle dans les discours des années précédentes. Cette réponse de M. Amilhau nous semble étroitement interprétée par l'auteur. — En ne parlant que du titre, le rapporteur n'a pas entendu qu'il n'y avait que dans ce cas qu'il fallait aller devant les tribunaux ordinaires. C'est comme si par ces mots : la borne sera plantée à l'endroit déterminé par un expert, on en tirait la conséquence que l'expert ne

doit point mesurer les terrains. — Et il est évident
que le rapporteur n'a pris qu'un des deux cas
prévus et que sa pensée s'est fixée plutôt sur le
tire qui est la chose principale, que sur la propriété
dont les contestations sérieuses sont fort rares. —
Il est donc certain que la dernière partie de la
réponse porte tout à la fois et sur les titres et sur
la propriété.

Mais ce qui a plus de gravité c'est ce qu'ajoute
l'auteur : N'est-ce pas, dit-il, une question de
propriété qui s'élève, lorsque les deux propriétaires
disputent sur la place des bornes que l'un veut
placer ici et l'autre là ? Tout l'espace intermédiaire
n'est-il pas litigieux ? Chaque partie ne le revendi-
que-t-elle pas ? »

Je n'hésite pas à me prononcer contre un semblable raisonnement qui est contraire à toutes les
règles pratiques admises en matière de bornage, et
véritablement il faut ne pas faire attention à ce qui
se passe lors de ces opérations, pour décider que,
quand les plaideurs ne s'entendent pas sur le lieu
du bornage, la contestation tombe sur la propriété,
et que le juge de paix doit renvoyer devant le tribunal d'arrondissement.

En effet que peut venir prétendre l'un des plaideurs ? qu'ayant toujours joui de sa pièce de terre
comme elle est, il ne veut pas qu'elle varie, —
Qu'il ne veut pas du terrain de son voisin ou qu'il
n'entend pas non plus en remettre à d'autres, —
Qu'il conteste le projet des reprises fait par l'arpenteur, et en un mot toute l'opération, tout le travail.

Eh bien ! dans ce cas, croit-on que le juge saisi
devra s'arrêter ? Qu'il sera paralysé dans la plus

bienfaisante de ses attributions? Il dira au contestant: toutes ces choses sont la conséquence du bornage, ce sont des difficultés matérielles qui tiennent à son essence. — Pour arrêter le juge dans son opération, il faut des contestations touchant la propriété, par exemple la prescription trentenaire, et encore qu'elle ait l'apparence d'un droit; invoquée en plaine, elle devrait être écartée comme n'ayant pas de caractère légal.

M. le professeur de Dijon déplore les résultats de cette interprétation. Comment le juge de paix, compétent pour quelques sillons, peut-il l'être pour un espace de terrain considérable? Et pourquoi pas? Au surplus, ces craintes manquent de fondement dans la pratique, parce que tout le monde sait que généralement les anticipations ne se présentent jamais pour des espaces considérables, et eussent-elles lieu, qu'il faudrait en subir les conséquences. Les tribunaux de paix ont ou n'ont pas dans leurs attributions nouvelles les actions en bornage : s'ils les ont, il est peu logique de baser une opinion sur le plus ou le moins d'intérêt. Un intérêt médiocre doit importer autant en droit qu'un intérêt majeur, parce que la compétence est une, et que plus ou moins de valeur ne peut paralyser, annihiler cette compétence.

Voici comme termine M. Belime : Le but du législateur, méconnu, à ce qu'il nous semble, par la commission, sera facilement compris de tous ceux que le contact des campagnes a familiarisés avec les habitudes des propriétaires. Il n'est pas facile de les amener à borner volontairement, quand même aucune difficulté ne s'élève sur la délimitation des héritages. On leur parle, on leur écrit même, ils ne répondent pas ; mais sur l'assignation qu'on leur donne, ils consentent à borner, en payant les frais jusque-là. Ce sont ces espèces de contestations, journalières dans les campagnes, que la loi a sagement placées dans les attributions de la justice de paix, parce qu'il est déplorable d'obliger les parties à en saisir un tribunal éloigné, devant lequel les frais sont plus considérables ; mais entendre autrement la disposition, ce serait en contrarier les expressions, non moins que toutes les règles de la compétence.

Nous sommes loin de partager à cet égard le sentiment de M. le professeur de Dijon. Nous lui dirons que nous, qui avons été et sommes encore en contact habituel et incessant avec les petits comme avec les grands propriétaires, nous traiterions de fou ou de méchant le propriétaire qui exigerait, quand les limites sont connues et certaines, que des bornes fussent placées par le magistrat cantonnal dans des endroits incontestés et incontestables.

En effet, à quoi servirait l'intervention du juge dans de semblables circonstances ; je dirai plus, à quoi servirait même la présence d'un arpenteur ? Ne sait-on pas que les cultivateurs jalonnent aussi exactement que les hommes de l'art. Toutes les fois qu'il ne s'agit que de placer des bornes, les cultivateurs s'y entendent aussi bien que qui que ce soit. Voilà ce qui se pratique : — La résistance des propriétaires ne vient jamais à l'occasion du placement des bornes, mais bien de ce qu'ils craignent les reprises, ou déplacement, ou variation de leurs pièces de terre. — Mais cette crainte n'existe point lorsqu'il n'est pas question de mesurer. — Sans doute que quelquefois il arrive que par taquinerie on se laisse écrire, avertir même par le magistrat conciliateur; mais une fois que les parties se sont expliquées, une fois qu'elles se trouvent devant le juge, leur contenance change; des prétextes sont allégués pour ne pas s'être rendu sur les lieux pour borner. Voilà les vraies habitudes de tous les pays, et il n'est pas de juge de paix qui n'ait en deux mots déjoué tous les subterfuges de la mauvaise foi ou du mauvais vouloir; et bien certainement ce ne sont pas ces *espèces de contestations* que la loi a placées dans le domaine de la justice de paix, mais bien les bornages ordinaires dont les frais jetaient les familles dans la gêne pour longtemps, s'ils n'entraînaient parfois leur ruine.

Quand M. le professeur dit que la loi ne peut pas être entendue en un sens qui changerait complètement la compétence du juge de paix et bouleverserait tous les principes admis, il nous semble qu'il se met en contradiction avec ce qu'il dit plus haut, en parlant des actions en distance pour plantation, qui, selon lui, appartiennent au juge de paix au fond et sous le rapport *pétitoire* (ce sont ses propres expressions).

Nous citerons encore, pour terminer l'examen de la question du bornage dans les limites actuelles de la possession, un article inséré dans *le Juge de paix* d'Augier, tome 13, *p.* 57, signé des juges de paix et suppléants de Chartres, et que nous ne devons pas laisser passer inaperçu, parce qu'il contient beaucoup d'erreurs.

Nous essaierons d'en présenter une analyse substantielle, si c'est possible.

Les auteurs commencent par exposer les deux opinions tranchées.

Première opinion : — Bornage précédé d'arpentage conformément aux titres non contestés. — Réintégration de parcelles usurpées. — Non-anticipation, bornage rare. — Trouble annal, action possessoire ouverte, mais le trouble étant difficile à prouver, nécessité de l'action en bornage précédé de l'arpentage.

Seconde opinion : — Propriété ou titres non contestés, bornage dans les limites de la possession; porté en justice de paix, exclusion d'arpentage. — Usurpation d'un mètre de terrain, engagement d'une question de propriété, solution interdite au juge de paix. — Reconnaissance de la possession actuelle, seul pouvoir, sauf recours au pétitoire, si empiètement de plus d'un an.

Quelle doit prévaloir? — Retirée aux tribunaux d'arrondissement et attribuée aux juges de paix pour faciliter les délimitations par une voie expéditive et peu coûteuse, garantie d'usurpations ultérieures, surtout celles peu sensibles, moyen d'éviter les contestations multipliées à défaut de bornes, but atteint par la plantation des bornes dans la jouissance actuelle.

Action en bornage formée en général pour usurpation, erreur; but est de les prévenir; beaucoup consentent; si mauvaise volonté ou entêtement à cause des menus frais, recours à la loi de 1838. — Bornage de jouissance, consécration des usurpations, des ratirages, non; réintégrande alors.

Si action en bornage, il n'aura lieu qu'après que l'usurpation aura été reconnue, donc pas d'usurpation consacrée.

Si action en bornage après l'année d'usurpation, recours alors à l'action en revendication par suite d'arpentage, au pétitoire devant le tribunal d'arrondissement.

C'est à cause de la négligence ou mauvaise foi des fermiers à laisser opérer des anticipations, que les actions en arpentage et en restitutions d'usurpations successives et insensibles ont été déclarées imprescriptibles, — pas de compétence pour les demandes en arpentage.

La règle de l'imprescriptibilité des usurpations insensibles n'est pas toujours d'application facile. Exemple : Titres de propriété : 150 hectares en 200 pièces, toujours différence d'un trentième, d'un vingtième, plus ou moins. — Cadastre et vérification des propriétaires démontrent qu'il n'y a pas accord des titres avec les contenances réelles. —Si le bornage est précédé d'arpentage, et si l'opération a pour but les restitutions, 90 ou 100 procès avec leurs voisins pour leur fournir leurs quantités, et même nombre de procès pour être fournis.

D'aucuns ne reconnaissent compétence que pour petites parcelles, — on tombe dans l'arbitraire.

Avant la publication du code civil, inexactitude dans les énonciations de contenance, presque toujours c'était environ; les uns interprétaient 10me, d'autres 20me, d'autres 30me. — Extension du mot *environ* par la stipulation, comme elles se poursuivent et comportent. — Depuis le code, *environ* est limité à un 20me (1619); stipulation alors de non garantie au-delà du 20me.

Incertitude sur les bases, et alors les juges de paix ne peuvent résoudre les questions qui tiennent essentiellement à la propriété.

D'après la loi de 1838, compétence pour simple bornage ; lorqu'on demande un arpentage, incompétence. — Quelques tribunaux dans ce sens ; jugement de Meaux, du 31 juillet 1839.

Citation de l'arrêt d'Orléans, du 4 août 1816 ; pas d'anticipation, pas d'arpentage. — Bornage dans la possession actuelle.

Principe juste en 1816, l'est également depuis 1838 ; les juges de paix ne peuvent connaître des questions de propriété, il y aurait cumul du possessoire avec le pétitoire.

Dans l'incertitude où sont les meilleurs esprits, s'abstenir, se rendre incompétent.

Nous suivrons MM. les juges de paix de Chartres dans leurs raisonnements dont nous venons de donner la substance.

Ils pensent que le but du législateur, en enlevant aux tribunaux d'arrondissement les actions en bornage, a été de prévenir les petites usurpations insensibles très-fréquentes, et d'éviter d'autres contestations résultant du défaut de bornes, et que ce but se trouve atteint par la plantation de bornes dans l'état actuel de la possession.

Nous ne partageons pas cette opinion ; parce que si un propriétaire s'aperçoit d'une usurpation, il la peut faire réprimer par la voie possessoire, si toutefois il ne laisse pas passer l'année ; et on n'a pas besoin, dans ce cas, du secours du bornage dans la possession actuelle. — Le but du bornage est non seulement de faire limiter les propriétés, mais encore de faire rentrer chacun dans le terrain qui lui manque.

Nous ne répondrons pas à cet argument banal, que l'action en bornage n'est que le droit de faire planter des bornes; nous renverrons à ce que nous avons dit ailleurs. — D'après cet article, la loi ne serait faite que pour les entêtés et gens à mauvais vouloir. Ce n'est pas là, certes, que le législateur a voulu porter la réforme, il a été à la vraie difficulté. Si nos collègues de Chartres consultaient les minutes du greffe du tribunal de leur ville avant 1838, ils ne verraient aucune affaire en bornage qui ne tendrait qu'à la simple plantation de bornes. Cette vérification est inutile; car le bon sens est plus fort que tous les raisonnements. Comme nous le disions, il faut être ou fou ou méchant pour se laisser faire un procès en plantation de bornes; et depuis que nous vivons parmi les habitants des campagnes, cette race ne nous a point encore apparu. On résiste un instant, mais on rougit bientôt de cette résistance d'amour-propre.

Messieurs de Chartres répondent ensuite à un argument de la localité, à savoir le ratirage, ou usurpation par labour, sans doute. Nous sommes de leur avis en cela; la complainte et la réintégrande sont là : le bornage, dans l'état de la possession actuelle, n'a que faire dans l'occurrence. — Non, sans doute, l'usurpation ne sera pas consacrée; mais si l'année est passée sans action de la part de l'usurpé, il faudra, d'après nos collègues, se pourvoir par l'action en revendication par suite d'arpentage, qui est une action pétitoire. Oh! alors, où sont les vues d'économie et la voie expéditive qu'a désirées le législateur.

L'action en bornage ordinaire est bien plus simple, et c'est celle-là qu'a voulue la loi nouvelle.

MM. les juges de paix de Chartres donnent à l'arrêt de Paris de 1821, une bien singulière base :

« S'il a été décidé que les usurpations successives et insensibles n'étaient pas susceptibles de prescription, c'est à cause de la négligence et de la mauvaise foi des fermiers qui laisssent opérer des anticipations et ne les font pas réprimer. »

De pareilles raisons seraient vraiment peu dignes des tribunaux. Elles ont une autre base dans la nature des choses : c'est qu'en plaine il est impossible d'établir de telles anticipations, et qu'elles ne peuvent réunir les conditions exigées pour conduire à la prescription.

Viennent après les détails sur les contenances avant comme après le code civil, et la conclusion que les juges de paix ne sont point appelés à résoudre les questions qui tiennent essentiellement à la propriété.

Il semblerait vraiment que l'on raisonne comme si la loi n'avait pas apporté à l'extension de compétence des conditions. Eh bien! dans les difficultés de contenance énumérées, si le juge y croit voir des contestations de titres, alors il en laisse la connaissance aux tribunaux d'arrondissement.

Mais ce n'est pas une raison, parce qu'il peut s'élever de nombreuses et importantes difficultés qui peuvent sortir de la compétence du juge de paix, pour refuser à ce magistrat le droit d'être saisi de l'action elle-même qui donne naissance à ces difficultés.

Une prétention qui ne nous paraît pas sérieuse est celle-ci : la loi, en attribuant aux juges de paix la connaissance des actions en bornage, les a uniquement chargés de l'application de l'art. 646 du code civil, portant : tout propriétaire peut obliger son voisin *au bornage*. Voilà le cercle tracé de l'attribution des juges de paix dans cette matière ; lorsqu'on demande *un arpentage* on sort de ce cercle, et par conséquent les juges de paix sont incompétents.

Nous ne ferons pas le reproche à nos collègues d'un chef-lieu de département et d'une grande ville de ne pas connaître la source d'où a été tiré l'article 646 de notre code. *Bornage* ne veut pas dire placement de bornes seulement, il suffit de consulter tous les auteurs anciens et nouveaux pour se convaincre du contraire : *bornage* est une expression complexe, c'est l'action *de finibus regundis*, du règlement de limites.

Ils ont pris à la lettre l'art. 646, au risque de faire dire à la loi ce qu'elle n'a jamais voulu dire.— Il n'existe pas d'action en arpentage et l'on ne sort pas du cercle tracé en demandant d'employer le seul moyen possible pour rechercher les limites.

Nous ne nous arrêterons pas sur le jugement de Meaux rendu depuis la loi de 1838, ni sur l'arrêt d'Orléans de 1816; il en sera question au chapitre de la revue de la jurisprudence.

Seulement nous ferons observer à nos collègues de Chartres qui reçoivent des recueils de jurisprudence qu'ils sont dans l'erreur en annonçant que la cour de cassation n'a point encor e été appelée à statuer sur cette difficulté; il existe un arrêt de rejet de cette cour à la date du 1er février 1842 qui, jugeant que c'est par dérogation au droit commun que l'action en bornage a été déférée aux juges de paix, décide nécessairement que cette action rentre dans leurs attributions.

Avant de passer à un autre chapitre, nous devons nous arrêter un instant sur une opinion émise par quelques membres du barreau du chef-lieu du département de l'Aisne :

Voici ce que nous lisons dans une consultation :

« On distingue l'action en bornage proprement dite d'avec l'action en arpentage et bornage. »

« L'action en bornage a pour objet la délimitation, rien que la délimitation des pièces d'héritage contiguës l'une à l'autre. Elle a lieu toutes les fois qu'un propriétaire veut que les limites souvent vacillantes à raison de la culture ne soient changées et que des anticipations souvent difficiles à constater ne soient commises à son préjudice.

« Cette action, d'après la disposition du n° 2 de l'art. 6 de la loi du 25 mai 1838 qui est plus explicite sous ce point que la loi de 1790, est de la compétence du juge de paix.

« Ce magistrat connait des *limites de la possession* à titre de propriétaire de chacun des voisins, prescrit des mesures pour que ces limites soient fixées et invariables, soit par la plantation de pierres, de pieux suivant l'usage des localités, et peut même ordonner que les pièces bornées seront arpentées et portées sur un plan figuré sur un procès-verbal contradictoire avec indication des portées de

chaîne d'une borne à l'autre, afin de faciliter le récolement et le rétablissement des limites, si les
bornes par accident, ou malveillance, ou par fraude,
venaient à être déplacées ou à disparaître.

« Voilà bien l'action en bornage dont parle l'art.
646 du C. C,; l'opération du bornage a lieu à frais
communs d'après cet article, c'est bien aussi cette,
action que le juge de paix doit connaître aux termes
de la loi du 25 mai 1838. »

La distinction que l'auteur de la consultation établit entre l'action en bornage et l'action en arpentage
et bornage est dépourvue de base fondée en droit;
il sera prouvé que cette distinction est illogique.

L'action en bornage ne serait qu'une mesure
préventive et rien de plus d'après le consultant.

Elle aurait son germe dans la loi de 1790 puisqu'il est annoncé que l'art. 6 de la loi de 1838 est
plus explicite. Je ne comprends pas bien cela; on
aurait dû au moins dire pourquoi cette dernière loi
était plus explicite sur ce point que la loi primitive.
Serait-ce parceque les juges de paix avaient compétence pour les déplacements de bornes? mais
comme je l'ai prouvé, l'action en déplacement de
bornes était toute possessoire, par conséquent trouble annal et exercice annal de l'action.

Le sens en est expliqué par ce qui suit : Ce magistrat, dit-on, reconnait les *limites de la possession* à titre de propriétaire par la plantation de bornes,
peut ordonner l'arpentage avec plan figuratif afin de
faciliter le récolement.

Cette manière d'envisager la question parait un
peu moins étroite que les précédentes, mais en résultat, c'est toujours le même point de départ. Li

mites de la possession, à titre de propriétaire, ajoute-t-on. Cette addition est sans-doute pour colorer les limites de la possession, et afin de donner le change et éviter que l'on ne confonde cette opinion avec celles qui se sont déjà produites.

On permet l'arpentage au magistrat saisi de l'action, mais c'est seulement pour constater les limites actuelles possessoires, afin de faciliter le récolement, si besoin était.

Cet arpentage n'est qu'un leurre; il est inutile, car le plan des pièces de terre, le procès-verbal qui en contient la quantité matérielle avec balance de bornes entr'elles est suffisant, puisque la quantité selon la possession ou jouissance actuelle est certaine et reconnue par toutes les parties.

N'est-ce pas là toujours le bornage dans l'état actuel de la possession au moment de la demande.

L'arpentage comme il est entendu dans la consultation pourrait avoir lieu dans un seul et unique cas, lorsque les propriétaires étant d'accord de rester dans leurs limites actuelles ne connaissent cependant pas leur quantité effective et respective. — Ce cas est extraordinairement rare, ou plutôt ne se rencontre pas. Quand on est d'accord sur les limites on ne fait pas d'arpentage, on borne et voilà tout. Il n'y a pas de contestations, ni difficultés, il n'y a rien.

Voici comme j'ai réfuté cette prétention dans mon jugement cité plus haut : Cette action, qui a tous les dehors d'une action possessoire, n'en est cependant pas une, puisqu'elle manque d'un des éléments constitutifs du possessoire, le trouble et l'exercice annal de l'action; d'un autre côté, s'il ne s'agit que de planter des bornes dans l'état où sont les propriétés au moment de la demande, si l'on ne se plaint d'aucun déficit, si l'on est d'accord sur les limites, si on ne veut seulement qu'une simple plantation de bornes, une pareille demande n'en est pas une ; car à quoi sert une plantation de bornes judiciaire quand on est d'accord sur les limites ? — En vain pour colorer une action aussi inefficace, on prétendrait que le juge connaissant les limites de la possession, peut ordonner des mesures afin de rendre invariables les bornes, comme l'arpentage avec plan figuratif indiquant les contenances et marquant les bornes avec portées de chaînes ; de semblables mesures seraient d'abord sans aucune utilité et l'intervention de la justice sans but, car quel est le propriétaire qui ne consente à planter des bornes à l'amiable sans la présence du magistrat cantonnal ?

La preuve la plus satisfaisante que le législateur n'a pas entendu ne transférer aux tribunaux de paix que les actions en bornage dans l'état de possession actuelle, c'est qu'il est question dans l'art. 6 n° 2, de *titres*, et qu'en matière possessoire, les titres ne servent qu'à éclairer la possession et non à lui servir de base ; ici au contraire ce sont les titres qui sont tout. S'ils sont susceptibles d'être contestés, c'est que nécessairement le juge de paix a le droit d'en faire l'application, et alors comment concevoir une opération dans l'état actuel des propriétés avec application de titres, idées qui se heurtent et ne peuvent exister ensemble, l'une excluant nécessairement l'autre ?

Nous terminerons ce paragraphe par une observation générale relative au bornage soit possessoire, soit dans les limites de jouissance :

Un pareil bornage présenterait de fâcheux inconvénients ; au lieu d'assoupir les procès, il les ferait naître.

En effet, il est constant que la limite indiquée par la jouissance se rapporte rarement à celle de la propriété. Celui qui aurait été forcé de borner dans ces termes et qui éprouverait un déficit, s'empresserait de provoquer un bornage pétitoire devant le tribunal d'arrondissement, et cependant la loi ne reconnaît qu'un seul bornage, le bornage définitif.

Le bornage possessoire, ou selon la jouissance actuelle ne serait jamais, en définitive, qu'un bornage *provisoire*, ce qui amènerait un résultat entièrement contraire à celui que les législateurs ont eu en vue.

CHAPITRE VII.

ACTION EN BORNAGE TOUTE PÉTITOIRE.

L'action en bornage dévolue aux juges de paix par la loi de 1838 est-elle une action essentiellement — immobilière — pétitoire ?

A entendre quelques auteurs dont l'opinion est isolée, les tribunaux de paix ne seraient jamais juges que du possessoire, étrange aberration en présence et de l'ancienne loi d'organisation, et surtout de la nouvelle loi de compétence.

Pour ne parler que des matières nouvelles mises dans les attributions des juges de paix par la loi de

1838, nous citerons 1° les actions relatives à l'élagage des arbres et haies; celles en curage soit des fossés, soit des canaux servant à l'irrigation ou au mouvement des usines, lorsque les droits de propriété ou de servitude ne sont pas contestés (art 5 de la loi).

Nous citerons aussi et surtout, 1° les actions en bornage; 2° celles relatives à la distance prescrite pour les plantations d'arbres ou de haies, lorsque la propriété ou les titres qui l'établissent ne sont pas contestés; 3° les actions relatives aux constructions et travaux énoncés dans l'art. 474 du code civil, lorsque la propriété ou la mitoyenneté du mur ne sont pas contestés (art. 6, nos 2 et 3).

Toutes ces actions dévolues aux juges de paix ne peuvent être envisagées sous le rapport possessoire; elles affectent toutes plus ou moins la propriété. Elles sont essentiellement immobilières.

On a prétendu pour un temps que ces actions devaient être intentées dans l'année des plantations d'arbres ou de haies, de constructions et autres travaux; et cela parce qu'on pensait que quelque chose de possessoire ou d'annal se mêlait à ces sortes d'actions. La méprise était aussi grande que celle de vouloir que les demandes pour dommages aux champs devaient être formées dans l'année.

La restriction qui est apportée à ces actions n'en modifie pas pour cela la nature. Le pétitoire ne tombe pas dans le possessoire, par cela seul que celui-là se trouve borné.

Avant la loi nouvelle, ces actions appartenaient exclusivement aux tribunaux d'arrondissement, auxquels on n'a réservé que les contestations de servitude, de titre et de propriété; et toutes les fois que ces questions ne sont pas élevées, le juge de paix connaît de ces matières.

D'après cela, le pétitoire se trouve, par la nature même des choses, divisé, partagé en deux catégories : pétitoire conféré au juge de paix, et pétitoire réservé au tribunal d'arrondissement.

Rien n'a changé par le déplacement de la compétence. — L'élagage est toujours l'action pour forcer à émonder arbres ou haies, comme auparavant; ainsi du curage.

Le bornage également n'a pas changé, c'est toujours l'action en recherche des limites, en reprise de terrain, ou plutôt en répartition de terrain, conformément aux titres représentés.

De même des plantations d'arbres ou haies, les règles pour les distances n'ont pas varié ; ainsi pour les précautions à prendre dans les constructions, toutes choses restant ce qu'elles étaient avant la loi de 1838.

Tous les mêmes pouvoirs sont délégués par la loi aux justices de paix, mais à une condition : que si la servitude, les titres, la propriété sont contestés, la compétence du juge de paix *s'arrête,* ne va pas plus loin.

Les tribunaux de canton sont dès-lors juges du pétitoire, mais d'un pétitoire restreint, et soumis à de certaines conditions.

Je suis le premier qui ait donné à l'action en bornage la qualification de *pétitoire.*

Dans mon jugement du 27 septembre 1838, rendu dans une cause en bornage, on lit, septième considérant :

Considérant que si, au possessoire, le juge a le droit d'interpréter et d'appliquer les titres, de puiser même au pétitoire les motifs de décision, de baser en un mot son jugement sur les titres, il le peut bien plus encore dès là qu'il est juge *du pétitoire*. (V. le *Juge de paix*, t. 8, p. 322.)

Dans un autre jugement du 15 juin 1839, je décide que les tribunaux de paix ont le droit d'appliquer, d'interpréter les titres, non pas pour éclairer la possession, mais pour éclairer *le pétitoire*, puisque, en cette matière, ils sont juges du *pétitoire et non du possessoire*. (V. le *Juge de paix*, t. 9, p. 208.)

Cette manière d'envisager les nouvelles attributions a été adoptée par plusieurs juges de paix. — Nous rappelerons le jugement de notre collègue de Granvilliers (Oise) :

Ces actions, dit M. Levrau, ne peuvent être que celles pétitoires autorisées par le code civil, art. 646, et précédemment par la loi de 1791, les anciennes coutumes et le droit romain, qui comprenaient dans le bornage le cerquemanage, ou recherche des limites et la revendication même. (LL *finium regundorum*.) — Aucune loi ancienne ni nouvelle avant celle de 1838 ne reconnaissait d'action possessoire ayant pour chef principal le bornage. (V. le *Juge de Paix*, t. 11, p. 253.)

M. Victor Augier, dans un article sur l'action en bornage, partage également cette opinion. — Nº 7, la question de propriété étant toujours plus ou moins engagée dans l'action en bornage, *proprietatis controversiæ cohæret* (L. 3 C. *fin. reg.*), M. le juge de paix du canton de Granvilliers a eu raison de qualifier cette action de *pétitoire* dans son jugement du 28 juin 1841. — N° 28. Avant la loi nouvelle, c'était aux tribunaux de première instance qu'appartenaient les actions en bornage, actions pétitoires qu'il ne faut pas confondre avec l'action possessoire en remplacement de bornes. (V. le *Juge de Paix*, t. 11, p. 274 et 280.)

Les auteurs ne se sont point occupés de cette question; ils reconnaissent cependant que ce sont des attributions nouvelles qui ont été dévolues aux tribunaux de paix. La plupart décident que le bornage est définitif, d'autres qu'il n'est que provisoire, n'ayant lieu que dans la possession actuelle.

L'auteur anonyme dont nous avons parlé et dont le sentiment est consigné dans les annales des juges de paix, se prononce dans un sens contraire en matière d'immeubles ou de droits immobiliers; « la loi de compétence de 1838 n'a pas fait entrer le *pétitoire* dans les attributions des juges de paix. »

Il devait ainsi conclure, puisqu'il prétend que le bornage, en justice de paix, n'est que possessoire, ne peut être effectué que dans la possession actuelle, et que rien de *pétitoire* n'a été attribué aux justices de paix par la loi de 1838.

J'ai réfuté, je le pense, les deux systèmes prédominants, à savoir : bornage en tant que possessoire, et bornage en l'état actuel des propriétés, au moment de la demande.

M. Bélime, que nous avons déjà cité, considère les contestations qui naissent de la distance à observer pour les plantations d'arbres ou de haies comme des matières pétitoires tombant dans le domaine du juge de paix. La loi a entendu, dit cet écrivain, que même, après l'année, le juge de paix pourrait connaître de ces contestations, au fond et sous le *rapport pétitoire*, parce qu'il semblerait frustratoire de forcer les parties à aller plaider au loin pour une difficulté de cette nature, et que d'ailleurs, dans les questions où l'usage du lieu joue un grand rôle, c'est le juge le plus rapproché de l'immeuble litigieux qui est le mieux à même de les résoudre.

Le professeur établit cette vérité en comparant les textes.

Ne dirait-on pas que ces paroles sont faites et doivent être appliquées aux actions en bornage qui ont un aussi intime rapport avec les actions contenues dans le même paragraphe et le paragraphe suivant? et cependant l'auteur, quittant le raisonnement qu'il venait de faire, ne semble conférer aux justices de paix que le simple pouvoir illusoire du placement des bornes.

En présence de semblables raisonnements si contradictoires, il faut dire que M. Bélime s'est mépris sur la portée de la loi nouvelle. Je lui demanderai si un avocat a jamais vu devant les tribunaux d'arrondissement des procès en simple plantation de bornes; et ce sont ces difficultés, qui n'en sont pas, qu'il voudrait laisser aux juges de paix. — Il suffit de renvoyer aux travaux des chambres, travaux qui auraient pu être plus satisfaisants et couper court à bien des controverses, pour connaître que le législateur de 1838 a voulu étendre la compétence des tribunaux de paix, en leur attribuant tous les pouvoirs des tribunaux d'arrondissement, moins ceux qui s'étendaient à l'examen des dispositions touchant le fond du droit, questions qui ont été justement circonscrites dans ces deux points : *contestation de propriété ou contestation de titres.*

Je pourrais, à l'occasion de ce paragraphe, produire des preuves bien autrement déterminantes encore ; mais ces preuves se présenteront lors des différents chapitres qui vont suivre.

CHAPITRE VIII.

ACTION EN ARPENTAGE ET ACTION EN MESURAGE ET EN BORNAGE.

Existe-t-il en droit une action en arpentage et une action en mesurage et bornage ?

L'arpentage est un art, c'est l'art de mesurer les terrains.

La loi romaine, les coutumes, le droit actuel français n'ont jamais connu d'action en arpentage ou mesurage, et cela se conçoit, parce qu'une telle action eût été contraire à la nature des choses. Que signifierait et quelle fin se proposerait-on d'agir en mesurage ? Au surplus, une telle action ne serait pas reçue devant les tribunaux.

Il n'existe qu'une action en bornage, et l'arpentage ou le mesurage n'est que le moyen employé pour arriver à borner, et il est assurément peu logique de prendre le moyen pour la fin.

L'action en arpentage et bornage, ou mesurage et bornage, vient d'une pratique peu rationnelle et qui tend à dénaturer l'action en bornage.

Il est à présumer qu'originairement, par mesurage et bornage, les praticiens ont voulu faire entendre que pour borner, il fallait au préalable mesurer, et c'est pour cela que l'action se trouve qualifiée de mesurage et bornage; le bornage est précédé d'une opération préliminaire, le mesurage. Et c'est cette action qui a donné naissance à l'action en bornage proprement dite, et à l'action en arpentage et bornage.

Cette distinction n'est pas dans la loi; on ne connaît en droit français qu'une seule action, celle en bornage, qui dérive de l'action *finium regundorum*, qui en est la reproduction française.

Et c'est ce qui a fait dire à M. Gireaudeau, dans son commentaire de la loi du 25 mai 1838, que, si ces actions étaient formées par l'assignation en ces termes : pour voir ordonner l'assigné que le juge de paix fera procéder à *l'arpentage* des propriétés respectives des parties pour établir sur la ligne les bornes divisoires, dans ce cas, le demandeur formerait une demande en revendication d'une partie de terrain.

Ainsi M. Gireaudeau croit donc qu'il existe une action *en arpentage,* puisque sa formule avait pour objet *l'arpentage.*

Généralement, ce n'est point de la sorte que sont libellées les demandes en bornage, et ces demandes, pas plus que les actions en arpentage et bornage, ne peuvent engendrer une revendication ordinaire proprement dite.

Par l'action en bornage, on va à la recherche des limites, et l'on fait rentrer les pièces de terre dans leur état naturel. Le moyen employé, moyen tout matériel, est l'art de l'arpentage ou mesurage des terres.

L'auteur de l'article *arpentage*, dans le répertoire du notariat, deuxième édition, publiée sous la direction de M. Rolland de Villargue, conseiller à la cour royale de Paris, a reproduit cette distinction que nous tenons pour des plus fausses.

« N° 7. — Remarquons qu'autre est l'action afin *d'arpentage* ou de *délimitation*, qui ne peut avoir lieu que dans le cas d'usurpation alléguée, et autre chose l'action de *bornage*, qui peut être intentée sans qu'il y ait en anticipation.

« N° 8.—Non seulement les propriétaires peuvent exercer l'action en *arpentage* ou *délimitation* de leurs propriétés, mais encore les emphytéotes, les usufruitiers, etc. »

Nous sommes étonnés que M. Rolland de Villargues, esprit si éminemment supérieur, ait laissé passer un article semblable.

En effet, d'après cette qualification de l'arpentage, cette mesure, qui n'est que toute matérielle, devient dans l'esprit de certains auteurs un droit aussi puissant, aussi fécond en conséquences que le droit de bornage ou règlement de limites. Ils l'assimilent à la délimitation, qui n'est encore qu'un mode, comme nous l'établirons, du droit de bornage.

On semble faire un retour sur cette opinion dans le numéro qui suit : « N° 9.—Quant à la manière de procéder à l'arpentage, aux conséquences et aux effets qui en résultent, nous renverrons au mot *bornage*, parce que l'action en *arpentage* n'étant presque *toujours* que *l'accessoire* de celle en bornage, il deviendra intéressant de réunir les mêmes règles en traitant de cette dernière action. — En cela, d'ailleurs, nous nous conformerons à l'usage observé *par tous les auteurs.* »

Cette fois on rentre dans le vrai, et l'on a raison de dire que l'arpentage n'est que l'accessoire du bornage. — C'est ainsi que le décident tous les jurisconsultes, de l'aveu même de l'auteur de cet article.

Dans la consultation que nous avons déjà citée, il y est dit que si un propriétaire se plaint d'une anticipation, et que l'action possessoire pour en obtenir la répression ne soit pas admissible, il doit alors former l'action appelée *improprement* l'action en arpentage et bornage.

L'avocat consultant prétend que c'est bien réellement là une action pétitoire en revendication.

Il a raison d'appeler impropre la prétendue action en arpentage et bornage; n'ayant jamais été dans la loi, elle doit être rejetée.

Quant au déficit dont se plaint un propriétaire, ce n'est point du tout par la voie de la revendication qu'il se recouvre, mais bien par suite de l'action en bornage, ce qui sera plus amplement démontré ultérieurement.

Quant à présent, nous avons voulu établir qu'il n'est pas du tout conforme à la logique de nommer action en arpentage ou même action en arpentage et bornage, l'action connue et ainsi qualifiée par les législateurs de tous les temps, l'action en bornage. Enfin, nous ne cesserons de répéter que l'arpentage est le moyen d'arriver au bornage, et alors ce serait prendre le moyen pour la fin, ce qui répugne au simple bon sens.

CHAPITRE IX.

DE LA DÉLIMITATION.

La délimitation est-elle distincte de l'action en bornage? et peut-elle constituer à elle seule une action?

Lors de la définition de l'action en bornage on a vu que cette action avait pour but principal, la recherche et le réglement des limites, ce qui est exactement exprimé par le texte romain *finium regundorum*, réglement des limites : borner c'est rechercher les limites; rechercher les limites, c'est les régler; les régler, c'est repartir les terrains conformément aux titres; et les limites une fois connues, la constatation se fait par des signes appelés délimitatifs, parce qu'effectivement ils servent à déterminer d'une manière certaine et invariable les limites des champs.

Nous ne devons pas nous dissimuler que ces idées toutes simples et naturelles qu'elles soient et basées sur les vrais principes ont rencontré des adversaires qui, tirant d'un arrêt de cour royale une conséquence inexacte, ont créé une action nouvelle, la *delimitation*.

Ce système se trouve résumé dans un article du *Juge de Paix*, signé F..., avocat. Cet article est ainsi conçu : « Il est deux actions qu'il ne faut pas confondre, malgré leur intime connexité; c'est l'action en *délimitation et l'action en bornage*. La première a pour but de faire *reconnaître* par les tribunaux la ligne sur laquelle doivent être placées des bornes, tandis que le bornage se réduit à *constater immuablement* la délimitation.—La demande en délimitation est toujours motivée sur un *défaut de contenance* dont se plaint le demandeur ; elle tend toujours au désistement, par le propriétaire limitrophe, d'une portion quelconque de son terrain. Il s'agit donc pour le juge, de prononcer sur une *question de propriété*, qui est hors de la juridiction des tribunaux de paix. — L'action en bornage au contraire n'a pour but que la fixation *matérielle* des limites. C'est un *procès-verbal* que l'on demande plutôt qu'un *jugement.*—Il est vrai que, lorsque les limites ne sont pas certaines, lorsque chacune des parties prétend les faire reculer dans l'héritage de l'autre, la délimitation est un préalable nécessaire; mais dans ce cas, il y a *presque toujours contestation* sur les titres ou sur la propriété, et dès lors la compétence du juge de paix s'évanouit. C'est seulement lorsque les parties de bonne foi remettent leurs titres au magistrat pour qu'il les apprécie et en fasse l'application, que celui-ci peut avant que de poser les bornes, procéder *à la délimitation.* V. *le Juge de Paix*, t. 9, p. 35, année 1837. »

Nous demanderons à l'avocat anonyme ou pseudonyme en vertu de quelles règles il ne faut pas confondre la délimitation et le bornage. — Et si d'après lui leur connexité est si intime, on ne doit donc les séparer qu'avec beaucoup de réserve ; ou plutôt en tant qu'action, elles ne se conçoivent pas séparément.

La délimitation ne prend naissance qu'après une opération préliminaire, l'arpentage; ce n'est qu'à ce moment que les vraies et légitimes limites peuvent être connues, aussi c'est pour cela que la loi les confondant, les a résumées dans son expression la plus générique, le *bornage*. — On se serait exprimé avec moins d'inexactitude si, au lieu d'*action* en délimitation, on avait supprimé le mot action.— Nous ne voyons nulle part que l'on ait érigé en action la délimitation, c'est-à-dire cette voie préliminaire qui conduit à la connaissance des limites.

La distinction faite, on lui fait prendre cette transformation que, d'accessoire qu'elle était, on la veut faire devenir principale, et l'on annonce que la délimitation se constate par les tribunaux et le bornage sans doute par les parties ou par des experts. —Mais quels tribunaux alors devront en connaître? La pensée se complète et l'on ajoute : La demande en délimitation étant toujours motivée sur *un déficit* de contenance, alors désistement d'une portion quelconque de terrain et question de propriété. — *Demande en délimitation* : Les actions de ce genre ne sont pas connues et aucun formaliste, que nous sachions, n'a pas encore donné un protocole, une formule de cette action. — Les hommes d'affaires ne connaissent que les demandes en bornage qu'ils motivent de diverses manières : tantôt les exploits portent l'énonciation du déficit, tantôt ils ne le portent pas. Cela est indifférent, parcequ'il n'est pas besoin de motiver la demande en bornage, autrement quepar le défaut de bornes. — Parler de déficit dans la citation, ce n'est point en changer la nature; c'est toujours une demande en bornage. La demande ne tend pas plus au désistement qu'à la délimitation; .

aucunes conclusions à cet égard ne sont prises. — Toutes ces choses sont la conséquence forcée de l'action en bornage.—Voici ce qui se passe : quand des pièces ont un déficit, et d'autres un excédant, l'expert fait son travail de répartition de terrain, lequel se trouve soumis aux parties intéressées. — Si ce travail est approuvé, plantation de bornes; désapprouvé, le juge statue définitivement, et s'il s'élève des incidents qui sont hors de la juridiction des tribunaux de paix, ils sont renvoyés devant les tribunaux d'arrondissement.

Il peut être question de propriété dans ces opérations; il le faut même, la nature de l'action étant telle. Mais autre chose est une répartition de terrain, et une contestation de propriété. — Au juge appartient une foule de questions matérielles d'exécution qui touchent à la propriété, et ce ne sont pas là des questions de propriété, ou pour me servir de l'expression légale et qui ne laisse dans l'esprit aucun doute, ce ne sont pas là des *contestations.*— Quand *contestations*, il faut pour qu'elles soient sérieuses qu'elles aient au moins l'apparence d'un droit; le juge de paix en est appréciateur, encore bien qu'il n'en doive pas être juge; s'il en était autrement, et s'il suffisait d'élever la moindre contestation pour dessaisir le juge saisi, il n'y aurait plus que perturbation dans l'ordre des juridictions.

La compétence ayant été déplacée, la restriction apportée à la loi doit être comprise dans un sens restreint. Les tribunaux de paix sont juges ordinaires de ces actions, et ce n'est que dans deux cas précis que leur compétence s'arrête.

La distinction que l'on cherche à faire prévaloir

est poussée tellement loin que l'on va jusqu'à prétendre que l'action en bornage n'a pour but que la
fixation matérielle des limites.

C'est étrangement méconnaître l'action en bornage qui a sa source dans d'autres principes; car
le bornage est le réglement des limites, et les
limites ne se réglent qu'en répartissant les terrains
conformément aux titres. Voilà le bornage tel qu'il
est compris sous toutes les législations, romaine,
coutumière et française actuelle.

C'est un *procés-verbal* que l'on demande, plutôt
qu'un *jugement*, continue-t-on ?

Oh ! voilà la pensée de l'auteur dans toute sa
vérité.

Il faut avouer que si l'examen de la question, les
débats auxquels elle a donné lieu, n'avaient abouti
qu'à faire du juge de paix un simple expert, pas
même encore, un simple planteur de bornes plutôt,
on serait en droit de faire des reproches mérités aux
législateurs et de leur imputer toute l'insuffisance ,
toute la nihilité d'une semblable innovation, qui
n'eût été en réalité qu'un non-sens, une dérision.

— Nous le répéterons, les propriétaires n'ont pas
besoin qu'un magistrat soit chargé de planter des
bornes dans des limites connues et incontestées.

Les motifs des législateurs ne se sont pas perdus
dans l'enceinte des délibérations. On sent pourquoi
ils ont fait entrer dans la juridiction de paix les actions en bornage, ainsi que celles en distances de
haies et d'arbres, et en précautions à prendre pour
les constructions.

Au surplus il eût été facile de ne donner aux
tribunaux du premier degré que des actions en

5**

plantation de bornes seulement ; on eût évité par
là de se jeter dans l'écueil des contestations de
propriété et de titres.

L'avocat anonyme termine par reconnaître toutefois que la délimitation est un préalable nécessaire,
lorsque les limites ne sont pas certaines et que
chaque partie prétend les faire reculer ; mais dans
ce cas, il y a *presque toujours* contestations sur les
titres ou la propriété.

Le *presque toujours* est à noter et prouve qu'il y
a juridiction et que la compétence ne s'évanouirait
qu'alors qu'il y aurait contestation.

On semble faire ici une distinction entre la délimitation pour cause de déficit et la délimitation
pour cause d'incertitude de limites, mais, ajoute-t-
on, il y a presque toujours contestation sur les
limites ou la propriété.

Qu'importe ; l'action doit être d'abord portée
devant le tribunal de paix, et s'il survient des contestations, le juge connait ses devoirs et n'ira pas,
commettant un excès de pouvoirs, empiéter sur la
juridiction supérieure.

Dans les deux cas : déficit, ou incertitude de limites, le juge de paix a toujours attribution, c'est
à lui à savoir ce qu'il a à faire dans certaines circonstances données, et ce n'est pas raisonner que
de dire : mais il s'agit, mais il y aura contestation.

Le juge de paix, continue-t-on, pourrait procéder à la délimitation dans la seule circonstance
de remise de titre de bonne foi par les parties.

Que signifie une remise de titre de bonne foi ? je
ne comprends pas ce langage extra-légal. Ce n'est
plus au magistrat qu'on s'adresse, mais au simple

particulier ; et pourquoi parler de magistrat, s'il n'a aucun pouvoir de juger ?

Un autre auteur anonyme dont nous avons déjà parlé, est d'avis que la délimitation rentre dans les attributions des tribunaux ordinaires.

Cette opinion est ainsi présentée : « Par la délimitation, on indique la ligne sur laquelle les bornes seront placées, au lieu que par le bornage on constate l'endroit précis où les limites doivent finir. Il suit de là aussi que si aucun citoyen ne peut se soustraire à la demande en bornage, sous prétexte d'une délimitation préexistante, parce qu'aux termes de l'art. 646 C. C. tout propriétaire est fondé à exiger que son voisin connaisse et respecte le point où il doit s'arrêter, on ne peut pas non plus, sous prétexte de bornage, faire régler *la délimitation* par le juge de paix, parceque délimiter, c'est *circonscrire ou étendre les droits de propriété de celui qui en est l'objet.* (V. annales T. 8, p. 80.) »

Pourquoi distinguer entre le droit d'indication de ligne, et la constatation des limites ?

Indiquer les lignes est l'œuvre du bornage, ce n'est là qu'une opération matérielle, qu'une vérification de faits. Sans-doute il faut l'application des titres au terrain, parceque sans les titres on ne peut faire concorder les quantités trouvées avec les quantités écrites. Une opération de bornage ne se conçoit pas autrement.

Refuser au juge de paix le règlement des limites ou la délimitation, sous prétexte que délimiter c'est circonscrire ou étendre les droits de propriété de celui qui en est l'objet, est une grande erreur. Est-ce que par hasard, dans l'esprit de l'auteur, ce serait là une *contestation de propriété?* — Prendre à l'un pour remettre à l'autre, établir les reprises conformément aux titres, est-ce là contester? Non bien certainement : Il s'agit de propriété, mais la loi n'a pas dit que, quand la propriété était en jeu, le juge de paix cesserait d'être compétent.

L'opinion de M. Masson, dont l'article sur le bornage sera analysé lors de la revue des commentateurs de la loi nouvelle, semble avoir servi de texte à l'avocat anonyme que nous avons cité au commencement de ce *chapitre.*

A la page 181 du commentaire de M. Masson, on lit : « Aujourd'hui que les demandes en bornage sont exclusivement attribuées aux juges de paix, il est indispensable d'établir la différence qui les distingue de l'action en *délimitation.* La première a pour objet, ainsi que nous l'avons démontré, une opération purement matérielle, qui consiste à placer les bornes entre plusieurs propriétés contigues, dont les limites ne sont pas *douteuses.* — Par la seconde, au contraire, il s'agit de rechercher des limites incertaines à raison des anticipations successives, commises sur la propriété; par cela même elle comprend toujours, au moins implicitement, une demande *en désistement* qui lui est subordonnée. Or, cette demande *est réelle* de sa nature, elle soulève *nécessairement* une contestation au sujet de tout ou partie des propriétés à délimiter; le titre ou la jouissance de la partie contre laquelle elle est dirigée, deviennent suspects à l'instant même où elle est formée; il faut pour en apprécier le mérite se livrer à une interprétation de la possession ou des titres; il n'est pas douteux qu'elle ne peut être soumise à la juridiction du juge de paix, et sur le champ et sur le vu de la citation, il doit se déclarer incompétent. »

Il y a des ressemblances tellement frappantes dans ces deux opinions que nous aurions pu jusqu'à un certain point leur appliquer les mêmes raisonnements.

Nous venons de voir qu'il n'existe pas d'action principale en délimitation et que c'est l'action en bornage qui engendre cette dernière, parceque pour borner il faut délimiter.

Ces principes n'ont jamais varié et la loi nouvelle n'y a apporté aucun changement. — Avant cette loi on ne distinguait pas, comme le pense Masson, l'action en bornage de l'action en délimitation. — Quand des propriétés n'étaient pas bornées, ou qu'un propriétaire remarquait du manque dans sa contenance, il agissait toujours par l'action de bornage, parceque la loi n'a jamais donné que cette action. — Aussi aucun tribunal n'a jamais eu à juger une demande en délimitation proprement dite. — Lors de la revue de la jurisprudence nous démontrerons que l'arrêt de 1818 qui parle de délimitation n'a pas créé une nouvelle espèce d'action ; par cet arrêt il a été justement décidé que des arbres ou épines, dites de foi, ne constituaient pas le bornage, que les propriétés se trouvaient sans doute délimitées mais non bornées, et voilà tout.

Les demandes en désistement par suite d'anticipation, étaient également ignorées; la loi ne reconnaît que l'action en bornage.

Que cette demande existe implicitement, qu'elle soit réelle, peu importe, puisqu'il est incontestable que les juges de paix ont été investis de matières réelles au nombre desquelles l'action en bornage.

Mais venir prétendre qu'une semblable demande soulève nécessairement une contestation au sujet de tout ou partie des propriétés à délimiter, c'est avancer un fait absolu des plus contestables, c'est dire ce qui n'est pas.

Comment? parceque chaque pièce de terre sera remise dans son état primitif par la voie des répartitions de terrains, reprises ou restitutions, il y aura contestation : et sur quoi? sera-ce à l'occasion du refus d'un propriétaire qui ne voudra pas que sa pièce de terre change de place, ou bien qu'on en détache la moindre parcelle, parce que par ses travaux, ou par la nature du sol, sa propriété vaut mieux que celle de son voisin, ou sur ce qu'il voudra que la figure de sa pièce de terre n'éprouve pas le moindre changement, reste telle qu'elle est? mais ces sortes de résistances sont des difficultés ordinaires qui rentrent éminemment dans les attributions de la justice locale; certes de semblables contestations n'ont pas le caractère de celles définies par la loi.

Au surplus, ces prétentions ne se rencontrent pas toujours, c'est la répartition des terrains qui le plus ordinairement fait toute la difficulté des opérations de bornage.

Les titres et la jouissance, ajoute M. Masson, deviennent suspects par la nature même de la demande en délimitation, et pour les apprécier il faut les interprêter, de là incompétence formelle.

Cette proposition est si étrange, si éloignée des choses les plus simples de la pratique quotidienne, que je suis à me demander si j'ai bien saisi ce qu'entend notre auteur, et si l'interprétation dont il parle ne serait pas celle qui concerne la preuve de la possession trentenaire, ou la validité des titres; certes dans ce cas il aurait raison.

Mais ce n'est point là ce qu'a entendu M. Masson, puisqu'il distingue l'action en placement de bornes de l'action en délimitation, et qu'il décide que sur le vu de la citation en délimitation, le juge de paix doit se déclarer immédiatement incompétent.

Lorsqu'il y a eu anticipation et que le demandeur ou autres parties ne retrouvent pas la contenance, la jouissance et les titres ne deviennent pas pour cela suspects.

En effet les anticipations sont entièrement indépendantes des titres.

Quant à la jouissance, tant qu'elle n'est point trentenaire, elle est impuissante, et pour qu'elle devienne trentenaire, il lui faut encore des circonstances bien caractéristiques.

Ainsi donc la délimitation, eût-elle une existence en tant qu'action principale, n'en devrait pas moins être admise en justice de paix, parcequ'elle ne constitue pas à elle seule une contestation de titre ou de propriété.

C'est cependant le contraire que veut M. Masson; mais il est dans l'erreur, ce qui est démontré par les principes et la pratique.

Reprendre à l'un pour compléter la quantité de l'autre n'est qu'un fait matériel, qui n'entraîne pas après soi une contestation de titre ou de propriété. — Si ces contestations se présentent, alors la juridiction du premier degré se trouve arrêtée pour un temps seulement.

M. Augier en son recueil *le Juge de Paix*, T. 11, p. 275, partage notre opinion.

« N° IX. Quelques jurisconsultes établissent entre l'action en bornage et l'action en délimitation une distinction qui nous paraît peu fondée. Le résultat de celle-ci, disent-ils, est d'attribuer à l'une ou à l'autre des parties la propriété des portions d'héritage qui sont l'objet de la contestation ; l'action en bornage au contraire ne tend qu'à conserver à chacune des parties l'intégrité de son héritage. »

C'est là selon nous un pur jeu de mot. La *délimitation* et le bornage tendent au même but, qui est de conserver ou de restituer à chaque partie ce qui lui appartient légitimement. La seule différence entre la délimitation et le bornage, c'est que l'un est le moyen, l'autre le résultat. *Pour arriver au bornage, il faut commencer par la délimitation.*

CHAPITRE X.

DES RÉPARTITIONS DE TERRAIN, REPRISES OU RESTITUTIONS.

La restitution de terrain contestée ou non contestée peut-elle être ordonnée par le juge de paix?

Une fois les quantités matérielles connues par la voie de l'arpentage, une fois l'application des titres non contestés faite par le juge de paix, il ne reste plus qu'une seule chose à faire, la répartition des terrains. — Or, l'expert, d'après les indications données par le magistrat, opère les reprises selon les règles de son art, toujours eu égard aux titres des parties, c'est-à-dire, qu'il retire à l'un ce qu'il a de trop pour remettre à l'autre à qui il en manque.

Cette opération est une opération purement d'expert. — On doit conserver le plus possible aux pièces de terre leurs configurations actuelles qui, par suite de tradition, sont l'image de la figure primitive qui aura été conservée, malgré les anticipations actives ou passives, qu'elles auront faites ou auront eu à souffrir.

Les reprises sont tellement la conséquence du bornage que ce n'est que pour atteindre ce but que l'on a recours à cette opération.

Ce qui se passe en cette circonstance est extrêmement simple comme l'on voit, il ne s'agit que de constater des faits. Nous croyons avoir rendu avec assez de bonheur la fin qu'on se propose, par ces mots : Il s'agit de faire rentrer les pièces de terre dans leur *état normal.* C'est cela que l'on peut appeler de la pratique de chaque instant ; pour la plupart du tems, il ne se présente aucune contestation, si ce n'est pour quelques légères difficultés matérielles qui se trouvent bientôt aplanies.

Ce point de vue n'a pas encore été indiqué par les auteurs.

Dans notre jugement du **27 septembre 1838**, nous disions que les juges de paix avaient le droit de décider non seulement les incidents relatifs à l'opération matérielle, mais encore de *faire la répartition des terrains, et d'ordonner les restitutions qui sont la conséquence de l'opération.*

Un de nos collègues de l'Oise, M. Frion, a publié

en 1859 un article sur plusieurs questions intéréssante relatives à la matière. — Il prétend que les juges de paix peuvent statuer sur cette action lorsque les titres produits ne sont pas critiqués, soit sous le rapport de leur validité ou sous celui de leur application au terrain qu'il s'agit de borner, ou lorsque le voisin à qui l'opération du mesurage fait passer une portion de son champ de l'autre côté de la ligne, ne *s'oppose pas à la restitution.*

Nous ne pouvons adopter cette manière de voir qui est contraire aux régles qui regissent les compétences, et aurait bientôt jeté la confusion dans l'ordre des juridictions.

S'il suffisait de s'opposer à ce qu'une chose se fasse, on serait son propre juge à soi-même. Jamais les juges de paix n'ordonneraient de restitution à moins que les propriétaires n'y vissent leur intérêt; le *statu quo* du reste est si naturel, des embarras peuvent résulter du déplacement des pièces de terre. — Dans la répartition de terrain il peut se rencontrer aussi des portions plus ou moins bonnes : on est susceptible de recevoir un mauvais terrain, comme on l'est d'en donner du bon.

Le juge de paix n'est pas ici conciliateur, il est juge jugeant. Sans doute qu'il faut que l'esprit de paix l'anime incessamment, mais quand il a fait tous ses efforts, il doit, organe de la loi, la faire exécuter.

Que serait-ce, dans ses mains, le droit d'ordonner les restitutions, si à la moindre opposition son pouvoir était réduit au néant? La justice ne serait plus qu'un vain mot, on se jouerait d'elle.

Le juge en l'occurence se trouve investi du droit

non seulement d'apprécier le genre de contestations qui sont présentées, mais même de les juger si elles ne sont ni une contestation de propriété ni de titre.

Notre collègue a senti l'insuffisance de sa proposition, il y revient un peu plus bas.

Par l'effet, dit-il, du mesurage opéré à la suite d'un action en bornage, il est reconnu que la ligne de séparation des deux héritages doit être placée à un ou deux mètres de la ligne de division actuelle. — Au moyen de cette nouvelle délimitation, chacun des voisins se trouve avoir la contenance qu'indiquent ses titres, et l'examen des lieux ne fait pas présumer que le voisin sur lequel doivent être repris les deux mètres ait pu en acquérir la prescription. — Néanmoins il s'oppose à la restitution et n'en *explique pas le motif.* — Le juge de paix peut-il passer outre? (ici M. Frion cite l'opinion des auteurs relativement à la contestation du fond du droit en matière d'indemnité pour non-jouissance de chose louée, et lesquels décident qu'il faut que le propriétaire donne le motif de sa résistance). Cette opinion dans un cas qui a une parfaite analogie avec notre espèce nous paraît devoir être également suivie. Ainsi, lorsque le voisin se refuse à restituer, en articulant des faits de possession, ou en déduisant tout autre motif, encore *qu'il paraisse mal fondé*, le juge de paix *doit s'arrêter*; mais lorsqu'au contraire le voisin se borne à dire vaguement: je m'oppose, je conteste, le juge de paix peut et doit même passer outre. (V. annales 1839, p. 83). »

D'après ce développement assez circonstancié, je m'attendais, je l'avoue, à une tout autre décision. C'est tourner dans un cercle vicieux. Autant maintenir sa première opinion et dire que le juge ne peut statuer que quand on ne s'oppose pas à la restitution.

Des motifs, mais on en trouvera toujours; de quelles ressources n'est pas douée la chicane, toutes les armes lui sont bonnes, et elle ne s'en ferait pas faute si un tel système pouvait prédominer ! — Donner de futiles motifs ou qui paraissent mal fondés, c'est n'en pas donner; autant vaudrait dire : je m'oppose, parce que je m'oppose. — C'est assurement retomber dans les mêmes inconvéniens signalés en commençant. — Aucune juridiction, au surplus, ne doit être livrée au caprice du plaideur.

M. Frion cite, parmi les auteurs qui ont décidé qu'il fallait que le propriétaire contestant le fond du droit donnât les motifs de sa contestation, Henrion de Pansay et Favard.

Ces auteurs se sont bien gardés de dire qu'il fallait des motifs même paraissant mal fondés. — Henrion de Pansay qui a émis le premier cette opinion (les premières éditions de sa compétence sont antérieures à 1825, époque de la publication du *Répertoire*) dit formellement que, pour qu'il y ait lieu au déclinatoire, il faut que la défense du propriétaire soit telle qu'elle forme une fin de non-recevoir contre la demande du fermier. Ch. 29. — Favard, au Répertoire. V. *Justice de Paix*, § 7, n° 2, reproduit en d'autres termes la même idée.

Ce qui a pu faire croire à notre collègue qu'il suffisait de motiver telle qu'elle la contestation, c'est peut-être ces expressions du Répertoire : » Mais si au lieu de donner le *motif* de son exception, le défendeur se borne à dire qu'il conteste. «

En supposant que le juge de paix se trouverait arrêté par l'opposition à la restitution, il faudrait encore que cette opposition fût sérieuse, eût au moins l'apparence d'un droit.

Au surplus, si la difficulté, si la contestation ne rentre pas dans les deux cas prévus par la loi, contestation de propriété, ou de titres, le juge saisi doit prononcer. — Et nous sommes étonné de la conclusion par trop générale de notre collègue ; d'après lui il suffirait de motiver d'une manière plus ou moins fondée l'opposition à la restitution, pour que le juge de paix ne pût statuer.

Nous devons dire que depuis, dans sa brochure sur le bornage publiée fin de 1841, M. Frion, a proclamé les vrais principes conservateurs de l'ordre des juridictions.

Voici ce qu'il dit p. 54, n° 47 : « Mais ce qu'il faut bien faire observer, c'est que le juge de paix, ne doit se dessaisir sur une contestation relative à la propriété ou aux titres, que lorsqu'elle a pour objet une *prétention suffisamment colorée pour la faire présumer fondée.* — Autrement, et si de vagues allégations, si des prétentions sans apparence de fondement, mais parcequ'elles concerneraient, la propriété ou les titres, pouvaient suffire, la loi aurait donné aux parties la faculté de décliner arbitrairement la juridiction du juge de paix, et c'est ce qu'on ne peut supposer. »

M. Frion, se fonde avec raison sur la règle faite pour la loi forestière, art. 182, mais que l'on doit considérer comme générale.

En résumé, une opération de bornage ne pouvant se concevoir sans répartition de terrain, le juge saisi a nécessairement le pouvoir d'ordonner l'exécution de cette mesure par la restitution des parcelles de terre qui se trouvent quelquefois en partie dans les pièces de terre voisines.

S'il arrive qu'un des propriétaires critique le mode adopté par l'expert, ou vienne s'opposer aux restitutions, cette difficulté peut-elle dessaisir le juge de paix, fondée ou non qu'elle soit ?

Si l'opposition aux restitutions ne se traduit pas en une contestation de propriété ou de titres, le juge de paix passera outre. — Si relative à ces deux cas, mais non fondée, le juge de paix statuera également.

CHAPITRE XI.

DU DÉFICIT.

De l'énonciation d'un déficit dans la demande et conclusion afin d'arpentage. Est-ce là une revendication ?

L'énonciation dans la demande d'un déficit constitue-t-elle une revendication ?

Il est différentes manières de motiver les demandes en bornage. — Quelquefois l'exploit contient la simple mention que les propriétés n'étant pas limitées par des bornes, ou que n'existant pas de bornes, le bornage est demandé.

Souvent aussi, et le plus ordinairement quand le déficit est connu, il en est question dans la demande, et l'on conclut au bornage, et, comme moyen d'y arriver, à l'arpentage?

Dans ce dernier cas, est-ce là une demande en

revendication? Non assurément, cette demande n'en offre aucun des caractères. Et en effet, dire qu'il existe un déficit dans une pièce de terre, c'est annoncer que la contenance matérielle trouvée n'est pas conforme à la contenance écrite accusée par les titres; c'est, en un mot, énoncer un fait que le demandeur a pu plus ou moins exactement vérifier, car il n'est pas obligé de s'en assurer pour former la demande. — Il suffit, pour agir en bornage, que les limites des propriétés ne soient pas fixées d'une manière invariable.

Pour la plupart du temps le demandeur ignore quelle est la quantité de terre en moins qu'il éprouve, et surtout il ne sait pas d'une manière précise où se trouve le déficit; il ne peut donc point y avoir alors matière à revendication proprement dite. — Et l'énonciation du déficit est indifférente, elle ne conduit qu'à une seule mesure, la recherche du déficit par le moyen de l'arpentage. Et rien de contentieux, de litigieux n'existant dans une semblable opération, le juge de paix doit conserver la connaissance de la cause ainsi formulée.

La question est des plus simples et ne devrait donner lieu à aucune difficulté; cependant l'énonciation du déficit arrête encore beaucoup de personnes, et il est des tribunaux d'arrondissement qui, lorsque les demandes sont portées devant eux, se décident, d'après le libellé littéral de l'exploit. — Si l'on demande le bornage sans énoncer qu'on éprouve un déficit, la justice de paix est compétente, et ils renvoient devant elle. — Si au contraire on se plaint d'un déficit, ces tribunaux retiennent la cause.

Nous ne connaissons pas entièrement les motifs de cette distinction ; nous croyons les entrevoir dans la consultation de l'avocat du barreau de Laon, du 7 avril 1842, consultation que nous avons déjà citée relativement au bornage dans l'état de possession actuelle.

Voici ce qu'on y lit sur la question :

« Mais il est une autre action d'une toute autre
» nature, et qui a un tout autre objet qu'un simple
» bornage. — Si le propriétaire se plaint d'une
» *anticipation*, et que l'action possessoire pour en
» obtenir la répression ne soit pas admissible, il
» doit alors former l'action appelée improprement
» l'action en arpentage et bornage. — Cette action
» est bien réellement une action pétitoire en re-
» vendication de terrain, seulement elle porte sur
» une partie d'un corps d'héritage, au lieu de
» porter sur un corps d'héritage tout entier. — Elle
» tend en effet à obtenir *la restitution* d'une portion
» de terrain qui a été usurpée par un riverain,
» voilà bien son objet ; aucune équivoque ne peut
» avoir lieu à cet égard. — Il ne faut pas confondre
» le but, l'objet de l'action, avec les voies d'ins-
» truction qui tendent à atteindre ce but, à cons-
» tater les *faits articulés* par le demandeur pour
» justifier l'action. — Le plus souvent l'absence de
» signes délimitatifs, la vacillation continuelle des
» limites par les actes de culture opère une con-
» fusion qui remonte à un temps plus ou moins
» éloigné, mais qu'on ne peut préciser. — Il faut,
» pour rétablir l'ancien état de choses, mesurer
» toutes les pièces voisines de celles du demandeur,
» et examiner sur leurs titres ceux qui ont de l'ex-

» cédent et ceux qui ont du déficit ; il y a donc lieu
» à une opération préparatoire, à un arpentage des
» pièces des voisins, afin de de rechercher et re-
» connaître où se trouve, en excédent, le déficit
» dont se plaint le demandeur. — Cette opération
» préparatoire ne change rien, du reste, à la nature
» de l'action en elle-même, qui est bien pétitoire.
» Cette action est donc dans les attributions exclu-
» sives du tribunal de première instance, et à aucun
» titre le juge de paix ne peut en connaître ; il ne
» le peut même avec prorogation de juridiction
» dans les termes prévus par l'art. 7 du code de
» procédure civile. »

L'auteur de la consultation est d'accord avec nous
sur la mauvaise et illogique appellation d'action en
arpentage et bornage, l'action en bornage avec déficit ; il la qualifie justement d'impropre.

Mais nous sommes diamétralement opposés sur
les conséquences à en déduire, et sur leur application. — S'il rejette l'action en arpentage et bornage, c'est pour chercher à lui imprimer le caractère de la revendication. Aussi, dit-il, si un propriétaire se plaint d'une anticipation, l'action par
laquelle elle est réclamée est une action pétitoire
en revendication de terrain.

L'expression anticipation n'est que particulière à
un cas donné et ne généralise pas suffisamment la
position d'un propriétaire qui ne retrouve pas sa
contenance primitive conforme à ses titres. Le terme
déficit est plus exactement vrai, parce que le manque,
le déficit provient de différentes causes au nombre
desquelles se rencontrent la négligence, la méprise,

aussi bien que la mauvaise foi, toutes choses résultant de l'incertitude des limites.

L'argumentation de la consultation peut se résumer en ce peu de mots : pour faire cesser l'usurpation, deux voies sont ouvertes, l'action possessoire ou la revendication.

Dans le premier cas, le juge de paix est seul compétent, parce qu'il s'agit de possessoire, et que cette matière rentre exclusivement dans ses attributions.

Dans le second cas, l'action étant toute pétitoire, elle appartient aux tribunaux d'arrondissement, parce que eux seuls connaissent de ces actions. — Il ne faut pas faire attention au mode de procédure employé ; car c'est le but, c'est l'objet de l'action qui doit seul être envisagé.

Cette argumentation, ainsi réduite, loin d'être affaiblie, est présentée dans toute sa force.

Oui, quand on ne peut recouvrer par la voie simple et peu dispendieuse de l'action possessoire le terrain que l'on a perdu, il faut bien avoir recours à une autre action.

Mais quelle est cette action ? Voilà précisément toute la difficulté, qui n'en est pas une assurément, car cette action est devenue, par la loi nouvelle, aussi simple, aussi prompte et économique que l'action possessoire, c'est l'action en bornage prévue par l'art. 6, nº 2, de la loi du 25 mai 1838.

Elle est éminemment pétitoire, nous l'avons démontré ; et malgré cet attribut, elle a été dévolue aux tribunaux de paix, avec d'autres actions de même nature ; et l'on doit être surpris d'entendre, non pas émettre un doute, mais décider formelement que le juge de paix ne peut en connaître à aucun titre, pas même avec prorogation de juridiction, conformément à l'art. 7 du code de procédure civile. (Nous n'examinerons pas ici la question de savoir si les matières pétitoires peuvent être soumises à la prorogation de juridiction. Il est de graves auteurs qui l'ont décidée affirmativement, et nous doutons que la loi nouvelle ne vienne pas fortifier cette manière de voir ; car dans l'espèce le juge de paix aurait *germe de compétence.*)

Que l'on prétende que la demande en bornage basée sur un déficit tienne de la revendication, cela peut être ; mais que l'on ne soutienne pas que la demande ainsi formulée étant toute pétitoire, elle sort de la compétence des tribunaux de paix ; cependant c'est ainsi que le décide la consultation. Nous ne reviendrons pas sur ce qui a été dit dans le chapitre qui traite de la nature de l'action en bornage, nous dirons seulement que ce qui prouve mieux que c'est l'action en bornage pétitoire ordinaire qui a été attribuée aux justices de paix, ce sont les autres actions qui accompagnent et suivent cette dernière action, actions que l'on ne qualifie pas de possessoires, mais bien de pétitoires, parce qu'il ne serait pas possible d'envisager sous un autre aspect ces sortes de matières.

Il ne faut pas confondre, dit-on, le but, l'objet de l'action avec les voies d'instruction qui tendent à atteindre ce but, à constater les faits articulés par le demandeur pour justifier l'action.

Où a-t-on vu que, lorsqu'il s'agissait de demande en bornage avec ou sans déficit, il fallait que le demandeur articulât ce déficit ? Ce dernier n'a rien à articuler, rien à justifier, à l'exception de sa qualité de propriétaire; il suffit qu'il n'y ait pas de bornes, ou qu'il éprouve un déficit quelconque pour être fondé à agir. Et l'on ne peut évidemment appliquer à cette action les règles des demandes en revendication, parce que les actions en bornage, fondées sur un déficit, ne sont pas des demandes en revendication; nous en avons dit un mot en commençant ce chapitre.

Non, il ne faut pas confondre les voies d'instruction, les moyens employés pour arriver à tel résultat, avec le résultat, avec la fin proposée.

Ainsi, l'on ne doit pas prendre l'arpentage pour le bornage; car alors on tomberait dans une grande méprise, puisque l'on prendrait en ce cas le moyen pour la fin, l'arpentage n'étant jamais et ne pouvant jamais être qu'un moyen d'arriver au bornage.

Au surplus, quand un bornage est demandé, que doit-on faire? On doit suivre la marche indiquée dans tous les temps et par tous les auteurs; on doit procéder au mesurage des terres, seul moyen efficace d'obtenir ce que l'on demande.

A l'égard de l'action en revendication, on ne peut pas s'y méprendre et la confondre avec la demande en bornage.

Pour agir en revendication, il faut qu'un tiers se soit emparé de notre propriété, que ce tiers en soit en possession, que celui-là qui détient la chose d'autrui soit connu, et que de plus le propriétaire revendicant soit en état de prouver que la propriété qu'il réclame est bien la sienne; cette preuve doit être administrée d'une manière à ne laisser aucun doute; telles sont les conditions qu'exigent les principes pour que la revendication soit admise, soit fondée.

En matière de bornage, au contraire, il suffit de s'adresser à ses voisins pour exercer cette action; on n'a pas besoin de dire que l'on a ou que l'on n'a pas sa contenance, qu'on éprouve, en un mot, un déficit. Si ce déficit est énoncé, on n'est pas forcé, il n'est même pas nécessaire de le préciser, parce que, dans cette action, il ne s'agit jamais que de règlement de limites.

Une autre anomalie qui frappe bien plus encore est celle qui concerne le détenteur de l'héritage revendiqué, de la portion de cet héritage, si l'on veut.

En bornage, il est presque toujours inconnu. On ne sait pas effectivement si c'est le voisin de droite, celui de gauche, ou ceux des extrémités qui ont ce qui manque; il arrive souvent que ce n'est aucun d'eux, ou parce qu'ils n'ont que leur compte, ou que le déficit se trouve dans des pièces de terre d'arrière-voisins. — Quelquefois aussi il peut se faire qu'il ne se rencontre nulle part, cela se voit fréquemment.

Dès lors, impossibilité de désigner, de déterminer, au moment de la demande, la chose réclamée; on ne le peut pas, tout dépendant d'une opération matérielle, d'une vérification.

Les excédants de terrain sont parfois si insaisissables, que c'est un protée qui se présente sous une infinie variété de formes. — Et en effet ce qui manque à l'un peut se trouver dans plusieurs pièces de terre.

C'est donc à tort que l'on qualifierait de revendication la demande en bornage ayant pour cause un manque de contenance, un déficit.

Curasson, dont les décisions en matière de justice de paix font autorité, s'exprime ainsi sur la revendication :

« Il ne faut pas confondre le bornage avec la revendication proprement dite ; il existe entre ces deux actions une énorme différence. La demande en revendication a pour objet, soit un corps de domaine, soit un héritage ou une portion d'immeuble qui doit être parfaitement déterminée, tandis que dans l'action en bornage chacune des parties ne demande qu'à rentrer dans ce qui sera prouvé manquer à la contenance de son héritage par le résultat de la délimitation ; ce n'est point l'immeuble, ce ne sont que les limites que le litige a pour objet ; la revendication de ce qui peut manquer à la contenance n'est donc que l'accessoire, la conséquence du bornage. (V. T. 2, p. 522, 1re édit. de son traité de la compétence des juges de paix.) »

Dans le supplément à la première édition publié après sa mort, Curasson a donné à cet égard à sa pensée tout le développement nécessaire :

« Gardons nous de confondre l'action en bornage avec la demande en revendication, il existe entre elles une énorme différence. »

« Dans la demande en revendication, loin qu'il s'agisse de fixer les limites, le corps de domaine ou le fond revendiqué est si peu équivoque, que sa contenance et ses confins doivent être précisés dans l'exploit d'ajournement à peine de nullité. Le demandeur qui revendique aussi un objet parfaitement déterminé avoue par la nature même de sa demande, la possession du détenteur; il est donc tenu de prouver que cette possession est illégale; le détenteur est réputé propriétaire jusqu'à preuve contraire. Ainsi c'est au demandeur à détruire cette présomption légale, en établissant sa propriété par un titre formel, ou par la preuve d'une possession qui en tienne lieu. Jusque là le défendeur qui détient n'a rien à prouver, et peut se borner à dire : *possideo quia possideo.* »

« Dans l'action *finium regundorum* c'est différent : il s'agit de fonds ou de deux corps de domaine contigus, et dont la propriété est reconnue à chacune des parties : la difficulté ne porte que sur l'étendue des héritages respectifs, attendu l'incertitude des limites qu'il s'agit de fixer et de reconnaître. Chacune des parties ne demande qu'à rentrer dans ce qui sera reconnu manquer à la contenance de son héritage par suite de la délimitation : que la propriété de telle ou telle étendue de terrain dépende du bornage, toujours est-il que la contestation ne porte point sur le corps de l'immeuble, les limites seuls sont l'objet du litige; il n'y a donc pas de raison pour dispenser l'une des parties de prouver en rejetant sur l'autre tout le fardeau de la preuve. — Cette distinction entre la demande en revendication et l'action en bornage est attestée par les lois, les auteurs et la jurisprudence. (V. supplément, p. 106.) »

Curasson ajoute dans la 1re édition comme dans son supplément différens motifs de ressemblance entre les deux actions. — Dans l'action en bornage, l'une et l'autre partie réunissent le double rôle de demanderesse et de défendresse; il n'en est pas de même dans la revendication. — Quant aux preuves elles diffèrent également, le demandeur en bornage n'a rien à prouver, rien à justifier; au contraire le demandeur en revendication a tout à prouver, tout à justifier.

Avant de terminer, on nous permettra de rapporter une des lettres que nous adressions à plusieurs de nos collègues du département de l'Oise, le 30 juillet 1839:

Pour mon compte personnel je n'hésite pas à décider que l'on a méconnu les principes des actions en bornage et que l'on me paraît avoir confondu cette dernière action avec celle en revendication. — On ne s'est occupé que de la citation; en supposant que cet acte fût mal libellé, ee n'était pas une raison pour changer la nature de l'action. — Je soutiens encore que, quand bien même la citation porterait que le demandeur éprouve un déficit, et que ce déficit se trouvât soit dans l'une des pièces d'un des défendeurs, soit même dans celle du défendeur immédiatement contiguë, en ce cas, il ne s'agit jamais que d'une action en bornage qui comprend nécessairement la recherche des limites, la répartition et restitution de terrain et la plantation de bornes. — En matière de bornage, quand un des propriétaires a un excédant, cet excédant n'est le plus souvent que les résultat d'anticipations insensibles faites sur plusieurs pièces de terre. Les restitutions de terrain ne sont que la conséquence nécessaire de l'action en bornage.

« La revendication ne se peut concevoir que dans le cas d'un propriétaire limitrophe qui, en faisant par exemple un fossé, une plantation, ou en labourant, ou en construisant, ou en fesant d'autres ouvrages s'est emparé en globe d'une certaine portion de terrain ; voilà si je ne me trompe le principal caractère de la revendication. Alors ce n'est plus une demande en bornage qui doit être intentée ; si on demande le bornage, évidemment on dénature l'action. — Par la revendication le demandeur est obligé de prouver que le détenteur défendeur s'est emparé de telle portion de terrain en commettant telle ou telle voie de fait. — Par la demande en bornage au contraire, inutile de dire que tel ou tel a un excédant ; on agit, ou parcequ'il n'y a pas de bornes ou parce qu'elles ne sont pas appuyées d'un procès-verbal, ou ne présentent pas un caractère d'immutabilité. — Si l'on avait pénétré dans les entrailles de la question, on se serait convaincu que la demande en revendication est impossible en fait de culture. — C'est pour rétablir l'équilibre et rendre à chacun cequi lui appartient selon ses titres que l'action en bornage a été introduite par les législateurs de tous les temps.

Un dernier motif me paraît décisif, c'est que, en matière de revendication, lagrande prescription trentenaire peut être efficacement invoquée contre la demande, tandis que lorsqu'il s'agit de demande en bornage, il n'y a jamais lieu à prescription de l'action.

Quand l'anticipation est le produit d'une seule voie de fait, la revendication du terrain usurpé n'est plus possible au bout de trente ans.

En matière de bornage il n'y a que des anticipations insensibles, clandestines, partant impuissantes.

En un mot les actions pétitoires en bornage, en distance de haie, etc., ont été transférées aux justices.

de paix, et il n'a été réservé à cet égard aux tribunaux d'arrondissement que les questions graves de contestations de propriété ou de titres.

Telle était notre opinion lors de l'apparition de la loi nouvelle de compétence. Le temps, nos recherches et la réflexion n'ont fait que la fortifier, sauf quelques légères modifications que nous aurons occasion d'indiquer.

Nous citerons, pour terminer, un exemple qui se rencontre le plus fréquemment dans les opérations de bornage, c'est lorsque le manque de contenance, le déficit en un mot, se trouve dans la pièce de terre d'un arrière-voisin assez éloigné.

Comment s'y prendra le demandeur en revendication? ira-t-il diriger son action contre cet arrière-voisin? qui lui répondrait immédiatement, s'il avait cette témérité : mais je ne vous connais pas, est-ce que j'ai pu m'emparer de la plus petite parcelle de votre propriété? la chose est par trop matériellement impossible.

Si, comme cela arrive souvent aussi, le déficit se trouve répandu dans beaucoup de pièces de terre, il faudrait donc que le demandeur s'adressât à chaque propriétaire qui aurait dans sa propriété, en excédant, un sillon, plus ou moins.

Tandis que dans l'opération de bornage, ces inconvénients disparaissent. — Si les quantités matérielles trouvées concordent avec celles énoncées aux titres, les opérations s'opèrent pacifiquement. — On fait rentrer chaque pièce de terre dans son état légal.

*Observations sur les chapitres qui précèdent
et ceux qui vont suivre.*

Quoique les matières traitées dans ces chapitres paraissent être spéciales aux principes et aux opérations de bornage, cependant, ayant un plus intime rapport avec la compétence et présentées dans ce but, nous croyons devoir en ce moment nous occuper d'une manière plus particulière du bornage proprement dit; nous aurons parfois occasion de rappeler les principes qui déjà ont été développés, mais nous ne le ferons que très-succinctement, afin d'éviter les redites.

CHAPITRE XII.

A QUI APPARTIENT L'ACTION EN BORNAGE ET CONTRE QUI PEUT-ELLE ÊTRE FORMÉE. — DES ARRIÈRE-VOISINS. — POUR QUELS BIENS A-T-ELLE LIEU, ET DANS QUEL TEMPS DOIT-ELLE ÊTRE INTENTÉE.

ARTICLE PREMIER.

Qui peut l'exercer. — L'usufruitier, le fermier, le tuteur, le mari, le curateur à l'absence, les envoyés en possession provisoire et définitive et le possesseur ont-ils cette action?

§ 1er. *De l'usufruitier.*

Nous avons vu aux chapitres de la définition du bornage et de la nature de cette action, que son principal caractère, le seul, peut-être, était d'être réel immobilier, puisqu'elle affecte essentiellement la propriété immobilière. — Aucune action ne peut être plus réelle que celle-là, s'agissant de règlement de limites, de faire rentrer les propriétés dans leur état normal par la voie des répartitions de terrain.

Cette action ne peut appartenir qu'au maître de la chose, et c'est pour cela que le code dit : tout propriétaire peut obliger son voisin au bornage.

Cependant, d'après les anciens principes, presque tous les auteurs qui ont écrit depuis le code civil ont accordé, étendu à l'usufruitier le bénéfice de l'action en bornage ; je dis étendu, parce que cela me paraît être une dérogation à la rigueur des saines doctrines.

Quoique le droit de l'usufruitier soit un démembrement de la propriété, il n'en est pas moins vrai que ce droit n'est relatif qu'à la jouissance de l'objet auquel il s'applique ; que ce droit n'est assurément pas à mettre en parallèle avec la propriété elle-même, avec le *dominium*. — Jouir d'une chose est sans contredit un bien grand avantage, mais c'est n'en être point encore le maître ; car on ne peut en disposer, et pour borner, il faut avoir le pouvoir de disposer.

Le bornage peut avoir des résultats tellement importants, qu'il est indispensable que le véritable maître seul agisse, et c'est pour cela que la loi a donné l'action au propriétaire.

Les auteurs qui ont accordé à un usufruitier l'action en bornage, ont senti les inconvénients d'un bornage fait seulement avec ce dernier, puisque presque tous prennent la précaution d'indiquer la mise en cause du propriétaire comme sauve-garde des intérêts de tous. C'est effectivement le parti le plus sage, mais ce n'est encore qu'un conseil qui peut n'être pas suivi.

Nous ne pouvons pas mieux faire que de rapporter ici en substance la discussion forte que Carou a donnée en commentant l'article 646 du code civil.

L'action en bornage est immobilière, touchant essentiellement le droit de propriété; elle n'appartient qu'au maître de la chose, le fermier ne l'a pas. — Quelques auteurs la donnent à l'usufruitier qui possède *pro suo*, l'usufruit étant un démembrement de la propriété. Toullier est de cet avis, mais avec la mise en cause du propriétaire, autrement bornage provisoire.

Opinion inexacte, le bornage ne prévient pas seulement la confusion des propriétés, il fixe de plus les droits eux-mêmes de propriété. Cette action est une sorte d'action en revendication de propriété ou peut le devenir, s'il s'élève quelque contestation. Elle fixe les droits des parties, et l'usufruitier, possesseur temporaire et non maître, ne l'a pas. — Si le propriétaire n'est pas lié, si l'usufruitier est sans qualité, s'il ne peut reconnaître un droit définitif au profit du voisin, comment ce dernier serait-il contraint à borner, la position étant égale ? — La marche tracée par Toullier est impraticable. D'abord les actions sont intentées par ceux qui y ont intérêt ou par des représentants légaux. Ensuite l'usufruitier n'étant pas maître de la chose, n'a point d'action personnelle contre le voisin. Il n'existe de liens qu'entre lui et le propriétaire, et il ne peut s'adresser qu'à ce dernier pour sa jouissance complète. L'action de la part de l'usufruitier est une interversion des règles de procédure et de droit. — Toullier fait une autre objection : la possession *pro suo* fait présumer l'usufruitier propriétaire, et le voisin n'a rien à exiger. De deux choses l'une ; si usufruitier, pas d'action ; si propriétaire, sa qualité peut être contestée. Mais peu importe s'il agit comme possesseur ou propriétaire, il n'y a plus à examiner ses droits comme usufruitier.—Cependant, l'usufruitier possesseur du fonds et propriétaire des fruits a intérêt évident; oui sans doute ; mais comme le dit Favard, le fermier et l'usufruitier ne peuvent que forcer le propriétaire à faire fixer les limites de l'héritage. V. Carou, t. 2, p. 647, n° 198.

Augier, qui approuve l'opinion de Carou, présente la question sous un nouvel aspect :

« Sur quoi, dit-il, se base-t-on pour accorder à l'usufruitier le droit de réclamer le bornage ? Sur ce qu'il possède *pro suo*. Mais il ne suffit pas de posséder *pro suo* pour intenter une action en bornage, il faut posséder à titre perpétuel, car autrement (tous les adversaires de notre doctrine en conviennent), le bornage ne serait que provisoire, et il dépendrait du propriétaire d'en demander un nouveau quand bon lui semblerait. Or, comment l'usufruitier pourrait-il obliger le voisin à faire un bornage provisoire ?

On objecte que le voisin ne peut exiger de l'usufruitier la preuve de son droit de propriété; car la possession le fait présumer propriétaire.

L'erreur est manifeste. Un fermier a la possession tout aussi bien qu'un usufruitier. Si le voisin ne pouvait exiger de lui la preuve de son droit de propriété, l'action en bornage lui compèterait donc; cependant, il n'est pas un jurisconsulte qui ne la lui refuse.

En invoquant, d'ailleurs, par l'usufruitier, la présomption de propriété qui résulte de la possession, on reconnaît implicitement que le titre de propriétaire est indispensable pour l'exercice de cette action. Mais alors, ce n'est plus l'usufruitier, c'est le propriétaire présumé qui agit, et le voisin n'aura-t-il pas le droit de contester le titre qui établit la propriété du demandeur?

Nous pensons comme Carou et comme Favard, que l'action en bornage tenant essentiellement au droit de propriété, ne compète pas plus à l'usufruitier qu'au fermier. Ils peuvent seulement obliger le propriétaire à faire fixer, dans un temps déterminé, les limites de son héritage. V. *le Juge de paix*, t. 11, p. 277. »

Cette solution est conforme à la théorie de la cour de cassation sur le projet du code de procédure de 1807 : de l'action en bornage, art. 26. L'action en bornage ne compète ni au fermier ni à l'usufruitier; mais ils peuvent obliger le propriétaire à faire faire dans un temps déterminé les limites de son bien.

Arm. Dalloz nous paraît introduire un milieu entre ces deux opinions absolues, en imposant à l'usufruitier la condition de mettre le propriétaire en cause.

« L'usufruitier peut-il, dans son intérêt personnel, intenter lui-même l'action en bornage ? Curasson se prononce pour l'affirmative. Il nous semble qu'il ne peut le faire qu'à la *condition de mettre en cause le propriétaire.* Autrement, le voisin qui, d'après l'avis même de Curasson, pourra être contraint à un nouveau bornage par le propriétaire, à la fin de l'usufruit, se verrait ainsi inutilement exposé deux fois aux charges et aux frais d'une opération de bornage pour la même propriété. »

« Mais nous pensons que l'usufruitier a le droit, sur l'action intentée par le propriétaire pendant l'usufruit, d'y défendre et d'intervenir dans l'instance. (V. dictionnaire, 5ᵉ supplément, vᵒ *servitude,* art. 2, § 2, 193, 2ᵒ.) »

D'après les trois jurisconsultes dont nous avons rapporté le sentiment, les droits de l'usufruitier seraient principalement à considérer par rapport au propriétaire voisin. Cet aspect est d'une justesse remarquable et doit trancher la difficulté contre l'usufruitier.

§ 2. *Du fermier.*

Quant au fermier, n'ayant aucune espèce de droit dans la chose, et ne la détenant que pour lui faire produire ce qu'elle peut produire, n'étant que le représentant du propriétaire, et toute action possessoire lui étant même refusée, ne possédant pas *pro suo,* il ne peut à plus forte raison jamais avoir celle en bornage, qui est une action toute pétitoire immobilière.

C'est un point si universellement admis parmi les jurisconsultes, qu'il serait inutile d'entrer dans de plus longs développements.

Cependant, comme quelques-uns d'entre les auteurs semblent émettre une opinion qui tendrait à conférer aux fermiers une apparence de droit, nous en citerons d'abord les principaux, puis ceux dont nous n'adoptons que l'avis.

Voici comme s'exprime Lepage, *Lois des bâtiments* : « Puisqu'il faut avoir un droit quelconque de propriété dans un héritage, pour être fondé à le faire borner, on doit conclure que celui qui le possède à titre précaire, tel qu'un fermier, n'a pas qualité pour intenter l'action *finium regundorum* ; le fonds lui est loué tel qu'il se trouve ; s'il est troublé dans la jouissance des objets compris en son bail, par des contestations relatives aux limites respectives, il n'a pas d'autre voie que celle de dénoncer le trouble à son bailleur et de lui demander qu'il fasse borner. Un fermier, en effet, ou un locataire, ne peut agir qu'en vertu de son bail ; il ne peut donc réclamer que contre le bailleur par une action purement personnelle, et non pas contre un tiers qui ne lui a point souscrit d'obligation, et qui n'est tenu de connaître que le propriétaire de l'héritage affermé. (*Lois des bâtiments*, t. 1, p. 28, art. 4, § 2.) »

Dans les notes rejetées a la fin de l'édition de 1838, Lepage explique les droits des fermiers :

« (7) Quand un fermier est troublé dans sa jouissance, il doit examiner si c'est par son bailleur ou par un tiers. Au premier cas, il agit contre celui dont il tient son bail. — Au second cas, il faut distinguer si le trouble n'a d'autre but que de nuire à son droit de récolter sans attaquer la possession d'aucune pièce de terre. On conçoit que s'il s'agit seulement de récolte actuelle, c'est une contestation qui n'intéresse que lui et qu'ainsi lui seul doit se pourvoir contre le tiers qui lui cause du tort. — Mais si le trouble annonce une prétention à la propriété ou jouissance d'une portion des terres conférées au fermier, celui-ci est tenu de dénoncer l'usurpation au propriétaire qui est garant du bail, et qui seul a qualité pour défendre contre le trouble; le fermier serait mis hors de cause, s'il n'avait personnellement rien à demander. »

Lepage a rendu sensibles par des applications les dispositions des lois relatives aux troubles que peut éprouver le fermier.

Carré, compétence, t. 1, p. 550, n° 252 refuse aux fermiers toute action en bornage, mais il leur accorde avec Duparc-Poulain le droit d'agir contre le bailleur, afin par des poursuites en bornage de la part de ce dernier de rendre la jouissance paisible et dans toute son étendue.

Dans son Recueil alphabétique, Dalloz reconnaît que le fermier n'exerçant aucun droit réel ne peut exiger le bornage; il peut seulement s'il est troublé dans sa jouissance, ou si après un bornage opéré il se trouve lésé, recourir contre le bailleur; c'est aussi le sentiment de Toullier et Delvincourt; ce dernier ajoute que le fermier n'a pas qualité pour intervenir dans une action en bornage intentée par ou contre le propriétaire. (V. servitude, sect. 2, art. 2, n° 5.)

Au supplément de l'encyclopédie des juges de paix, p. 25, M. Chas admet avec Delvincourt la doctrine de Favard en ce qui touche le fermier qui n'a pas le *jus in re* et qui peut seulement dans le cas de trouble apporté à sa jouissance, demander ou que le propriétaire le fasse cesser en procédant au bornage ou que son bail soit résilié avec dommages-intérêts.

Ces citations doivent suffire et démontrent les droits négatifs du fermier, en quelque sorte.

Toutefois, comme nous l'avons dit, quelques auteurs semblent lui accorder certains droits.

M. Foucher annonce que la jurisprudence paraîtrait admettre l'action du fermier, au moins comme conséquence de l'action possessoire, pourvu que le propriétaire intervienne et prenne fait pour le fermier avant contestation en cause. En effet cette intervention rend l'action contradictoire avec le propriétaire. Il cite un arrêt de cassation du 8 juillet 1818; c'est 1819 : les recueils portent cette dernière année. (V. comm., p. 297).

Par cet arrêt la cour n'a conféré aucun droit au fermier; elle n'a fait que confirmer une procédure quelque peu vicieuse, mais qui, en justice de paix, pouvait être réparée; le fermier avait cité au possessoire, mais à l'audience le propriétaire est intervenu. C'est comme si les parties avaient comparu volontairement. Le fermier disparaissait devant le propriétaire, il n'y avait plus que ce dernier en cause.

Aucune induction ne peut donc être tirée de cet arrêt pour accorder au fermier l'action en bornage, mais répondra-t-on, cette action n'est donnée que comme conséquence de l'action possessoire. ·

Il n'existe pas d'action possessoire de ce genre. Voici ce qui arrive en pareille circonstance lorsqu'il y a anticipation et que le juge a statué sur la complainte possessoire; il peut, les restitutions faites et comme consécration de sa décision, faire placer des bornes sur la nouvelle ligne.—Je ne vois pas comment le fermier pourrait agir en bornage par la voie indirecte du possessoire, la marche est impraticable.

Nous trouvons dans *le Juge de Paix* d'Augier une induction de l'arrêt du 8 juillet 1819 qui nous paraît plus conséquente.

Après avoir décidé que le bornage ne peut être provoqué ni par le fermier, ni contre le fermier, il ajoute néanmoins : Si le propriétaire, avant toute contestation en cause, était intervenu, et avait pris fait et cause pour son fermier demandeur ou défendeur au bornage, l'action pourrait suivre régulièrement son cours. (V. *le Juge de Paix*, t. 11, p. 278).

L'arrêt de 1819 n'a réellement décidé qu'une question de forme et très réparable surtout en justice de paix, mais cette décision ne peut pas attribuer au fermier des droits dans la chose et lui transférer une action réelle qui ne doit jamais lui appartenir.

L'interprétation donnée à cet arrêt est forcée et sans application ; c'est, nous le répétons, une simple question de forme qui a été jugée.

Avant de terminer, nous croyons devoir signaler à l'attention des jurisconsultes la doctrine émise par les auteurs des codes annotés.

Au commentaire de l'art. 646 C. C. N° 11 on lit :
« Il n'est pas aussi certain cependant qu'elle (l'action

en bornage) puisse être exercée par le fermier, parce qu'il n'a pas le droit foncier, ni l'exercice des actions possessoires. — N° 12. Mais nous ne ferions aucune difficulté de la lui accorder comme possesseur de la chose et comme ayant droit à la délivrance effective et réelle de la totalité de l'héritage qui lui a été donné à bail. — N° 13. Et ceux qui en principe lui refuseraient cette action ; seront bien forcés de convenir qu'il peut l'exercer au moins *indirectement en citant lui-même le propriétaire concurremment avec les propriétaires voisins* pour les forcer à opérer entre eux le bornage en sa présence, afin que la délivrance puisse être opérée en sa faveur. »

Il faut avouer que MM. Teulet et Sulpicy ont fort mal interprété les droits du fermier. D'abord le fermier ne peut être considéré comme possesseur de la chose; il n'est que simple détenteur, et ce n'est qu'à ce titre qu'il peut jouir du bénéfice de l'action en réintégrande. — A l'égard des propriétaires voisins, il n'a aucune espèce de droit à faire valoir contre eux. Si on ne lui délivre pas la chose louée dans toute sa plénitude, il a recours contre le propriétaire qui lui en a garanti implicitement la jouissance.

Les jurisconsultes dont nous avons parlé en commençant ce paragraphe ont tracé la marche à suivre, et l'on doit être étonné qu'un ouvrage aussi pratique que son titre l'indique tombe dans une méprise aussi grande.

Le fermier, en un mot qui ne retrouve pas la contenance déclarée ou qui est inquiété par ses voisins doit s'adresser seulement et uniquement à son propriétaire et pas à d'autre par l'action *ex conducto.* — C'est au propriétaire à employer la marche qu'il croira devoir prendre, mais il n'appartient pas au fermier de s'adresser tout à la fois et au bailleur et aux propriétaires qui ne doivent pas le connaître, dès là qu'il s'agit de la propriété.

§ 3. *Du tuteur. L'autorisation du conseil de famille lui est-elle nécessaire ?*

La solution de cette question depend du point de vue sous lequel le bornage est envisagé.

Si le bornage est réduit à une simple plantation de bornes, la difficulté n'a pas besoin d'être soumise à l'examen, elle se trouve bientôt décidée ; ce ne serait là assurément qu'un acte de simple administration très permis à un tuteur, qu'un acte conservatoire en un mot.

Mais si le bornage est ramené à son but primitif, si c'est du règlement de limites, des reprises ou restitutions de terrain qu'il s'agit, alors la question changeant de face a de l'importance et mérite examen.

Ce qui me prouve que c'est sous ce dernier rapport que les jurisconsultes l'ont envisagée, c'est qu'ils diffèrent de sentiments.

Toullier cité est plus combattu que suivi : « L'action en bornage ne tend qu'à conserver à chacune des parties l'intégrité de son héritage, c'est donc un acte d'administration qui peut-être fait par le tuteur sans consulter le conseil de famille, sauf à prendre son avis sur les incidents qui feraient naître une question de propriété. (V. t. 3, n° 182). »

Lepage développe cette idée et entre dans l'application. Il donne les raisons pour et contre, et conclut à l'autorisation dans le cas seulement de revendication par le mineur ou par le voisin.

Pour. — L'action est mixte, partant immobilière et application de l'art. 464 CC.

Contre. — L'action est principalement personnelle. — Réelle, accidentellement. — Intention de la loi, elle ne veut pas qu'on puisse agir légèrement relativement aux biens des mineurs. — Demander le bornage c'est sagesse, on évite les usurpations et l'on prévient toutes sortes de difficultés. Les biens limités, le tuteur peut veiller à leur conservation. — Autorisation pour borner n'est pas matière à délibération. — Le bornage ne peut mettre en danger les droits immobiliers du mineur; il tend à les constater par des limites apparentes. — Mais si usurpation, nécessité de l'autorisation pour former demande appuyée sur le travail des experts. — Si réclamation par le voisin de portions de terrain, pas d'acquiescement sans autorisation.

Conclusion. — Bornage en lui-même est un acte d'administration et pas d'autorisation, mais si revendication soit par le mineur, soit par le voisin, autorisation. (V. lois des bâtiments, t. 1er, p. 27).

Lonchampt qui distingue le bornage de la demande en partage, acquisition ou aliénation de droits immobiliers est d'avis de la non-autorisation. Il cite Pothier comme ayant parlé de cette formalité. Ce qui est inexact. (V. Précis sur la police rurale, p. 50).

Masson, p. 291 : Le tuteur peut agir sans l'autorisation du conseil de famille, sauf à le consulter sur les incidents relatifs à la propriété.

Perrin ne se prononce pas, il cite Toullier, Delvincourt et Pardessus.

Tels sont les auteurs qui ont adopté la négative.

Nous allons parler de ceux qui ont le plus examiné la question.

Curasson reconnaît la nécessité de l'autorisation du conseil de famille.

« La demande en bornage, dit-il, peut être formée par le tuteur au nom du mineur ou contre lui. M. Toullier prétend (t. 5, n° 182) que ce n'est là qu'un acte d'administration qui peut être fait par le tuteur, sans consulter le conseil de famille, sauf à prendre son avis sur les incidents que ferait naître une question de propriété; mais il est rare que le bornage n'ait pas pour objet la réclamation, ou la *restitution de quelques parties de terrain usurpées*. C'est donc ici une action relative à des droits immobiliers, et pour l'exercice de laquelle l'art. 464 du code, exige l'autorisation du conseil de famille. (V. Curasson, t. 2, p. 528.)

Carou se prononce d'une manière encore plus formelle. Toullier enseigne que le tuteur peut sans, consulter le conseil de famille, intenter l'action en bornage. Mais c'est qu'en ce point encore Toullier a méconnu le vrai caractère de l'action en bornage; il ne l'a considérée que comme un acte d'administration. Or, c'est plus que cela : ce n'est pas une simple action conservatoire ou provisoire, c'est un acte qui fixe irrévocablement les droits des parties; elle tend, comme le dit l'auteur lui-même, à conserver à chacune des parties l'intégrité de son héritage. Encore une fois l'action en bornage n'est autre qu'une sorte de demande en revendication, et comme en fait elle a trait à une chose immobilière, c'est aussi une action immobilière, soumise aux règles ordinaires de ces sortes d'action : le tuteur ne peut l'intenter sans l'autorisation du conseil de famille, ainsi que le veut l'art. 464 du code civil. (V. Carou, t. 1, p. 650.)

Cette argumentation porte la conviction ; il est difficile d'y répondre.

Parmi les auteurs qui ont adopté l'affirmative nous citerons encore Marchand : —On peut ranger, parmi les actions immobilières celle qui a pour objet d'obliger le propriétaire, voisin du mineur, au bornage de leurs propriétés contiguës, opération qui se fait à frais communs, (646 C. C.) le tuteur doit donc être autorisé. — Le bornage pouvant amener une réduction de la propriété du mineur, si avant lui il y avait eu anticipation, ce n'est pas au tuteur seul qu'il appartient d'apprécier une semblable mesure ; mais il pourrait sans autorisation, répondre à une action en bornage. (V. Code de la minorité, p. 320 n° 62.)

On peut en outre consulter Pardessus, traité des servitudes 8e édition t. 2, p. 505 n° 533. — Action pétitoire relativement aux servitudes, autorisation.

Dalloz, art. 2 n° 4, qui paraît embrasser l'affirmative.

Vaudoré, Droit rural, t. 1, p. 57, l'opération présentant un caractère immobilier, bornage judiciaire et autorisation.

Solon, des servitudes p. 78, avis de la famille et intervention de la justice.

Tardif-Fournel, t. 1, p. 215, action immobilière, autorisation préalable.

4***

Roland-de-Villargues, t. 2, p. 275 n° 21. (Il existe une faute typographique : lire la négative au lieu de l'affirmative.)

Supplément à l'encyclopédie des juges de paix, p. 25. Autorisation indispensable, bornage, caractère immobilier, il rapporte son opinion au mot Tutelle de l'encyclopédie.

Le Juge de Paix, t. 11, p. 278, autorisation plus légale.

Brochure de M. Frion, sur le bornage, p. 9, action réelle de nature immobilière, autorisation, assimilation à l'action en partage.

Vaudoré, droit civil des juges de paix, t. 1, p. 262 n° 6, autorisation nécessaire.

En résumé, le dissentiment qui paraîtrait exister entre les auteurs, n'est pas aussi grand qu'on pourrait le croire. Tous sont d'avis, à l'exception d'un seul, que, quand il y a réclamation ou restitution de portion de terrain, le tuteur ne peut pas agir sans l'avis de la famille.

Les uns, trois à quatre, prétendent que l'avis de parens n'a lieu qu'alors que la difficulté, que la question de propriété prend naissance, parceque l'action en bornage n'est à leurs yeux qu'une simple opération matérielle de plantation de bornes en quelque sorte.

Les autres au contraire, et ils sont en très grand nombre, veulent une autorisation préalable avant toute espèce d'action.

Ce dernier parti est plus conforme aux principes et à la nature de l'action qui, nous l'avons dit, est éminemment, essentiellement réelle immobilière

pétitoire, ayant pour fin incessante les reprises, restitutions, répartitions de terrains.

§ 4.   *Du mari. Faut-il le concours de la femme*
pour les biens personnels de cette dernière ?

Le mari n'étant qu'administrateur intéressé des
immeubles de la femme, et ne pouvant jamais les
aliéner soit directement soit indirectement, on doit
décider qu'il ne peut agir seul en bornage.

Les règles que nous avons posées pour le tuteur
lui sont applicables, encore bien que le mari, en
gérant les biens de sa femme, en tire des avantages,
des profits personnels ou plutôt tombant dans la
communauté conjugale.

Nous n'examinerons pas ici la question de savoir
si le mari, dans le silence de la loi, peut avoir seul
les actions pétitoires de la femme, cet examen sor-
tirait de notre sujet.

Ce que nous devons démontrer, c'est que le mari,
y eût-il intérêt, ne peut pas transiger et faire décider les questions de propriété que pourrait soulever
l'action pétitoire en bornage, ce serait là une aliénation indirecte.

En supposant même que l'action en bornage ne
donnât pas naissance à des contestations graves de
propriété qui seraient de la compétence des tribunaux
d'arrondissement, que l'opération n'eût pour résultat qu'une simple répartition de terrain, comme
il pourrait se faire que l'immeuble de la femme
éprouvât une diminution, le mari ne peut seul
consentir une telle aliénation.

Le maître de la chose doit être présent à l'action ; nous l'avons décidé pour l'usufruitier , et de plus fort le dirons-nous pour le mari.

Tous les auteurs étant unanimes sur ce point nous ne rapporterons leurs opinions que très substantiellement :

Duranton. — 253. L'action en bornage n'étant pas possessoire comme celle en déplacement, le mari qui a celle-ci sous la communauté n'a pas qualité pour intenter seul celle-là, de manière que chose jugée contre le mari, chose jugée contre la femme. (T. 5, p. 259.)

Vaudoré. — Le mari jouissant des biens de la femme a l'action possessoire en bornage. Il est l'administrateur légal des propres ou dotaux 1428, 1480 et 1549 C. C.—La participation de la femme au bornage de ses biens n'est nécessaire qu'au pétitoire. (V. droit rural, p. 82.)

Dalloz. — Il cite Duranton, le mari en communauté ne peut intenter seul l'action en bornage pour une propriété de sa femme. (V°. *bornage*, 4.)

Solon. — Le bornage possessoire peut être demandé par le mari ; pour le bornage pétitoire concours de la femme, p. 78.

Masson. — Le mari ne peut agir en son nom personnel, il faut que la femme soit en cause, p. 190.

Augier. — Le mari ne peut agir seul, Duranton et arrêt de Rouen — en tous cas, s'il a agi seul, si question de propriété , nécessité absolue de l'intervention de la femme. (V. p. 23 supplément.)

Carou. — Duranton et Augier cités , doctrine exacte, elle est évidemment fondée sur les principes établis à l'égard du tuteur. On n'a pas considéré que l'action en bornage fût un simple acte d'administration, t. 1, p. 651.

Curasson.— Comme administrateur, a les actions possessoires, mais l'action en bornage n'est pas un simple acte d'administration, telle, s'il n'y avait aucune contestation , si ligne délimitative convenue ou recherche d'un ancien bornage ; donc mari et femme en cause serait prudence ; t. 2, 329.

Augier parle de l'arrêt de Rouen du 6 novembre 1835 qui a donné l'action au mari au cas de non contestation de possession ou de délimitation. — Lorsqu'il s'agit de décider si la femme est ou non propriétaire d'une certaine quantité de terrain disputée par un tiers , nécessité alors de l'intervention de la femme, sans cela, bornage provisoire, et mariage dissous, second bornage ; — Biens de la communauté , droit de les aliéner, mari a seul l'action, t. 11 , p. 278.

Frion. — Elle ne peut être exercée pour ou contre le mari seul, même pour le bornage en la possession actuelle, parceque l'étendue de terrain peut être inférieure au titre, et alors aliénation indirecte, ce que ne peut faire le mari, p. 8.

Perrin. — n'a pas l'action en bornage et encore bien moins au cas de séparation de biens, p. 229.

Vandoré, — Le mari a qualité pour abornement de biens dotaux, extradotaux, propres de communauté à la femme, — l'opération portant sur la propriété ne peut lui être opposée, t. 1, p. 262.

De tous les auteurs Arm. Dalloz et Lonchampt sont les seuls qui reconnaissent au mari le droit d'agir seul.

Lonchampt, après avoir dit que le tuteur n'a

point besoin d'autorisation, parcequ'il ne s'agit que de conserver l'intégrité d'un héritage et qu'il n'y a pas atteinte aux droits immobiliers de la femme, décide que, d'après ce principe, le mari a le droit de poursuivre le bornage des biens personnels de sa femme (arg. de l'art. 1428 CC.) (V. précis des lois rurales, p. 50.)

Quant à Arm. Dalloz, il nous semble avoir mal saisi Duranton et Curasson, lorsqu'il dit : à l'égard du mari, Curasson pense, contrairement à notre avis et à celui de Duranton, qu'il ne peut intenter l'action en bornage des biens de sa femme sans mettre celle-ci en cause.

Duranton paraît assez explicite, s'il n'est pas parfaitement clair pour la mise en cause de la femme. —Curasson dit sans-doute que le bornage ordinaire ne rentre pas dans les actes d'administration, mais ensuite il n'émet son avis que sous forme de conseil.—Il aurait posé comme règle absolue la présence de la femme dans la demande, qu'il n'eût suivi que les principes particuliers sur la nature de l'action en bornage.

§ 5. *De l'absent.*

Tout individu qui a quitté son domicile ou sa résidence sans donner de ses nouvelles et dont on ignore le sort, est réputé absent. Ce sont au surplus les circonstances du départ qui peuvent au bout d'un certain temps le faire considérer tel : les causes ordinaires sont le mauvais état des affaires et parfois les chagrins domestiques.

Si l'absence se prolonge, les propriétés peuvent en souffrir et les voisins profiter de cet état de choses, nécessité alors de veiller aux intérêts de l'absent. — Dans ce cas le tribunal, d'après un acte de notoriété, nomme un curateur au présumé absent toutes les fois qu'il est nécessaire, même pour défendre à un procès ou en intenter un.

Le curateur est ici un mandataire judiciaire, et il peut diriger contre les voisins toute action en bornage.

Comme les voisins de l'absent peuvent avoir intérêt à ce que leurs propriétés soient limitées avec celles de ce dernier, ils peuvent provoquer la nomination d'un curateur contre lequel la demande serait intentée.

Les envoyés en possession provisoire n'ayant les biens qu'en dépôt, ne pouvant aliéner les immeubles, ont besoin, pour agir en bornage, de l'autorisation de la justice.

Quant à l'envoyé en possession définitive, à la différence de l'envoyé en possession provisoire, recueillant une quasi-succession, conditionnelle sans doute, il a sur sa tête le *dominium*; il peut aliéner, détruire même; partant, il peut, sans aucune autorisation, former toute demande en bornage et y défendre.

§ 6. *Du possesseur, quel?*

Nous avons vu qu'il n'y avait qu'au propriétaire, au maître de la chose qu'appartenait l'action en bornage, que cette action était déniée à l'usufruitier et autres possesseurs *pro suo*, qu'elle ne compétait point au fermier, que le tuteur ne pouvait l'exercer sans avoir consulté le conseil de famille, et le mari, sans le concours de la femme.

Maintenant, de quel possesseur s'agirait-il? Serait-ce du possesseur apparent? Ses droits, effectivement, reposent sur une fiction de la loi, qui le répute véritable propriétaire.

Les jurisconsultes qui ont attribué l'action en bornage au possesseur ne se sont point autrement expliqués à cet égard; s'ils étaient interprétés à la lettre, la simple possession paraîtrait être suffisante, ce qui serait une erreur qui aurait des résultats désastreux.

Voici ce que dit Pothier qui a été suivi par quelques auteurs : « Le possesseur d'un héritage qui s'en porte pour le propriétaire, soit qu'il le soit effectivement, soit qu'il ne le soit pas, est partie capable pour intenter cette action (le bornage); il n'a pas besoin, pour cela, de justifier de son droit de propriété; sa possession le fait présumer propriétaire. (V. second appendice du *voisinage*, p. 233, n° 232). »

Vaudoré reproduit Pothier. En général, le possesseur d'un héritage, qui passe pour en être le propriétaire, a qualité pour intenter une action en bornage; il n'a pas besoin pour cela de justifier de son droit de propriété; sa possession le fait présumer propriétaire. (V. *Droit rural*, t. 1, p. 37, n° 81.)

Lonchampt cite Merlin, répertoire v° *bornage*, n° 5 : le possesseur qui se dit propriétaire peut exercer l'action en bornage, sans qu'il faille pour cela qu'il prouve son droit de propriété. La raison

en est que la possession le fait présumer propriétaire. (V. *Précis sur la police rurale*, p. 50.)

Perrin rappelle également l'opinion de Pothier :
L'expression propriétaire, dont se sert l'art. 646
du code civil n'est pas limitative ; il faut entendre ,
par ce mot, tout possesseur qui se dit propriétaire :
la possession le faisant au moins présumer propriétaire, il n'est pas tenu de prouver son droit de
propriété. Ainsi, continue l'auteur, peuvent intenter
l'action en bornage : 1° le propriétaire apparent ,
2° etc. (V. *Code de la contiguité*, p. 225.)

Vaudoré, dans son droit civil des juges de paix ,
reconnaît le droit de bornage aux détenteurs des
fonds à diviser ; ainsi est admissible à exiger l'a-
bornement le propriétaire apparent et investi de
la possession. (V. t. 1 , p. 252.)

Par possesseurs il ne faut pas entendre de simples
détenteurs d'immeubles, mais des possesseurs qui
aient toute l'apparence de vrais propriétaires ; c'est
du temps et des circonstances que dépend leur
investiture.

A ces titres, l'action en bornage ne peut être
refusée aux possesseurs qui ne sont pas en état de
justifier de leur propriété.

ARTICLE 2.

Contre qui l'action en bornage peut-elle être formée ?

Si celui qui provoque le bornage doit être propriétaire, celui-là contre lequel on agit le doit être

également; il y a parité de raisons; l'action ne changeant pas de nature, et les parties ayant des droits égaux, leur position est la même, quoique leur rôle ne paraisse pas l'être.

On pourrait, ce nous semble, poser une règle absolue et décider que l'action doit être dirigée, non pas contre l'usufruitier, mais contre le propriétaire seul; non pas contre le tuteur sans autorisation, mais contre le tuteur autorisé; non pas contre le mari seul, mais contre la femme et son mari, ce dernier par respect pour l'autorité maritale.

Les auteurs se sont peu ou point occupés de la partie contre laquelle la demande était formée.

Favard, après avoir annoncé que l'action en bornage ne compète ni au fermier ni à l'usufruitier, parce qu'elle tient essentiellement au droit de propriété, décide par la même raison qu'elle ne peut être intentée ni contre le fermier, ni contre l'usufruitier, qu'elle doit toujours l'être contre le propriétaire. (Répertoire, t. 4, v^{is} *actions*, p. 106, n° 8.)

Carou, approuvant cette opinion, dit que Favard lui paraît avoir mieux compris l'esprit de notre législation et des formes de la procédure. T. 1, p. 650.

Augier, cité à l'art. 1er, § 1er, et dont l'argumentation est décisive, déclare que, par la même raison, l'action en bornage ne peut être intentée ni contre le fermier, ni contre l'usufruitier; elle doit toujours être dirigée contre le propriétaire. On évite ainsi toute collusion frauduleuse entre l'usufruitier et le voisin, au détriment du propriétaire, et l'on subvient à tout ce qu'exige l'intérêt de l'usufruitier. Au n° 17, Augier ajoute que le bornage ne peut être provoqué ni par lui ni contre lui. (V. *le Juge de Paix*, t. 11, p. 277.)

M. Frion pense que si celui qui est appelé au bornage est fermier, il doit être mis hors d'instance en nommant le bailleur; mais que, s'il ne justifie pas sa qualité et s'il ne nomme pas le propriétaire, il restera en cause comme propriétaire. 1727 et 2230 du code civil. (V. p. 10.)

Si le demandeur avait cité le fermier, sachant qu'il avait cette qualité, la procédure serait assurément vicieuse.

Le second cas aurait ses dangers, malgré l'apparence de droit; la partie qui agit doit s'assurer de la qualité de la personne contre laquelle elle dirige son action.

Au surplus, tout dépend des circonstances dans lesquelles les parties se trouvent.

Si le détenteur de l'immeuble par lui ou par ses auteurs a depuis plusieurs années fait acte de possession; s'il en a toujours, sans contradiction, recueilli les produits; mais s'il ne prouve pas qu'il en est propriétaire, il n'en sera pas moins réputé tel par la possession, et à ce titre appelé à se présenter à une opération de bornage, soit en défendant, soit même en demandant.

C'est de la sorte, nous le pensons, que doit être interprété le sentiment des auteurs qui attribuent au possesseur l'action en bornage.

Quant au tuteur, si l'on assimile la demande en bornage à la demande en partage, il semblerait que la conséquence à en tirer serait que l'on pourrait procéder contre un tuteur sans qu'il fût pourvu d'autorisation du conseil de famille, parce que le bornage est forcé comme le partage.

Cependant, comme il peut arriver, par suite de l'opération de bornage, que le propriétaire voisin vienne réclamer une portion de l'héritage du mineur, ou même que le tuteur soit obligé de reprendre sur la propriété voisine, ou que l'héritage du mineur éprouve un déficit, chaque propriété ayant subi une réduction proportionnelle en raison de la quantité manquante, il faut nécessairement, dans ces divers cas, que le tuteur soit autorisé par le conseil de famille à consentir de semblables opérations qui touchent, on ne peut plus intimement, à la propriété, et qui tendent à une aliénation ou à une acquisition.

Néanmoins quelques auteurs ont décidé que le tuteur pouvait défendre sans autorisation à une demande en bornage dirigée contre son pupille. (V. supplément de l'Encyclopédie des juges de paix, p. 23 ; Frion, p. 9 ; Vaudoré, droit civil des juges de paix, v° *bornage*, p. 262, n° 5.)

Lepage, qui avait déjà examiné la question lorsque le tuteur est demandeur, s'en occupe de nouveau le tuteur étant défendeur.

Il donne l'opinion pour et contre : il cite d'abord l'art. 464 du code civil ; et l'action étant mixte, est conséquemment immobilière sous un certain rapport, et l'autorisation serait nécessaire. — Puis il oppose à l'art. 464 les art. 646 et 465 du code civil ; et décide que le bornage et le partage étant forcés, à quoi servirait alors une délibération du conseil de famille pour un simple bornage, quand elle n'est point exigée pour le partage. — Mais il termine par faire remarquer que si , par suite de l'opération , il est reconnu que le voisin a usurpé , et qu'il faille former contre lui une demande pour le forcer à restituer , le tuteur s'y fera autoriser par le conseil de famille. Dans le cas où l'usurpation se trouverait faite au profit du mineur , il faudrait un avis de parents pour autoriser le tuteur à acquiescer aux réclamations du voisin.

L'on voit ici quelle influence peut avoir la qualification plus ou moins exacte de l'action en bornage.

Ne s'agit-il que de simple plantation de bornes , le tuteur n'aura pas besoin d'autorisation ; mais , comme nous l'avons prouvé , l'action de bornage étant autre chose qu'une simple opération de placement de bornes dans des limites connues et avouées, ayant au contraire pour but incessant la recherche des limites, les répartitions de terrains , reprises ou restitutions, étant essentiellement immobilière , l'autorisation du tuteur devient indispensable ; soit pour agir, soit pour défendre.

A l'égard du mari et du possesseur apparent, comme le bornage ne peut avoir lieu qu'entre les maîtres de la chose, l'action n'est valablement intentée que quand elle se trouve dirigée contre la femme , et le mari l'autorisant. Le possesseur qui a toutes les apparences du véritable propriétaire peut être également actionné ; car il est d'ordre public que les propriétés ne restent point sans limites certaines. — Le demandeur propriétaire voisin a aussi intérêt à ce que sa pièce de terre soit bornée d'avec celle du possesseur, ne serait-ce que pour la récolte des fruits.

ARTICLE 3.

Des arrière-voisins.

La loi ne parlant que du bornage entre les propriétaires dont les héritages sont contigus prohibe-t-elle le bornage avec les arrière-voisins ?

L'action peut-elle être dès l'origine dirigée contre ceux-ci, ou seulement leur mise en cause peut-elle être ordonnée en justice sur la demande des parties?

En règle générale, le bornage ne peut avoir lieu que pour les propriétés contigues. La nature des choses le veut ainsi : mais quand l'action est intentée, comme pour la plupart du temps elle ne l'est que pour recouvrer un déficit éprouvé et qui ne se trouve point dans les pièces de terre immédiatement contigues, ce qui arrive quelquefois et même souvent, il est de nécessité que l'opération s'étendant, atteigne les propriétaires d'au-delà, présumés avoir ce qui manque dans la pièce du demandeur. Cette opération se nomme l'abornement d'une plaine, d'un canton, d'un lieudit.

En vain l'arrière-voisin viendrait-il dire que n'étant pas contigu au demandeur, celui-ci ne peut pas le forcer à borner? Le demandeur lui répondrait, d'abord, que dans l'action actuelle il ne s'agit pas seulement de planter des bornes séparatives de deux ou plusieurs héritages contigus, mais bien de *rechercher* les limites des diverses propriétés, limites confondues par les anticipations successivement et insensiblement faites, et que les arrière-voisins sont les auteurs de ces anticipations, puisqu'elles ne se retrouvent pas dans les pièces de terre contigues, et qu'alors il a intérêt et droit de former sa demande tout à la fois contre tous ses voisins contigus ou non contigus.

Du reste, ce serait à tort que l'arrière-voisin élèverait des difficultés, parcequ'il serait bientôt forcé de figurer dans l'instance par une autre voie, la voie judaïquement légale, la citation directe par son contigu : celui-ci, en effet, aurait tout intérêt à en agir ainsi, puisque dans le cas contraire il supporterait proportionnellement la perte qu'éprouve son voisin.

Cette marche adoptée par quelques praticiens n'a que des inconvénients : elle entraîne à des lenteurs et surtout à des frais entièrement inutiles. C'est un circuit d'action que l'on doit chercher à éviter, et il est bien préférable de diriger l'action en même temps contre les arrière-voisins, en un mot de les comprendre tous dans la même demande.

D'un autre côté, le propriétaire dont la pièce de terre n'a pas la contenance peut demander aux tribunaux (les justices de paix) que les pièces voisines soient comprises dans l'opération. Cette mise en cause ne saurait être contredite, parce qu'elle est une mesure d'instruction éminemment utile et nécessitée par les circonstances du procès.

Nous l'avouerons toutefois, ce mode ne nous paraît point autant dans l'esprit de la loi que l'appel en cause direct. Il présente aussi de graves inconvénients. Ainsi un bornage est ordonné entre tous les contigus, il résulte du mesurage que les pièces de terre soumises à l'opération n'ont que leur compte,

parce que l'inaction des propriétaires intermédiaires
ne doit pas nuire à celui qui ne jouit pas de toute
sa contenance. Ce dernier, à la vérité, ne sera pas
recevable à appeler de prime abord en bornage la
partie qui ne le joint pas immédiatement, puisque
cette action ne peut procéder directement que
contre le maître de l'héritage contigu ; mais il
pourra, en signalant le fait au tribunal, faire ordonner le mis en cause du propriétaire ou des propriétaires voisins de son voisin.

Il signale les moyens de fraude qui pourraient
être employés ; l'excédent passerait toujours dans
la pièce de terre de l'arrière-voisin ; par là, ils se
trouvent déjoués.

Il cite ensuite une espèce jugée par le tribunal
de Dijon, le 25 juillet 1852, et il est résulté, comme
cela arrive toujours, que l'excédent a été retrouvé.
(V. supplément, p. 55.)

Arm. Dalloz se prononce pour la mise en cause ;
après avoir énoncé qu'il ne peut y avoir lieu à bornage qu'entre propriétaires dont les héritages sont
contigus, il ajoute : « Cependant il peut se présenter une circonstance où des propriétaires séparés
par une autre propriété, peuvent être mis en cause
dans un bornage provoqué entre voisins contigus.
C'est le cas dans lequel le fonds non contigu aurait
une superficie plus grande que celle indiquée par
les titres, et qu'au contraire le fonds du demandeur
et du défendeur éprouverait un déficit de contenance ;
c'est dans ce sens que s'est prononcé un jugement
du tribunal de Dijon, du 25 juillet 1852. (V. 5º
supplément au Dictionnaire général, vº *servitude*,
194 et 195.) »

Dalloz, ayant puisé dans Dumay ce qu'il vient de dire, et ne rappelant pas la restriction apportée par ce dernier, semble adopter implicitement l'appel en cause direct sans ordonnance de justice. S'il avait entendu interdire l'appel direct, il eût cité l'opinion de Dumay.

Notre collègue de Chaumont (Oise) partage notre sentiment. Après avoir établi que la mise en cause ne change pas la nature de l'action, quoiqu'elle ait pour conséquence la revendication du terrain en déficit, il fait observer que, pour appeler les arrière-voisins, il n'est pas nécessaire qu'il soit d'abord juridiquement constaté que les propriétaires contigus n'ont pas d'excédents; le demandeur peut, au contraire, appeler en même temps les uns et les autres, parce qu'il suffit qu'il y ait intérêt, et que d'un autre côté il y a économie de frais et de temps à procéder ainsi. (V. p. 12 et 13.)

Vaudoré, en son premier volume paru en 1843, au mot *bornage*, dit :

« Quelquefois le propriétaire d'une parcelle située dans une plaine, prétend n'avoir pas la contenance énoncée dans ses titres. Il forme alors une action en bornage au propriétaire contigu. Celui-ci allègue que si le déficit réclamé par son riverain lui est enlevé, il n'aura plus tout son terrain; on doit, dans ce cas, procéder à l'abornement de la plaine, et rendre à chacun la superficie qui lui appartient. (V. le droit civil des juges de paix, t. 1, p. 264.) »

Vaudoré autorise la mise en cause, mais il ne s'explique pas comment les choses devront se passer. La mise en cause sera-t-elle immédiate? L'auteur ne le laisse pas supposer, puisque l'action formée, le voisin se plaint; donc il y aura mise en cause par suite de jugement. — Quel est le propriétaire qui mettra en cause? Sera-ce le demandeur primitif? Non, d'après Vaudoré, puisque c'est le défendeur qui se plaint, et alors ce sera à ce dernier à agir.

Nous ne sommes pas de cet avis. Dans tous les cas, c'est toujours le demandeur originaire qui doit appeler en cause, parce que c'est lui qui a intérêt. — Et nous pensons que le voisin qui n'a que sa quantité, n'est pas forcé de fournir ou compléter son voisin. Au pis aller, il n'y aurait encore qu'une perte proportionnelle. Vaudoré est à côté du vrai dans l'occurrence.

Au surplus, la mise ou appel en cause n'en est pas moins reconnue comme constante en principe, et cela doit suffire.

C'est ainsi que je l'ai décidé dans un de mes jugements sur la matière : « La loi n'a dû poser que le principe général du droit de se borner, et décider en conséquence que le bornage s'opérait entre les propriétés contiguës; mais cette conséquence n'a pu faire obstacle et proscrire le bornage d'une section de terrain par la même action et un seul et même jugement; la mise en cause des voisins est dans l'esprit de la loi; l'on évite par ce moyen des circuits d'action et une multitude de procès en bornage; le demandeur a dû au préalable s'assurer où pouvait être l'excédent; car s'il se trouve dans les propriétés contiguës, la demande serait inconsidérée. Sans doute il arrive que l'on ignore où devra s'arrêter une demande semblable; mais si, par une opération préalable, le demandeur a la certitude que tous les propriétaires appelés récevront leurs quantités, alors l'appel en cause n'a que des avantages. (V: le *Juge de Paix*, t. 12, p. 204.)

Par tout ce qui a été dit, on doit décider que la mise en cause des arrière-voisins est permise par les principes propres à la matière, et que la seule difficulté est relative au mode de procéder. — L'appel en cause de prime-abord ou direct doit être préféré à la mise en cause par jugement. — Il résulte du premier mode économie de temps et de frais.

ARTICLE 4.

Quels sont les biens soumis au bornage.

La loi romaine nous a transmis des règles qui peuvent encore être suivies.

Le digeste a plusieurs lois à cet égard. Les lois 4, 5 et 6 portent : — « Hoc judicium locum habet » in confinio prædiorum rusticorum, urbanorum » displicuit; neque enim confines hi, sed magis » vicini dicuntur; et ea communibus parietibus » plerùmque disterminantur: et ideò etsi in agris » ædificia cuncta sint, locus huic actioni non » erit, et in urbe hortorum latitudo contingere » potest, ut etiam finium regundorum agi possit. » L. 4, § 10.

« Sive via publica intervenit, confinium non in- » telligitur, et ideò finium regundorum agi non » potest. L. 4, § 11.

» Quia magis in confinio meo via publica vel » flumen sit, quàm ager vicini. L. 5.

» Sed si rivus privatus intervenit, finium regun-
» dorum agi potest. L. 6. »

Cette action a lieu pour les confins des héritages
ruraux, elle est rejetée pour les urbains; car ceux-ci
ne sont pas dits contigus, mais plutôt voisins, et
ces confins sont le plus souvent séparés par des
murs mitoyens. C'est pourquoi, si dans les champs
sont tous édifices, il n'y a pas lieu à cette action; et
dans la ville, l'étendue des jardins peut être contigue de manière que l'on puisse agir par bornage.

Soit qu'une voie publique se rencontre, elle
n'est pas considérée comme contigue; et par cette
raison on ne peut agir par l'action de bornage.

Parce que la voie publique ou le fleuve m'est
plutôt contigu que le champ voisin.

Mais si ruisseau privé est entre, on peut agir par
l'action de bornage.

Voici comme ces textes ont été commentés par
Cujas, dans les récitations solennelles sur le livre
XXII de l'édit. de Paul.

Ad § ultimum. — « In § ultim. ostenditur,
» hanc actionem locum habere in confinio tantùm
» prædiorum rusticorum, quod etiam suprà ostendit.
» L. 2, H. tit. His verbis, *hæc actio pertinet ad*
» *rustica prædia, quamvis ædificia quædam in-*
» *terveniant, ut scil. in confinio poni aliquandò*
» *ædificia indicat* § *sed et si quis hujus legis* 4
» locum hanc actionem non habere in prædiis ur-
» banis. M. Tullius in trop. *in urbe fines non regi.*
» Neque enim, inquit Paulus, qui prædia urbana
» possident, confines sunt, sed magis vicini di-
» cuntur. Quare minùs propriè loquimur, quàm
» dicimus hanc actionem reddidi inter vicinos. Vi-

» cinos, *inquit*, accipimus pro agris vicinis sive
» confinibus qui et ad fines dicuntur, *l. pen. hoc*
» *tit.* demonstrationem ad finium, id est posses-
» sionem ad finium, novos fines, inter fundos cons-
» tituere. Et illo loco Salustii, *ut quisque poten-*
» *tiori ad fines erat, sedibus pellebatur.* Quod fit
» frequentissimè et addit Paulus, prædia etiam ur-
» bana non finibus, sed plerùmque communibus
» parietibus disterminari. Quocircà plerùmque in
» prædiis urbanis locum non habere actionem finium
» regund., sed communibus parietibus agi communi
» dividendo. *Ut lege 4 de servitute leg. lege si*
» *ædes, communia prædia.* Aliquandò tamen,
» quod notandum, in prædiis rusticis locum non
» habet actio finium regundorum, utsi in agris ædi-
» ficia multa conjuncta, quæ communibus parietibus
» disterminentur : ut vice versâ aliquandò in prædiis
» urbanis hæc actio locum habet, ut si hortorum
» latitudo, qui in urbe sunt, id ferat et exigat, de
» hortorum finibus regundis quæretur hoc judicio
» etiam in urbe. Et postremò docet Paulus, agros
» confines non videri, si intercedat via publica, aut
» flumen publicum : et ideò inter eos accepi non
» posse judicium finium regund. quia magis est in
» confinio flumen, vel via publica quàm ager vicini. »
— (V. tome 2 des posthumes, commentaire sur le
livre XXIII de Paul *ad edictum,* p. 366.)

Il n'est pas question, dans ce passage, de la loi
6 relative au ruisseau privé, terme employé par la
loi romaine, et qui, par analogie, comprend toutes
les voies privées agraires, et même les arbres,
haies et fossés..

Mais Cujas s'en est occupé au tome 5, récitations

solennelles, livre 10 ad l. II, IV, V et VI, p. 524,
ligne 29 : « Nunc si inter meum et tuum agrum
» intercedat rivus privatus vel via privata non ideò
» minùs confines sumus et invicem finium regun-
» dorum agere possumus, cùm hujus generis rivi
» aut viæ finem præstare et facere soleant, sicut
» ædificium quod sit tuum vel meum id est, si in
» confinio positum sit vel arbor interveniat, constat
» regundorum agi posse, eo *confinium non inter-*
» *rupi,* constitui et discerni potiùs. Sed si inter-
» veniat via publica, vel flumen publicum inter
» meum et tuum agrum *in'errumpitur confinium.* »

La raison qu'en donne Cujas, c'est que le ruisseau
est considéré comme nul. *Est enim latitudo rivi
adeò parva, ut nulla esse videatur.* (V. tome 2,
p. 566, *ad: l. 6 eod.*)

Les auteurs ont tous puisé dans les lois romaines
leurs motifs de décision.

Pardessus les a rappelées dans son traité des
servitudes. — « Le bornage concerne uniquement
les héritages ruraux, seuls susceptibles d'une
étendue qui puisse varier, et qu'on ait besoin de
déterminer par des bornes; les héritages urbains
consistant dans des bâtiments, quelque part qu'ils
soient situés, ne sont pas susceptibles de bornage ;
ils sont plutôt voisins que limitrophes, et les murs
qui les composent en déterminent l'étendue. —
Tout propriétaire peut, suivant l'art. 646, obliger
son voisin au bornage de leurs propriétés contigues.
Il ne faut pas ici confondre la contiguité avec le
voisinage ; car si deux héritages sont séparés par la
propriété d'un tiers, il n'y a pas lieu à bornage
entre eux. Ainsi l'existence intermédiaire d'une ri-

rière navigable ou flottable, d'un chemin ou de tout autre objet placé dans le domaine public ou municipal, empêche la contiguïté; dans ce cas, chacun des héritages est plus proche de la rivière ou du chemin que de l'héritage voisin; mais un sentier privé, un cours d'eau privé, un ravin dont l'emplacement fait partie des fonds qu'ils bordent ou traversent, ne serviraient de limites qu'autant qu'ils seraient déclarés ou reconnus tels par les titres de l'une ou de l'autre des parties; on suivrait les principes en matière de possession et de bornage. (V. p. 296, 2ᵉ édit.) »

Il est bon d'observer ici que la qualification de ruraux et urbains tient surtout à la nature des héritages. — Les jardins et terrains en ville sont des héritages ruraux, comme à la campagne, les bâtiments, *œdificia multa conjuncta*, sont des héritages urbains. Cela est conforme à l'article 687 du code civil.

Nous avons vu, dans l'article 5 qui précède, que la règle de contiguïté n'était point si absolue qu'elle ne souffrît exception.

Nous avons établi que telles circonstances pouvaient se rencontrer, que l'héritage voisin de l'héritage contigu, devait être compris dans le bornage, lorsque, par exemple, celui qui provoquait le bornage ne retrouvait point dans la pièce de terre qui lui était contiguë, le déficit qu'il éprouvait.

Cette décision des auteurs, admise par l'usage, peut encore s'expliquer par un motif qui nous paraît assez exact.

La règle de la contiguïté, conforme à la nature des choses (on ne peut limiter, borner que les terrains qui se touchent), ne se trouve pas encore enfreinte par la mise en cause des arrière-voisins, puisque le bornage a toujours lieu entre les propriétés contigues. — Le demandeur ne demande qu'une seule chose, c'est que chacun reçoive la quantité à laquelle il peut avoir droit, et non pas de borner avec les arrière-voisins, ce qui serait impossible, du reste ; et alors *primus* borne avec *secundus*, *secundus* avec *tertius*, *tertius* avec *quartus*, et ainsi de suite. — Et le principe de la contiguïté se trouve par là respecté.

Maintenant que nous savons quels sont les biens qui sont susceptibles de bornage, voyons si partie de ces mêmes biens peut être soumise à la même action.

Peut-on, par exemple, demander le bornage d'une baie, d'un rideau, d'un ruisseau, d'un ravin, d'une rivière, d'un fossé, d'un chemin privé, de simples sentiers, seulement et abstractivement des fonds de terre dont ils font partie ?

L'affirmative n'est pas douteuse, parceque toute chose immobilière qui a de l'étendue, qui est susceptible d'augmentation ou de diminution, de changement ou de variation, peut être déterminée par des bornes. — L'indivisibilité de la chose ne pourrait être invoquée par la raison que l'immeuble peut physiquement être divisé par partie, et que le bornage ou l'alignement a lieu aussi bien pour la partie que pour le tout.

Marc-Deffaux, applique l'alignement aux limites des héritages et à la fixation des clôtures.

« Lorsque, dit-il, il n'y a jamais eu de séparation entre deux héritages, ou du moins lorsqu'il n'en

existe aucuns vestiges, il y a lieu de fixer l'alignement ; cette opération se fait sur le vu des titres de
propriété, et à leur défaut, sur la possession des
voisins. — Lorsqu'au contraire il existe des signes
apparents de délimitation, telle qu'une haie, un
fossé, un mur ou des vestiges, on ne peut provoquer
un autre alignement que celui existant ; il ne peut
y avoir de contestation dans ce cas, que sur la
*fixation de la largeur de ces clôtures, et la recon-
naissance des lieux qu'elles occupent.* (V. Encyclopédie des huissiers, t. 1er, v° *alignement,* n°s 2 et 3.) »

Nous avons déjà eu occasion de borner des haies
et des rideaux dont les lignes étaient sineuses. —
Dans les pays où les haies ont de l'importance, il
arrive fréquemment qu'elles se trouvent rejetées
sur le voisin par l'emploi de différents moyens
connus dans certaines localités. — Ces manœuvres
ayant toujours lieu d'une manière occulte, on ne
peut les atteindre que par un moyen indirect. Le
bornage empêchera le retour de pareilles voies de
fait.

Quant aux rideaux, si la pente va en diminuant
insensiblement, il est intéressant pour le propriétaire du rideau de le borner avec la terre voisine à
cause des empiètements. — S'ils ont une pente
perpendiculaire, il peut encore être utile de les
limiter afin de n'en pas permettre le déchaussement.

Dans ces cas, les rideaux sont supposés être la
propriété exclusive des terres supérieures. Fussent-
ils comptés pour moitié ou pour les deux tiers ou à
jambes pendantes, ils seraient encore susceptibles
d'être bornés.

Ainsi pour toutes les voies privées, soit qu'elles

appartiennent aux communes ou aux simples particuliers, leur délimitation est très-praticable; c'est le seul moyen d'en empêcher la variation de cy, de là.

Souvent il arrive que les chemins, à cause de leur situation, redescendent dans les terres voisines ou y sont rejetés par le fait des riverains.

Il en est de même des rivières privées, ruisseaux et ravins; ou fixe aisément leur étendue, et les empiètements volontaires sont alors réprimés.

Il semblerait que pour tous ces objets il s'agit moins de bornage que d'alignement, cela est vrai; mais l'alignement étant une espèce de bornage, on peut également avoir recours à cette voie en justice de paix.

Les terrains vains et vagues, laissés ou réservés au delà des bâtiments, entourant même les murs de jardins, peuvent être également délimités.

Nous venons d'être consulté sur une opération de ce genre : — Des propriétaires édifiant des bâtiments dont les fondations ont été faites dans des prévisions d'avenir n'en placent pas un des murs sur la ligne séparative d'avec la propriété voisine; ils laissent un terrain au delà qu'ils veulent limiter. Le voisin s'y refuse. Quelle marche doit-on prendre? Le bornage ou l'alignement. Des bornes seront plantées à chaque extrémité avec plan figuratif de ce mur et de l'espace de terrain laissé entre le mur et la propriété voisine; de cette manière le propriétaire de la terre ne peut anticiper.

Autre espèce, dans laquelle nous avons également été consulté : — Un vieux château dont il n'existe plus que l'emplacement était entouré de murs; au delà de ces murs se trouve réservé un terrain engazonné en talus appelé glacis ; le voisin vient de culbuter tout le gazon et de pousser sa culture jusqu'au pied du mur. — Deux voies sont ouvertes, la réintégrande et le bornage. — Réintégrande, le juge de paix pourrait alors planter des bornes comme consécration de sa décision ; mais elles ne seraient que provisoires.

Quoique les frais qui sont les mêmes qu'au possessoires, soient en commun, la demande en bornage est préférable, parce que cette mesure sera au moins définitive.

ARTICLE 5.

En quel temps la demande en bornage peut-elle être formée.

Le droit de se borner étant une faculté, et chacun étant dès-lors libre de demander le bornage de ses propriétés quand bon lui semble, ce droit devient imprescriptible.

Des auteurs assimilant le bornage au partage, et personne n'étant forcé de rester dans l'indivision, le bornage comme le partage peuvent toujours être demandés.

Pardessus. — Quelque temps qu'on ait été sans être séparé de ses voisins par des bornes certaines, on ne peut se refuser à en laisser placer, parce que demander ou ne pas demander le bornage à son voisin étant une chose de pure faculté, le silence, quelque long qu'il ait été gardé n'y rend pas non-recevable. (8e édit., t. 1, p. 320, n° 130, 6e ligne.)

Duranton. — Le droit de pouvoir réclamer le bornage est fondé sur une obligation qui naît du voisinage, et il peut être exercé à toute époque. Il est imprescriptible, parce que la cause qui le produit est toujours existante. (T. 5, n° 245.)

Dalloz. — L'action en bornage peut être intentée de tout temps ; elle est imprescriptible, parce que l'absence de plantation de bornes n'est qu'une simple tolérance qui ne saurait fonder de prescription. (V° Servitude, art. 2, bornage n° 8.)

Toullier. — Cette action dérive du même principe que l'action en partage, personne n'étant obligé de rester dans l'indivision, personne aussi n'est obligé de laisser indivise *la ligne* qui doit séparer son héritage de l'héritage voisin. — Comme l'action de partage, l'action en bornage est imprescriptible. Comme on peut en tout temps sortir de l'indivision, on peut en tout temps demander à faire cesser la confusion des limites des deux héritages et faire fixer ces limites. (V. T. 3, n° 170.)

Augier. — L'action en bornage est imprescriptible, par la même raison que l'on peut en tout temps demander à faire cesser la confusion des limites de deux héritages. Le défaut de plantation de bornes n'est qu'une simple tolérance qui ne saurait fonder une prescription. (V. le *Juge de Paix*, T. XI, p. 279.)

Souquet. — Comme la demande en bornage est un acte de pure faculté qui ne peut en conséquence servir de base à la prescription et que nul ne peut être contraint à demeurer pas plus dans l'indivision de *la ligne séparative de son héritage* que de l'héritage lui-même, il s'en suit que la demande en bornage peut être intentée en tout temps. (V. Dict. des temps légaux.)

Troplong, sur l'art. 2226 traite la question ; il considère, avec tous les auteurs, le bornage comme une faculté simple et qui est imprescriptible ; on ne l'exerce que sur soi-même et nullement sur autrui. Ce n'est ni une obligation ni une servitude, et un propriétaire peut se borner lui-même.

Mais M. Troplong ajoute que, quand il s'agit de faire plus qu'un abornement de propriétés *connues*, et qu'ignorant le lieu précis où les bornes doivent-être plantées, il s'élève une question pétitoire qui peut engager le droit d'autrui, la prescription peut être invoquée aussi bien que les titres pour faire connaître la fin de l'héritage.. (V. des Prescriptions, T. 1er, p. 171.)

Si je ne m'abuse, il me semble que le célèbre jurisconsulte franchit les limites de la question et qu'il ne s'agit pour le moment que de celle de savoir si l'action en bornage est ou non prescriptible.

Que le voisin contre qui la demande est formée oppose qu'il a acquis par prescription une partie de la propriété dont il jouit actuellement ; que dans le cas où il y aurait des bornes il a prescrit au delà de ces bornes, l'action en bornage n'en est pas pour cela atteinte par la prescription.

La question est une pour un cas comme pour l'autre. Que les limites soient certaines et recon-nues, ou qu'elles ne le soient pas et qu'il puisse s'élever des questions de propriété, il n'en est pas moins vrai qu'à ces deux points de vue, l'action en bornage est imprescriptible.

M. Troplong n'a pu assurément entendre autre chose.

On doit donc décider que l'action en bornage est imprescriptible, soit qu'on réclame simplement le bornage, soit qu'on le réclame en énonçant dans sa demande que l'on éprouve un déficit, soit encore lorsque les limites sont constantes, ou qu'elles ne le sont pas, et que le propriétaire voisin aurait prescrit une quantité plus grande que celle énoncée dans ses titres, et même aurait prescrit un espace de terrain au delà de bornes existantes depuis long-temps.

CHAPITRE XIII.

DU JUGE COMPÉTENT.

L'action en bornage étant plutôt immobilière que mixte doit nécessairement être portée devant le juge de la situation des biens. Eût-elle même ce dernier caractère que quelques auteurs lui reconnaissent, le juge territorial devrait encore seul en connaître.

La cour de cassation, dans ses observations sur le code de procédure civile, décide, art. 59, que l'action en bornage s'intente devant le juge du lieu de la situation des biens qui doivent être bornés.

C'est un point désormais invariablement fixé. Du reste il ne pouvait être contredit.

Il est entendu que, quand des héritages sont situés

sur des cantons différents, c'est toujours le juge du territoire du défendeur qui doit être saisi.

M. Frion se demande comment il sera procédé en ce cas, puisque la juridiction de chaque juge de paix est limitée à chaque canton, et pense que le juge du défendeur se fondant sur l'art. 1035 C. pr. c., après avoir ordonné le bornage, chargera le juge du demandeur de procéder à l'opération, soit par lui-même, soit par des experts à sa nomination et dont il recevra le serment.

Le mode indiqué par notre collègue ne me paraît pas exact et serait d'une difficile exécution, l'opération de bornage étant indivisible. (Cette vérité n'a pas besoin d'être démontrée). Un seul et unique juge doit en connaître, parce que des difficultés matérielles peuvent se présenter, et il n'y a que le juge primitivement saisi qui peut les apprécier.

L'indivisibilité rentre dans la circonstance dans la nature de l'action ; les limites étant confondues, l'héritage du demandeur peut s'étendre comme celui du défendeur sur l'un ou l'autre territoire cantonnal.

Carré, de la compétence sous le n° 250, pose la question et la décide par d'autres motifs : « Si les héritages, dit cet auteur, qu'il s'agit de borner sont situés dans plusieurs arrondissements, quel sera le tribunal compétent pour connaître de l'action ? — La compétence, répond-il, appartiendra naturellement au tribunal indiqué dans notre art. 235 pour connaître des actions revendicatoires de plusieurs immeubles situés dans différents arrondissements : disposition juste qui écarte les lenteurs et épargne les frais que l'on faisait autrefois pour obtenir en cette circonstance une indication de juges. »

En se reportant à l'art. 255 cité, on voit que notre auteur rapporte la disposition de l'art. 2210 CC. et la loi du 15 novembre 1808.—Le code civil prévoit deux cas, l'exploitation principale ou le plus grand revenu.—Carré préfère ce mode à l'art. 55 du projet de la cour de cassation qui désignait le tribunal de la majeure partie des immeubles. Il cite l'art. 1er de la loi du 15 novembre 1808 pour les expertises en fait d'enregistrement.

Malgré la préférence donnée par Carré à ces dernières dispositions de loi, nous croyons qu'en matière de bornage, ce serait plutôt la majorité des immeubles qui devrait faire loi.—Une exploitation suppose un seul maître; dans l'espèce il ne peut y avoir de principale exploitation ni de revenu plus grand. — Nous pensons que la règle de l'indivisibilité de l'opération doit prévaloir, elle est plus conforme à l'espèce particulière, le bornage, qui ne peut avoir lieu que pour des héritages distincts et appartenant à différents maîtres.

Toutefois, Chauveau, lois de la procédure de Carré, partage le sentiment du jurisconsulte de Rennes.

Au n° 258 bis, il pose ainsi la difficulté : « Quel est le tribunal compétent pour connaître d'une action en bornage, si les héritages qu'il s'agit de borner sont situés dans divers arrondissements ? — Si les héritages font partie d'une même exploitation, ce sera le tribunal du chef-lieu de l'exploitation; à défaut de chef-lieu, ou si les biens sont absolument distincts, ce sera celui où se trouve la partie des biens qui présente le plus grand revenu d'après la matrice du rôle. C'est du moins la règle que l'on peut induire de de la disposition analogue de l'art. 2210 du CC. (V. Lois de la procédure, t. 1er, p. 286).

Malgré ces raisons, je persiste toujours dans celles que j'ai données, basées qu'elles sont sur l'indivisibilité de l'opération du bornage, et alors le juge de paix opérera sur les deux cantons, et ce sera toujours devant le juge de paix du défendeur que la demande devra être portée.

CHAPITRE XIV.

DES FINS DE NON-RECEVOIR CONTRE LA DEMANDE EN BORNAGE.

L'existence d'un bornage, soit ancien, soit récent, est assurément un obstacle contre un nouveau bornage. Mais pour que cet obstacle forme une fin de non-recevoir invincible, il faut que le bornage soit établi, qu'il y ait des preuves de l'opération, et ces preuves ne peuvent résulter que d'un procès-verbal de bornage signé des parties ; d'un jugement entérinant un rapport d'experts ; d'un acte notarié et depuis la loi de compétence des justices de paix ; d'un procès-verbal fait par les juges de paix, ou d'un jugement rendu par ces magistrats.

En général, un bornage qui ne porterait pas avec lui ce cachet qui est un titre probant pourrait selon les circonstances être écarté.

Mais, comme dans la plupart du temps, dans ces sortes de matières, une rigoureuse justice pourrait devenir une injustice (*summum jus summa injuria*), il faut de nécessité pénétrer dans les habitudes des campagnes : souvent une opération de bornage importante, compliquée et même présentant des difficultés, a lieu sans que les parties prennent le soin d'en faire rédiger par l'arpenteur un procès-verbal.

J'ai eu souvent occasion, dans mon ancienne résidence de recommander aux arpenteurs l'accomplissement de cette formalité; tous me répondaient que presque toujours les propriétaires ne s'en souciaient pas, que certains s'y opposaient même; alors il est arrivé dans ces pays, comme d'en beaucoup de localités et sans doute partout la France, que des bornages très régulièrement, très légitimement faits, existent sans titres.

Ces bornages doivent être respectés comme les autres, à moins qu'il ne résulte des circonstances que la partie réclamante n'ait été que trop évidemment lésée ou que les bornes aient été déplacées et que par ce moyen on ait commis des usurpations.

En disant que ces bornages doivent être respectés, nous entendons ceux qui ont été faits contradictoirement en présence de tous les propriétaires intéressés parcequ'autrement ils n'auraient aucune valeur, n'étant pas permis de se borner soi-même, ou au moins de telles bornes ne pouvant lier les propriétaires voisins.

Mais qui devra prouver que les bornes ont été placées du consentement de tous les propriétaires ?

Il nous semble que ce ne devrait point être le demandeur, par la raison que, tant qu'on ne lui représente pas des preuves écrites du bornage, il est fondé dans sa demande. Ce serait donc au défendeur qui s'oppose à tout bornage à établir que les bornes ont un caractère légal; par son opposition il serait considéré comme demandeur.

Cependant d'un autre côté le défendeur peut dire avec avantage au demandeur :

L'existence des bornes entre nos propriétés est un fait matériel qui est la preuve la plus palpable que nos héritages sont limités. Vous demandez un nouveau bornage, c'est à vous à prouver que celui qui existe n'a pas été fait contradictoirement.

En vain, vous viendriez prétendre qu'un bornage qui n'est point appuyé d'un titre n'est pas légal, le bornage n'a pas besoin de cette preuve, il existe et voilà tout, il les puise les preuves de son existence dans son existence même.

Ce dernier parti nous paraît devoir être préféré.

Dans tous les cas, les preuves que le bornage a été ou n'a pas été régulièrement fait peuvent s'établir par tous les moyens possibles : de simples présomptions suffiraient; le témoignage de l'arpenteur et des personnes employées à l'opération devrait être déterminant. — Le serment pourrait même être déféré.

A l'égard des usurpations résultantes de déplacement de bornes et dont se plaint le demandeur, il n'est pas besoin que le propriétaire lésé prouve que les bornes actuellement existantes ont été déplacées et que par suite le voisin a avancé sur lui; il n'a qu'une seule chose à faire, c'est d'établir qu'il éprouve un déficit.

Il suffit même que le déficit soit articulé pour que

la demande en bornage soit recevable ; le déficit suppose usurpation, partant déplacement de bornes.

Ici il est nécessaire que le manque de contenance soit indiqué dans la demande à cause de l'existence des bornes.—Si les bornes n'avaient pas été placées contradictoirement, la demande pourrait n'être motivée que sur ce fait unique.

M. Frion, que nous avons déjà cité, présente comme fin de non - recevoir à la demande en bornage plusieurs hypothèses d'existence de bornes.

La première est relative à un bornage avec procès-verbal régulier. — La seconde à des bornes dont la plantation, de l'aveu du demandeur, remonte à plus d'une année.

On suppose que le demandeur agit dans le but de revendiquer comme conséquence du bornage une portion de l'héritage du voisin.

Cette demande doit être rejetée, prétend M. le juge de paix de Chaumont, parceque l'action en bornage n'entraîne cette conséquence que lorsque les limites sont incertaines, lorsque par exemple il n'existe qu'un simple rayon de soc pour délimitation, qui peut-être déplacé à chaque labour, tandis que dans ce cas, la limite est fixée par des bornes plantées depuis plus d'une année et que le voisin est légalement présumé propriétaire jusqu'à cette limite, sauf la preuve contraire. Ici, ce n'est donc pas par l'action en bornage, mais par celle directe de la revendication, que le propriétaire qui éprouve un déficit dans son héritage peut réclamer sur le voisin une portion correspondante de terrain : arrêt de la cour royale de Besançon.

Ce raisonnement est invoqué pour les héritages

séparés depuis plus d'un an par un mur, une haie
vive, un fossé.

Si l'existence annale des bornes était contestée,
le juge de paix pourrait admettre la preuve et ordonner, ou rejeter le bornage selon le résultat de
l'enquête.

On applique les explications qui précèdent au cas
de changement de bornes.

Si le déplacement plus qu'annal était nié, admission de la preuve et la demande en bornage en
suivrait le sort. (V. p. 42 et 43).

Il est nécessaire de bien préciser la position des
parties : dans le premier cas, il semblerait qu'il y
aurait déplacement de bornes, puisqu'on suppose
que le demandeur réclame un déficit. — Et cependant, dans la seconde hypothèse il est question du
déplacement de bornes; le cas est spécialement
prévu.

Il faut donc dire que le premier bornage est
irrégulier et que le second regarde le déplacement
de bornes.

Le demandeur, sur la réponse du défendeur à sa
demande, reconnaît sans doute qu'il y a plus d'un
an que des bornes ont été plantées, mais il ajoute
que l'opération a été mal faite parce qu'il éprouve
un déficit.

Le déficit est ici un fait tellement grâve qu'il doit
l'emporter sur le fait matériel de l'existence des
bornes; alors la conséquence forcée est que le
bornage doit être considéré comme n'ayant jamais
existé.

Quant au déplacement de bornes, par cela seul
qu'il y a déplacement, il n'y a plus de bornes ré-

gulières, il faut dès lors procéder à un nouveau bornage.

Dans l'un et l'autre cas, quelque temps qu'ait laissé écouler le propriétaire lesé, il doit toujours être en droit de réclamer et contre un bornage irrégulier et contre surtout un déplacement de bornes.

Mais on dit : non, il n'est plus temps après une année d'existence de bornes.

Comment? l'action en bornage est imprescriptible, et la simple possession annale pourrait l'atteindre.

On confond deux ordres d'idées très distinctes, la possession ou prescription des lieux dans leur état actuel avec l'action en elle-même.

Au surplus, en plaine, en l'absence de tous signes immuables, comment établir que les bornes sont toujours restées dans la même position ? ne sait-on pas que des bornes sans procès-verbal ou un plan qui en constate la position ou qui en empêche le déplacement par le moyen du balancement des bornes entre elles, ou portées de chaînes, sont aussi susceptibles de varier que les simples rayons tracés par la charrue ?

D'un autre côté, on ne comprend pas qu'à une demande en bornage toute pétitoire avec application de titres on puisse jamais opposer pour fin de non-recevoir une possession annale quelconque.

S'il a été jugé qu'une demande en bornage ne pouvait être repoussée sous le prétexte qu'il existait des haies ou fossés ou tout autre signe de délimitation, à plus forte raison ne doit-elle point l'être en présence de bornes qui ont été déplacées.

M. Frion a été conduit à cette fin de non-recevoir par un cas qu'il a cru analogue ; il s'agit de savoir si un mur, une haie, un fossé établi par le voisin empêche l'action en bornage. La question, quoique controversée, nous a toujours paru très simple et ne devoir pas embarrasser, quand on considère l'action en bornage comme pétitoire et qu'on rejette tout alliage possessoire.

Nous allons laisser parler les auteurs. Curasson est le premier qui ait motivé cette fin de non-recevoir. « Si l'un des voisins, dit-il, prétendant que son héritage doit outrepasser le mur, la haie où le fossé, demande que les bornes soient plantées au-delà, le bornage ne pourrait être effectué de cette manière sans ordonner la destruction du mur, de la haie, du fossé ; alors il s'agit moins d'une action en bornage, que de la demande en revendication d'un terrain parfaitement déterminé, le voisin n'aurait que l'action possessoire s'il en était temps encore. » (V. t. 2, n° 44, p. 236, ligne 20°).

Au supplément, p. 408, on lit : « Il en sera de même (de revendication), si la limite est fixée par un mur, une haie, un fossé ; dans ce cas une opposition de bornes peut être requise, ainsi que l'a décidé l'arrêt de 1848, afin d'empêcher le changement de la limite existante, mais dans ce cas il n'y a rien à délimiter, parce que la limite est certaine, fixée par une clôture visible ; l'état de possession ne saurait être également interverti que par le résultat d'une action directe en revendication. »

Curasson fonde cette décision sur un arrêt de la cour royale de Besançon du 10 mars 1828.

Arm. Dalloz a réfuté la doctrine de l'arrêt de Besançon approuvé par Curasson :

« Nous pensons, dit Dalloz, que cette opinion

heurte les principes de la matière ; d'une part, en effet, il est unanimement reconnu que l'action en bornage est imprescriptible. En second lieu il a été démontré qu'il ne fallait pas confondre la délimitation avec le bornage ; que tant que l'action en bornage proprement dite n'avait pas été faite contradictoirement entre les deux propriétaires contigus, le droit existait toujours. Pourquoi dès lors n'accorder qu'un droit de *revendication* à l'un des propriétaires à cause de cette circonstance, qu'un mur ou qu'une haie forme la délimitation des propriétaires ? Nous n'examinons pas quelle a été la durée de cette délimitation ; eût-elle été trentenaire, immémoriale, l'action en bornage n'en existerait pas moins, puisqu'elle est imprescriptible ; seulement les bornes devraient être placées sur les limites de la possession respective des deux propriétaires : *tantum possessum quantùm prescriptum*. (V. Supplément v° Servitude, art. 2. § 2. N°s 198-200.) »

Perrin est d'avis de la recevabilité de l'action 890. — La demande en bornage peut être formée encore qu'il existe un ruisseau particulier entre les deux héritages, de même aussi des limites bien visibles, si du moins ces limites n'ont pas le caractère ordinaire de véritables bornes. Il a toutefois été jugé par la cour royale de Besançon, le 10 mars 1828, qu'un mur et une haie formant depuis plus d'un an la séparation de deux propriétés contigues, devaient mettre obstacle à ce qu'une demande en bornage puisse être accueillie ; mais par arrêt du 27 février 1834, la cour de Douai a décidé que le propriétaire qui a volontairement planté une haie sur son héritage n'a pas moins le droit de demander le bornage. La cour de cassation avait déjà jugé ainsi par arrêt du 30 décembre 1818, et je pense que cette décision est dans les principes. (V. Code des constructions et de la contiguité, p. 230.) »

Un magistrat de la capitale qui n'a pas hésité d'entrer avec une allure franche dans l'esprit de la loi s'est ainsi exprimé sur la question :

« Je ne puis partager l'opinion de M. Curasson pour le cas où il existe entre les deux héritages un mur, un fossé ou une haie et où les deux voisins demandent que les bornes soient reportées au-delà. Dans ce cas, dit ce jurisconsulte, il s'agit moins d'une action en bornage que d'une action en revendication d'un terrain parfaitement clos. De fait ce terrain peut être parfaitement clos, mais en droit il peut l'être très-irrégulièrement. Le voisin ne peut-il pas avoir bâti le mur, creusé le fossé, planté la haie sur la propriété d'autrui? S'il prétend que les choses existent ainsi depuis plus de trente ans, revient la question de prescription ; s'il n'élève pas cette prétention, un arpentage peut seul trancher cette contestation; l'existence du mur, du fossé ou de la haie ne change pas la nature de l'action. » (V. Dissertation de M. Delahaye, juge à Paris. — Journal de procédure, tome 8, p. 344, et reproduite aux annales de la science des juges de paix, par Jay, tome 10, p. 41.

Nous croyons devoir d'autant plus persister dans notre opinion que Pardessus semble n'admettre de fin de non-recevoir que contre un procès-verbal régulier :

« Comme il n'est pas permis de renouveler sans

cesse les demandes, celui qui formerait contre son voisin une action en bornage serait très légitimement repoussé par l'exhibition d'un procès-verbal de cette opération dressé depuis moins de trente ans et signé des parties ou homologué par jugement. »

Ce passage ne se trouve pas dans les premières éditions. C'est une addition à la huitième, publiée en 1858. (V. t. 2, p. 320 in fine).

CHAPITRE XV.

DE LA DEMANDE, OU CITATION; — DES QUALITÉS DES PARTIES; DIFFICULTÉS A CET ÉGARD. — JUGEMENTS PRÉPARATOIRES-INTERLOCUTOIRES OU PAR DÉFAUT; — NOMINATION D'UN, DEUX OU TROIS EXPERTS POUR ASSISTER LE JUGE, OU PROCÉDER EN SON ABSENCE; — SERMENT A L'AUDIENCE.

§ 1er. *De la demande ou citation.*

Quand tous les moyens amiables ont été épuisés, convocation volontaire sur le terrain, sommation et enfin avertissement et comparution préalable devant le magistrat conciliateur, il ne reste plus au propriétaire dont la pièce de terre n'est pas bornée et qui se prétend lésé, qu'à agir par la voie judiciaire.

Il est indifférent que la citation énonce ou n'énonce pas que le demandeur éprouve un déficit de contenance dans sa pièce de terre, parce que le fait seul de la non-existence des bornes est suffisant pour motiver la demande. — Dans le cas où il existerait des bornes, si elles avaient été irrégulièrement plantées, il serait nécessaire que la demande énonçât ce vice, parce que leur existence est une présomption contre un nouveau bornage et qu'il faut faire connaître les causes de la suppression et du remplacement des anciennes bornes par des nouvelles. — Dans le cas aussi où le demandeur, ne retrouvant pas son manque de contenance dans les pièces de terre immédiatement contiguës, veut comprendre dans l'opération toutes les pièces de terre contiguës à celles de ses voisins, il est obligé alors d'annoncer ce fait dans la citation, lorsqu'il prend la marche de l'appel en cause direct.

Dans la consultation dont nous avons déjà parlé dans les chapitres précédents, on lit : « Or, pour cela (la recevabilité de l'action en cas de déficit) il faut que le demandeur articule et précise un déficit déterminé et qu'il justifie de titres probants et dont le plus ancien ait plus de trente ans de date, qui lui attribuent une contenance fixe. — Il faut, ajoute-t-on, qu'il articule que ce déficit se trouve en excédent dans les pièces voisines. »

Nous ne savons pas sur quelles règles est basée cette prétention. Serait-ce sur ce que tout demandeur est tenu de justifier sa demande ? Mais nous répondrons que la demande se trouve justifiée par l'absence de signes délimitatifs ou plutôt de bornes. La loi comme la raison n'en exigent pas davantage. La loi dit : tout propriétaire peut obliger son voisin au bornage; la loi suppose nécessairement qu'il n'existe pas de bornes séparatives des héritages des voisins, ou, ce qui équivaut à l'absence de bornes, qu'elles n'ont point été régulièrement plantées, soit que l'opération ait été faite hors la présence des propriétaires intéressés, soit que les bornes aient été posées malgré les protestations d'un ou plusieurs propriétaires.

En supposant que la citation dût contenir, outre le motif que les propriétés ne sont pas bornées, celui de l'existence d'un déficit, le demandeur ne serait point encore astreint à articuler et préciser un déficit déterminé, et encore bien moins articuler que ce déficit se trouve en excédent dans les pièces voisines.

On comprend que tout propriétaire peut sans doute, par une vérification préalable des quantités contenues dans sa propriété, connaître ce qui lui manque, en constater le déficit (ce qui se fait quelquefois on n'est pas forcé de le faire) ; mais être obligé d'articuler que le déficit se trouve en excédent dans les pièces voisines, c'est vouloir une chose, sinon impossible, au moins souvent fort difficile à constater, puisque ce préalable supposerait un arpentage préliminaire et l'exacte connaissance des titres de chaque propriété ; ce serait, de plus, faire supporter au demandeur des frais qui ne doivent jamais être qu'en commun, parce que ce ne sont là que des frais d'opération.

Ensuite l'excédent peut se trouver répandu dans plusieurs pièces de terre, soit contigues soit non contigues.

La consultation va beaucoup plus loin encore ; il faut que le demandeur justifie de titres probants et dont le plus ancien ait plus de trente ans de date, qui lui attribue une contenance fixe.

Le demandeur n'a rien à justifier lors de l'introduction de l'action, ce serait une justification prématurée; ce n'est qu'après une première opération, la levée du plan des parcelles, qu'il peut être question de titres. Nous n'examinerons point en ce moment le plus ou le moins d'ancienneté des titres; nous dirons seulement que l'exigence de titres remontant à plus de trente ans est une hérésie en matière de bornage; sans doute, et nous l'avons déjà décidé ainsi, les anciens titres sont présumés les plus rapprochés de la vérité, mais ils ne sont pas les seuls qui peuvent être admis; ils ne sont pas exclusifs de moins anciens, même de titres récents. Les titres, au reste, ne peuvent jamais être examinés qu'alors que les quantités matérielles sont connues.

§ 2. Des qualités des parties; des difficultés qu'elles peuvent faire naître.

En justice, on entend par qualité le titre en vertu duquel on exerce un droit; ainsi, celui qui forme une demande en bornage est obligé d'énoncer en vertu de quel titre il agit. — Si un usufruitier, un fermier, un tuteur, un mari, un simple détenteur et autres prétendant droit et représentant soit un absent ou des établissements publics, se présentent en justice à ces différents titres, en demandant ou en défendant, chaque partie est habile à discuter la qualité de chacun. Le juge de paix saisi de l'action peut-il connaître de ces difficultés et décider toutes les questions qui se rattachent aux qualités des parties ?

Nous n'en faisons aucun doute, parce que, juge de l'action, il l'est des exceptions dont la connaissance ne lui est pas formellement interdite.

La loi du 25 mai 1838 porte, art. 6, n° 2 : les juges de paix connaissent, à charge d'appel, des actions en bornage, lorsque la propriété et les titres qui l'établissent ne sont pas contestés.

Tout ce qui n'est pas contestation de propriété ou de titres prouvant la propriété, rentre dans le domaine de la justice de paix ; et si le législateur eût entendu que le juge de paix ne dût point apprécier les qualités des parties, il eût ajouté : et lorsque les qualités des parties ne seront pas contestées. On doit donc se renfermer dans les termes de la loi, qui ne sont certes point en désaccord avec son esprit.

En effet, quel inconvénient peut-on trouver à ce que le tribunal de paix décide si un usufruitier, un fermier, un tuteur, le mari, le possesseur ont ou n'ont point le droit d'intenter une demande en bornage, si cette action peut être étendue aux arrière-voisins, et d'autres questions semblables ? Le jugement, au surplus, ne serait jamais qu'en premier ressort, la matière étant toujours susceptible d'appel.

En raisonnant par analogie, je pourrais citer comme précédent un de mes jugements sur un point assez controversé, à savoir si la qualité d'héritier bénéficiaire peut être discutée en justice de paix.

Voici, du reste, comme la question est posée : le principe que le juge de l'action est nécessairement juge de l'exception est-il applicable aux tribunaux de paix, bien qu'il puisse conduire à l'examen de la qualité d'héritier et à la condamnation personnelle d'un héritier bénéficiaire ? — Jugement. — Considérant qu'il est de jurisprudence généralement admise résultant de la nécessité des choses, que le juge de l'action l'est également de l'exception ; — Que l'on ne voit pas pourquoi le tribunal du premier degré serait privé de ce droit ; que sans doute des questions graves, telles que celles relatives à l'état des personnes, les inscriptions de faux, et qui réclament les lumières de plusieurs magistrats, ont dû être distraites de sa juridiction ; mais quand il s'agit de validité de titre, de son aplication, d'examen de qualité d'héritier ou d'associé, ou autres, sans lesquels les parties se présentent aux procès, le juge saisi doit statuer ; Qu'il ne faut pas confondre l'état des personnes avec la qualité, le titre dont elles sont éventuellement revêtues, et qu'elles peuvent accidentellement perdre ; que nulle part nos lois n'ont refusé compétence aux juges de paix à cet égard; que l'on ne doit point assimiler ces tribunaux à ceux de commerce et leur appliquer l'art. 426 du code de procédure civile, parce que les règles des tribunaux de commerce ne sont pas les mêmes que celles des justices de paix ; que si le législateur avait entendu les soumettre à l'empire de l'art. 426, il l'aurait dit dans la nouvelle loi de compétence, comme il l'a spécifié dans les différents cas des art. 4, 5 et 6 de cette loi ; — Que c'est en vain que l'on prétendrait que les incidents soulevés par la défense doivent, pourque le juge exceptionnel puisse prononcer, rentrer dans le cercle de ses attributions légales; que ce principe, très contestable, ne tendrait à rien moins qu'à annihiler la juridiction cantonnale, deviendrait une source de procès, et livrerait la plus utile institution au caprice du plaideur. — Considérant que la justice de paix n'est pas un tribunal exceptionnel, de délégation, mais bien un tribunal civil ordinaire, ayant reçu de la loi des attributions dont ne peuvent connaître les tribunaux d'arrondissement, sans porter atteinte et troubler l'ordre constitutionnel des juridictions; — Qu'en matière personnelle, la justice de paix est un véritable tribunal de premier degré, prononçant jusqu'à 200 fr.; — Considérant que la question, toute spéciale au procès, née de la défense, ne gîte que dans des faits matériels, le détournement d'objets mobiliers; que la solution de la difficulté qui dépend du témoignage, ne peut être autre devant une autre juridiction ; que l'on ne rencontre aucun inconvénient à laisser aux tribunaux de paix la constatation de tels faits. — Considérant, au surplus, que la conséquence éventuelle que doit imprimer le jugement actuel au jugement à intervenir, ne peut être un obstacle, puisque le dernier état de la jurisprudence tend à restreindre au cas jugé la déchéance de l'héritier, tendance beaucoup plus rationnellement pratique; — Que dès lors, ni les débats occasionnés par l'incident, ni les effets des décisions ne peuvent arrêter ou paralyser l'examen de la question de détournement par le juge déjà saisi; — Considérant que cette opinion est conforme à celle d'un grave jurisconsulte, Curasson, tom. 1, p. 196; que l'on peut citer à l'appui un jugement du tribunal de Pithiviers, de juillet 1857

(*Juge de paix*, t. 7, p. 278); — Considérant que la demanderesse soutient et offre de prouver qu'avant son acceptation bénéficiaire, le défendeur avait soustrait de la succession de son père différents objets mobiliers; qu'il doit être réputé, *à son égard*, héritier pur et simple, et comme tel, condamné personnellement au paiement de la somme réclamée; — Considérant que les faits articulés sont pertinents, concluants et partant admissibles, etc., du 24 septembre 1841. M. *Millet*, juge de paix à Sissonne (Aisne).

Si, d'après ce qui précède, le juge saisi d'une demande de sa compétence peut statuer sur la question de savoir si un héritier a conservé ou perdu sa qualité d'héritier bénéficiaire et prononcer une condamnation en conséquence de cet examen, à bien plus forte raison le juge de paix devant lequel est portée une action en bornage a-t-il le pouvoir de décider si une partie a ou n'a pas l'action en bornage, la décision sur les qualités des parties n'entraîne pas de condamnation, l'office du juge en cette matière est de faire rendre à chacun ce qui lui appartient d'après ses titres.

Le magistrat de la capitale, que nous avons déjà cité, décide la question dans notre sens. — « Le juge de paix, dit-il, peut et doit connaître des questions qui peuvent s'élever sur la qualité du demandeur, et dont voici quelques exemples : l'action en bornage peut-elle être intentée par l'usufruitier, l'usager, par le mari à l'égard des biens personnels de sa femme? Le droit du mari est-il le même, selon qu'il y a ou qu'il n'y a pas séparation de biens? Lorsque les époux sont mariés sous le régime dotal,

ne faut-il pas distinguer entre les biens dotaux et
les biens paraphernaux ? Le tuteur peut-il intenter
l'action en bornage sans l'autorisation du conseil de
famille ? Par qui peut-elle être intentée dans l'intérêt de l'absent? Ces questions peuvent n'être pas
sans difficulté ; elles exigent certainement une connaissance assez étendue du droit. Néanmoins, je
n'hésite pas à penser que le juge de paix ne soit
investi du pouvoir de les décider : en attribuant à
un juge la connaissance d'un certain genre de contestations, la loi lui confère le droit de statuer sur
toutes les questions de fait et de droit qui se lient à
ce genre de contestation , et notamment sur celles
qui concernent la qualité de celui qui intente l'action;
s'il en était autrement, le tribunal serait entravé
dès le début, par des déclinatoires sans nombre
(V. annales des juges de paix, t. 40 , p. 43, troisième alinéa).

§ 3. *Du jugement préparatoire-contradictoire ou
par défaut. — Le jugement de défaut-profit-
joint est-il applicable aux justices de paix ?*

Je crois devoir d'abord combattre une opinion
émise par M. Frion , qui prétend que, comme le
bornage peut être retardé par suite d'incidents en
dehors de la compétence locale, le juge saisi doit,
avant tout examen de la cause, appliquer la maxime
spoliatus antè omnia restituendus, au cas d'anticipation annale.

Je dirai qu'il est peu rationnel de venir enter un
procès possessoire sur un procès pétitoire ; car en

définitive, si le défendeur conteste, il y aura procès donnant lieu à une visite, à une enquête, quand le litige pendant peut faire cesser d'un moment à l'autre toute contestation, même au fond. Ce serait là un grand inconvénient qui ne serait balancé que par un mince avantage.

Ensuite la règle citée n'est relative qu'à la réintégrande; et, on le sait, toutes les anticipations, les usurpations ne donnent pas lieu à cette action.

D'un autre côté, toutes les instances en bornage n'occasionnent pas des contestations pouvant retarder le jugement de la cause. Il faudrait donc faire exception pour ce cas, et M. Frion l'applique à tous.

Le juge de paix prononcerait là une espèce de jugement de provision, dont l'utilité dans l'espèce ne se fait pas assez sentir. Qui dit encore que, par suite des reprises, la restitution qui serait provisionnellement faite resterait à celui qui l'aurait obtenue ?

Nous commençons notre paragraphe 3.

Quand les parties citées se présentent à l'audience soit en personne, soit par mandataire, et qu'elles consentent au bornage tout en faisant leurs réserves de faire valoir leurs moyens lors des opérations, le bornage est ordonné avec nomination d'expert, à l'effet de procéder au mesurage, s'il y a lieu.

Si les qualités dans lesquelles procèdent les parties sont attaquées; si des fins de non recevoir, des moyens d'incompétence, des exceptions sont présentées et qu'elles soient mal fondées, le juge les écarte et statue par le même jugement sur la demande, et ordonne le bornage.

6*

Si au contraire elles sont fondées, ou la demande est rejetée, ou selon les cas il est sursis à statuer pendant un délai fixé par le jugement, ou plutôt la cause est continuée à une audience ultérieure à laquelle les justifications ordonnées peuvent être faites.

En parlant des arrière-voisins, nous avons vu que leur appel en cause pouvait être demandé et ordonné par la justice.

Deux cas, entre autres, peuvent se présenter : celui où le demandeur, après avoir fait vérifier par un travail préalable que les pièces de terre contigues à la sienne, n'ont point l'excédent de contenance qui lui manque; et celui où déjà un premier jugement est intervenu, qui a ordonné le bornage et et en vertu duquel on a opéré, et où, par suite de l'opération, le demandeur ne retrouve pas dans les propriétés contigues le déficit qu'il éprouve.

Dans le premier cas, qui est beaucoup préférable puisqu'aucun jugement n'a point encore été rendu occasionnant des frais d'exécution, le tribunal de paix pourra, pour s'éclairer et écarter tout esprit de chicane, consulter le travail représenté par le demandeur, et ordonner la mise en cause des propriétaires indiqués par ce dernier.

Nous croyons cette mesure très-légale, c'est un moyen d'instruction qui ne peut être attaqué. Au surplus, elle pourrait être ordonnée aux risques et périls du demandeur; et si par l'évènement et la vérification faite par l'expert nommé, le manque de terrain se trouvait dans les pièces de terre immédiatement contigues, alors le demandeur serait condamné aux frais de sa téméraire et inconsidérée demande.

A l'audience même, les parties peuvent être invitées à s'expliquer sur chaque quantité matérielle trouvée ; et si l'opération était adoptée, on procéderait d'après ce document, qui sans doute ne serait pas contradictoire, mais aurait été reconnu par toutes les parties, et le deviendrait alors.

Nous recommandons ce mode comme remplissant les vœux de la loi et se trouvant parfaitement en harmonie avec les règles de la matière.

Le second cas a pour lui tous les dehors de la légalité la plus scrupuleuse ; mais il présente trop d'inconvénients sous le rapport des frais : un premier jugement a été rendu, qui ordonne le bornage et nomme l'expert. Il y a visite de lieux, des difficultés matérielles sont vidées, le plan des terrains est levé, et il en résulte que les propriétaires défendeurs n'ont que leur quantité, ou qu'il en manque même, non seulement au demandeur, mais encore à d'autres parties ; alors la continuation de l'opération est demandée pour les pièces de terre du lieudit, de la plaine, en un mot, la mise en cause des arrière-voisins est provoquée, et le demandeur ou d'autres parties la réclament afin de retrouver leur quantité.

Pour éviter des lenteurs et le déplacement des parties, le jugement qui ordonne la mise en cause peut être rendu sur les lieux mêmes à la suite du procès-verbal de visite.

Mais si l'expert a opéré seul, les parties se retirent à l'audience et demandent jugement de mise en cause des arrière-voisins.

Il est encore un moyen qui parfois réussit quand il n'y a qu'avec quelques voisins seulement qu'on doive opérer, c'est de les faire appeler sur le terrain même, le juge peut les inviter par simple lettre ou billet d'avertissement.

Mais, nous le dirons de rechef, il vaut beaucoup mieux agir de prime-abord contre tous les propriétaires qui doivent figurer dans l'opération. Le demandeur prendra toutefois la sage précaution de se munir d'un plan des pièces de terre contenant les quantités matérielles selon les jouissances présentes, les parties pouvant l'approuver et procéder avec ce document.

Les jugements qui sont rendus ne sont jamais que des jugements préparatoires.

Jusqu'à ce moment nous avons vu que toutes les parties comparaissaient. Quelle marche doit-on suivre lorsque quelques-uns des défendeurs ne se présentent point?

Doit-on ordonner le bornage contradictoirement avec les parties présentes, et, par défaut, contre celles qui ne comparaissent pas, et indiquer le jour de l'opération?

Ou doit-on procéder comme devant les tribunaux d'arrondissement, prononcer un défaut-profit-joint, c'est-à-dire, donner défaut contre les non-comparants, et continuer la cause à une audience ultérieure pour être statué sur le fond, parties défaillantes réassignées?

Le décret du 26 octobre 1790, contenant le règlement pour la procédure en justice de paix, porte, titre III, art. 11, des jugements par défaut : si après une citation notifiée, l'une des parties ne comparaît pas au jour indiqué, la cause sera jugée par défaut, à moins qu'il n'y ait lieu à réassignation du défendeur au cas de l'art. 7 du titre 1er.

L'art. 7 est relatif à l'inobservation des délais de citation, il y a réassignation s'ils n'ont point été observés.

Dans le titre vi, art. 11, il est question des jugements préparatoires prononcés en l'absence d'une partie. Art. 11. « Lorsque le jugement préparatoire aura été rendu par défaut contre une des parties, ou lorsqu'après s'être défendue contradictoirement, elle n'aura pas été présente à la prononciation du jugement, la partie qui l'aura obtenu se le fera délivrer par extrait et sera tenue de le faire notifier à l'autre partie en la même forme qui est établie pour les citations, avec sommation d'être présente à l'opération ordonnée. »

Tel est le règlement primitif de la loi organique. Le cas de plusieurs défendeurs n'y est pas prévu sans doute, mais la règle générale des défauts y est posée. Si le défendeur ne comparaît pas, la cause doit être jugée par défaut.

Quand il y a jugement préparatoire par défaut, le demandeur signifie au défendeur extrait de ce jugement avec sommation d'être présent à l'opération.

Le code de procédure, livre 1er des justices de paix, art. 19, a rappelé textuellement l'art. 2 du décret, mais les dispositions concernant les jugements préparatoires ne l'ont point été. L'art. 28 du code de procédure porte seulement : « Les jugements qui ne seront pas définitifs ne seront point expédiés quand ils auront été rendus contradictoirement et prononcés en présence des parties ; ce qui veut dire que quand ils sont par défaut et prononcés hors présence , ils doivent être signifiés. — On ne sait pas pourquoi cet art. 2 a été supprimé, car cette suppression laisse une lacune pour l'exécution des jugements préparatoires par défaut. Le législateur aura sans doute pensé qu'il suffisait d'énoncer que les jugements contradictoires ne seraient point expédiés, pour dire que ceux par défaut le seraient.

Le code de procédure de 1807 qui a fondu dans un titre particulier les procédures précédentes des tribunaux de paix, n'a pas cru devoir faire une disposition spéciale pour le cas de plusieurs défendeurs, et cependant s'il y avait eu des inconvénients, le décret de 1790 avait déjà fonctionné pendant près de 17 ans.

Le livre 2 du code de procédure, titre 8, traite des jugements par défaut devant les tribunaux d'arrondissement ; l'art. 155 a une disposition formelle relative à plusieurs parties assignées, si l'une fait défaut, et l'autre comparaît, il y a remise de la cause et réassignation, et il doit être statué par un seul et même jugement.

Le mode de procédure indiqué par l'art. 155 propre aux tribunaux d'arrondissement, n'est pas applicable aux tribunaux de canton par différents motifs ; la loi veut pour ces derniers tribunaux une procédure simple, économique et prompte, et ensuite la classification de matières prouve suffisamment que les justices de paix ont leur procédure à part, comme les tribunaux d'arrondissement ont également la leur. — Si le législateur eût voulu les confondre ou bien seulement appliquer certaines dispositions, il eût pris le soin de l'indiquer, ce qui n'a pas été fait. Au contraire, il a compris dans la procédure des tribunaux du premier degré tout ce concernait ces tribunaux, et un livre spécial leur a été consacré.

Nous devons reconnaître toutefois qu'il peut se rencontrer des circonstances où l'on pourrait invoquer pour les justices de paix des règles de procédure faites pour les tribunaux d'arrondissement, comme par exemple la comparution des parties en personne. On doit être très sobre de ces applications. L'on ne pourrait pas pour une enquête en justice de paix appliquer les déchéances des enquêtes ordinaires, etc., etc.

Les auteurs qui ont écrit sur la procédure, diffèrent de sentiments.

On trouve dans le *Juge de Paix*, t. 3, p. 201, un article dans lequel l'auteur se décide pour l'application aux justices de paix de l'art. 155 c. pr. c. il se fonde sur ce que cet article prescrit une procédure éminemment utile pour prévenir la contrariété des jugements et compléter autant que possible le défaut, sur ce que la cour de cassation a jugé que cet article peut être appliqué à des matières pour lesquelles il n'a pas été écrit, comme les causes sommaires et les tribunaux de commerce.

Mais dans le tome 4, 1834, même recueil, p. 169, Coin-Delisle a réfuté de la manière la plus péremptoire les arguments présentés par l'auteur de l'article précédent. — Nous nous permettrons d'en réduire les proportions à une simple analyse.

Contrariété de jugement : L'art. 155 les prévient quelquefois, mais ce n'est pas là son but : son but principal est d'empêcher l'accumulation des défauts; il peut y avoir contrariété de jugement dans les tribunaux d'arrondissement; lorsque, par exemple, les avoués des défendeurs posent des conclusions, et d'autres pas, il y a jugement contradictoire et par défaut. — En justice de paix, pas de possibilité d'accumulation de défaut, rien à prescrire alors.— La mesure serait contraire à l'institution des justices de paix : économie et célérité : levée et signification du jugement de règlement d'audience ; déplacement et frais de mandataire. — Les jugements définitifs souvent ne se lèvent pas et celui-là le serait.

Analogie : Originairement, loi de 90 pour les justices de paix, et ordonnance de 1667 pour les tribunaux d'arrondissement : premier livre, règlement pour les justices de paix et abrogation de la loi de 90, autant pour l'ordonnance de 1667. — Dès lors intention marquée de séparation. — Le code de procédure contient des règles de droit et des règles de procédure, il les faut distinguer; l'art. 126 est le complément des art. 2059 et suivants du c. c., les art. 130 et suivants pour les dépens ne sont que des corollaires de l'art. 1382 du c. c., l'identité des témoins, les reproches, les récusations sont des règles de droit. Ces règles peuvent être invoquées en justice de paix, elles appartiennent à tous les degrés, mais sur la forme et la marche de l'instruction ; et si alors on les applique, ce n'est encore que comme raison écrite. — Où est la règle qui empêche que l'une des parties fasse défaut, et cependant ce serait là le résultat de l'art.

155 : former opposition est de droit, et l'empêcher est une peine, et pas d'extention de peine.

Arrêts cités. — Le premier décide avec raison que l'art. 155 est applicable aux affaires sommaires, ce titre est dans le second livre ; ainsi pas de distinction. — Le second, moins concluant encore, il juge qu'il n'y a pas d'excès de pouvoir d'appliquer au commerce l'art. 155 ; qui dit que le jugement ne serait pas encore susceptible d'opposition ?— Il n'y a pas argumentation possible des jugements de commerce aux justices de paix ; la procédure commerciale étant encore dans le livre 2, et application au commerce des règles de procédure des tribunaux d'arrondissement.

En justice de paix, le réassigné peut être ordonné sans doute, mais avec beaucoup de circonspection, et malgré l'art. 155, il y aura toujours lieu à opposition.

En 1840, Chauveau, lois de la procédure de Carré, a publié, pour la première fois, de nouvelles additions du professeur de Rennes qui, rétractant sa première opinion, se prononce pour le profit-joint en justice de paix.

Carré avait fondé sa première opinion sur un arrêt du 15 septembre 1809, portant qu'il n'est pas permis de suppléer aux dispositions spéciales qui régissent les justices de paix par celles qui concernent les tribunaux d'arrondissement ; il s'agissait de l'art. 156, péremption de jugement.

La seconde, il la base 1° sur ce que ces mots : *l'une des parties*, de l'art. 19, ne se rapportent qu'au demandeur et au défendeur, et non au cas où l'action porte sur plusieurs individus; il cite les art. 20, 21 et 22.

2° Sur ce que la disposition de l'art. 153 est fondée sur la raison et l'utilité publiques, elle prévient la contrariété possible des jugements, elle s'harmonise avec les dispositions qui concernent les justices de paix, et elle n'est point en opposition avec le texte. — Quant à l'arrêt, il en faut écarter la conséquence, parce que l'art. 156 ne peut être appliqué aux jugements de justice de paix qui se trouvent régis par l'art. 20; mais l'art. 19 n'ayant pas prévu le cas, application alors de l'art. 153.

Ce dernier raisonnement est attaqué par Chauveau. L'art. 20 n'a pas plus prévu le cas que l'art. 19, mais il se range de l'opinion de Carré, par le motif que l'art. 156 est exceptionnel, pénal, infirmatif de l'autorité des décisions judiciaires, ne pouvant s'étendre d'un cas à un autre, tandis que l'art. 153 est bienveillant, prévenant des décisions contradictoires.

L'opinion opposée de Coin-Delisle et de Chauveau laisse l'esprit en suspens, car l'une et l'autre ne manquent pas d'argument en leur faveur; mais, nous devons le dire, la pratique habituelle des justices de paix doit être le meilleur appréciateur dans ces sortes de questions. Je ne pense pas, quant à moi, que les inconvénients de la contrariété des jugements puissent contrebalancer ceux de la procédure de profit-joint. Je dirai plus, l'application de l'art. 153 est peu pratiquée, elle est généralement proscrite devant les tribunaux de paix.

Les motifs donnés par Coin-Delisle sont frappants de vérité et doivent porter la conviction.

Je pense, quant à la matière qui nous occupe, qu'il n'existe pas le moindre inconvénient d'ordonner le bornage contradictoirement et avec les parties présentes, et, par défaut, avec les parties non présentes, parce que le bornage étant forcé, si les propriétaires ne comparaissent pas, c'est qu'ils ne voient pas la nécessité de se trouver à un jugement de pure forme, et qu'ils n'ont rien à opposer à la demande.

Au surplus, toutes les fois qu'il ne s'agit que d'un jugement qui ordonne une simple mesure d'instruction, les parties pourraient souvent se dispenser de se présenter ; il vaut toujours beaucoup mieux cependant qu'elles comparaissent, car leur absence occasionne des frais, puisqu'il faut lever et signifier le jugement, formalité qu'alors on ne serait pas obligé de remplir.

Le code de procédure ne dit pas ce qu'il faut faire pour exécuter ces sortes de jugements, il dit seulement que les jugements préparatoires contradictoires prononcés entre les parties ne seront pas expédiés, mais nous trouvons dans le règlement de 1790, la marche à suivre; la partie, porte l'art. 2, qui l'aura obtenu se le fera délivrer par extrait et le fera signifier à l'autre partie avec sommation d'être présente à l'opération ordonnée.

Nous pensons que ce mode peut être avantageusement suivi, surtout quand il y a beaucoup de parties défaillantes, on évite des frais. La règle toutefois est la signification du jugement en son entier, puisque le code n'a point rappelé la disposition du règlement de 90, mais nous ne pensons pas qu'il y aurait irrégularité de n'en faire la signification que par extrait. — Il faut de plus une sommation afin que les parties qui n'étaient pas présentes aient connaissance du jour de l'opération et puissent s'y trouver.

Il est bon d'observer ici que le jour de l'opération doit être assez éloigné pour laisser le temps au demandeur de faire lever et signifier le jugement, et par les parties non comparantes d'y former opposition si elles y ont intérêt.

§ 4. *Des experts. — La nomination des experts doit-elle être d'office? — Est-il libre au juge de paix, de nommer un ou plusieurs experts?*

Les opérations de bornage nécessitent toujours l'application d'un art, dont la connaissance est souvent, pour ne pas dire presque généralement, étrangère aux magistrats, c'est l'art de mesurer les terres, ou les règles d'arpentage, la géodésie, en un mot; le juge est donc obligé d'avoir recours aux hommes de l'art.

Nous croyons à cet égard, que M. Barthe, dans son rapport à la chambre des députés le 6 avril 1838, a trop présumé de la science géométrique des juges de paix, en annonçant que le juge de paix se servira à lui-même d'expert et de géomètre.

Non, nous le déclarons, nous ne pensons pas qu'il soit de la dignité du magistrat de faire l'arpenteur, encore bien qu'il en sût les règles : elles lui seront profitables du reste, il saura surveiller et vérifier. Nous verrons plus loin qu'il est des opérations préliminaires de mesurage que le juge de paix peut ordonner hors sa présence.

Maintenant le juge de paix doit-il nommer plusieurs experts ?

S'agissant de procédure, nous remonterons encore au décret contenant réglement pour la procédure en justice de paix du 26 octobre 1790.

Titre V, art. 11, cas où il y a lieu de nommer des experts. Si le juge de paix et ses assesseurs trouvent que l'objet de la visite et de l'appréciation exige des connaissances qui leur seront étrangères, ils ordonnent que les gens de l'art qu'il nommeront par le même jugement feront la visite avec eux et leur donneront leur avis.

L'instruction sur la forme de procéder approuvée par le comité de constitution a mis en action cette disposition de loi. Le § 9 concerne les visite et appréciations d'ouvrages d'art : attendu, dit la formule, qu'il s'agit d'ouvrages sur lesquels l'avis des gens de l'art nous est nécessaire, nous ordonnons que le sieur Mouton, architecte demeurant à........ et le sieur Pascal, charpentier demeurant à........ que nous nommons à cet effet, seront cités à se trouver le même jour audit moulin pour en faire la visite avec nous et nous donner leur avis sur la valeur des dégradations et réparations dont il s'agit.

Guichard, code des justices de paix de l'an 3 ne fait également mention que de deux experts dans sa formule n° 16 de jugement ordonnant visite et appréciation.

Le code de procéduro civile, art. 42, rappelle l'ancien réglement à cet égard. — Art. 42. Si l'objet de la visite ou de l'appréciation exige des connaissances qui soient étrangères au juge, il ordonnera *que des gens de l'art,* qu'il nommera par le même jugement¹ feront la visite avec lui et donneront leur avis, etc. (C'est le greffier qui dresse procès-verbal en cas d'appel).

A ne consulter que les textes, il semblerait que le juge de paix ne pourrait jamais nommer un seul expert, puisque la loi en suppose plusieurs en disant il (le juge) ordonnera que les gens de l'art donneront leur avis.

Une simple réflexion suffit pour détruire cette interprétation textuelle. Dans quel cas le juge nomme-t-il des experts? C'est lorsque la nature de l'affaire exige des connaissances qui lui sont étrangères; il a besoin alors des lumières de personnes qui lui expliquent les choses qu'il ne connait point, qui leur fournissent en un mot les renseignements nécessaires pour le mettre à même de juger en toute connaissance de cause.

Si ces données sont exactes, le nombre des experts peut-être en raison des difficultés que présente le procès et souvent surtout son importance : par exemple dans l'espèce, les opérations de bornage peuvent ne nécessiter qu'un, deux ou trois experts selon le nombre des propriétaires en cause, ou plutôt selon les quantités de terrain à mesurer eu égard aux contenances de chaque pièce.

L'expertise en justice de paix n'est pas une expertise ordinaire, et il nous semble que ce serait s'écarter de l'esprit de la loi que d'appliquer à un mode d'instruction les règles des tribunaux d'arrondissement, comme le nombre impair, le droit par les parties de choisir les experts, le juge étant le premier appréciateur, le premier expert et n'ayant besoin de la présence d'hommes de l'art que pour l'éclairer.

L'article 42 n'en a pas moins donné lieu à quelque divergence d'opinion.

D'abord la nomination des experts doit-elle être faite d'office? — Nous n'avons point cru devoir poser cette question en tête du chapitre dont fait partie ce §, tant la question nous avait paru oiseuse.

Sans doute que le juge peut et doit même consulter les parties sur le choix à faire, parce qu'il n'est pas indifférent que l'expert soit l'homme impartial qui a la confiance des plaideurs; par ce moyen il arrive souvent que les efforts du magistrat joints à ceux de l'expert se trouvent couronnés de succès, mais autre chose est une simple faculté avec un droit.

La nuance d'opinion gîte, ce nous semble, dans ceci : le juge doit-il consulter ou avoir égard aux indications des parties; non, légalement, oui, pratiquement parlant, cela ne peut avoir que de bons résultats.

Plusieurs auteurs de procédure ont pensé que le juge ne devait nommer d'office qu'alors que les plaideurs ne pouvaient s'entendre; Carré était de ce nombre, mais il a été rallié à l'opinion de Chauveau, la nomination d'office, l'avis des parties ayant été préalablement pris.

Curasson, t. 1er, p. 113, décide que, quant aux choix des experts, il n'en est pas ici comme dans les tribunaux ordinaires où les experts ne doivent être nommés d'office qu'à défaut par les parties de s'accorder sur le choix dans le délai fixé par le jugement.

C'est le juge de paix que la loi charge de nommer les experts.

Revenons à notre question principale, le nombre des experts.

Pour plus de clarté dans la continuation de la discussion de ce point, nous donnerons comme resumant la difficulté, le passage suivant tiré des lois de la procédure de Carré-Chauveau sur l'art. 42.

« 175. — Quel doit-être le nombre des experts à nommer ? Les experts, dans les justices de paix, ne rédigent pas à la vérité de procès-verbal, mais dans les causes sujettes à appel, le greffier doit tenir un procès-verbal, et dans les causes non susceptibles d'appel, on doit, aux termes de l'art. 43, insérer au jugement le résultat de l'expertise. On sent qu'en ces deux cas, il doit être présenté un seul avis : il faut donc qu'il ait été nommé un ou trois experts. C'est d'ailleurs l'esprit général du code (art. 303); il veut éviter le partage d'avis qui pourrait embarrasser le juge dans sa décision. V. quest. de Lepage, p. 89; Delaporte, t. 1, p. 37; biblioth. du barr., 1re partie 1810, p. 235. »

Cet article est de l'ancienne rédaction de Carré.

Ce qui se trouve entre deux crochets doubles appartient à M. Chauveau, ainsi :

« [[Nous croyons que le juge de paix fera sagement de se conformer à ce sentiment quoiqu'aucune loi positive ne l'y oblige, mais dans le système de M. Pigeau, comm. t. 1, p. 106, il faut toujours trois experts, à moins que les parties maîtresses de leurs droits ne consentent à la désignation d'un seul. Dans celui de M. Thomines-Desmazures, t. 1, p. 115 et 116, il n'en faut que deux, parce que le juge est le tiers expert ou l'expert suprême. Les termes de l'instruction (contenant les modèles du réglement de procédure de 90) paraissent démontrer que le juge de paix peut ne nommer que deux experts, quand il se transporte sur les lieux. M. Curasson, t. 1er, p. 112, n° 24, accorde à cet égard, au juge de paix, un pouvoir discrétionnaire.]] (V. lois de la procédure de Carré-Chauveau, t. 1, p. 187). »

Malgré l'opinion modifiée de Carré dans ses additions publiées par Chauveau, nous devons, afin de prémunir les lecteurs, rapporter ce qu'il dit dans sa juridiction des justices de paix :

« 2815. — Le juge de paix peut ne nommer qu'un seul expert si les parties y consentent, pourvu qu'elles aient la libre disposition de leurs droits ; si les parties nomment leurs experts, le juge doit leur confier l'opération ; sinon, il les nomme d'office, et pour éviter le partage il doit en nommer trois ; c'est du moins un argument qu'on peut tirer de l'art. 303. Les parties ont après cette nomination la faculté de convenir d'autres experts (305) ; elles doivent le faire dans les trois jours de la signification, si le jugement est interlocutoire, ou dans les trois jours de la prononciation s'il est seulement préparatoire. Cette nomination est faite par une déclaration au greffe. (V. t. 4, p. 85). »

Nous devons commencer par combattre le système de Pigeau et de Carré qui appliquent aux tribunaux de paix les règles des expertises ordinaires des tribunaux d'arrondissement. — Ce système ne peut se soutenir en présence de l'art. 42 fait pour les justices de paix, c'est le juge qui ordonne lui-même l'expertise, si ses connaissances personnelles lui faillissent, il n'a pas besoin que les parties l'en requièrent, il peut même se refuser à l'ordonner, et en ce cas comment concilier le pouvoir du juge avec le droit des plaideurs. Le juge est ici le seul appréciateur de l'opportunité de la mesure.

La procédure d'expertise des tribunaux d'arrondissement exige des formalités si peu simples que pour cela elle n'est pas faite pour les justices de paix. La loi a voulu une marche plus rapide et plus économique ; c'est le juge lui-même qui fera l'expertise si ses connaissances le lui permettent, mais s'il a des doutes très louables, s'il craint ne point rendre une justice suffisamment éclairée, il s'adjoint un ou plusieurs hommes spéciaux.

On doit être supris que Carré ait professé une doctrine aussi contraire à l'esprit des tribunaux de paix si justement affranchis de ces formalités ruineuses et où les nullités sont pour ainsi dire inconnues. Et du reste à quels inconvénients n'entraînerait pas une pareille procédure.

Le raisonnement de Carré au n° 175 ci-dessus équivaut à ceci : puisqu'il faut procès-verbal d'expertise ou son résultat au cas d'appel ou non appel, il faut donc un avis unique, il faut donc un ou trois experts.

Si je ne me trompe, on peut répondre à ce raisonnement que le juge de paix n'est pas obligé de baser sa sentence sur une majorité quelconque. Si a loi demande un procès-verbal de l'expertise pour les causes susceptibles d'appel, c'est qu'il est rationnel que les juges supérieurs puissent apprécier les motifs du jugement. Ils doivent examiner de nouveau l'affaire, il faut donc qu'ils aient des éléments propres à asseoir leur décision. — La raison du résultat de l'expertise pour les causes de dernier ressort se fait moins sentir sans doute, mais comme le jugement est basé sur l'expertise il devient nécessaire que le résultat en soit connu parce que tout jugement doit être motivé.

« Curasson cite l'art. 303, mais, ajoute-t-il, c'est dans le livre 2 relatif aux tribunaux ordinaires que se trouve cette disposition, laquelle par conséquent est étrangère aux justices de paix. L'art. 42 leur accordant la faculté de recourir à des gens de l'art, sans en déterminer le nombre, tout à cet égard est donc laissé à l'arbitrage de ces magistrats. — C'est au juge de paix qu'il appartient d'apprécier si la nomination d'un seul suffit, sans qu'il soit besoin pour cela du consentement des parties. (V. t. 1, p. 113). »

En résumé la nomination des experts doit toujours être faite d'office, parce que le juge seul doit savoir si ses connaissances lui permettent ou non de pouvoir sans le secours d'autrui apprécier le litige.

Il peut certes consulter les parties sur le choix à faire, mais il n'y est point obligé.

Quant au nombre des experts, le juge est entièrement libre à cet égard, la loi n'en a point limité le nombre. — Cela est laissé à son appréciation. — Dans les causes de peu d'importance il n'en nommera qu'un seul ; dans d'autres deux, dans de graves affaires il en devra nommer trois. — Du reste le nombre est indifférent pourvu que ces experts ne réclament rien, ce qui arrive souvent quand ils n'ont pas de déplacement, et que l'affaire est minime.

Je pense qu'il en doit être de même en matière de bornage : un seul expert est presque toujours suffisant, à moins qu'il n'y ait un grand nombre de pièces de terre à mesurer. Ce serait, je crois, un abus, si l'on prenait à cet égard l'ancien mode de nomination de trois experts, suivi devant les tribunaux d'arrondissement.

§ 5. *De l'expertise hors la présence du juge, du plan parcellaire avec rapport oral à l'audience.*

Les juges de paix peuvent-ils ordonner une expertise hors leur présence et spécialement le bornage comme le faisaient les tribunaux d'arrondissement par trois experts, dépôt, levée et signification du rapport ?

Ne peuvent-ils pas pour les bornages compliqués remplacer cette procédure si peu en harmonie avec l'institution des justices de paix, par la représentation à l'audience du plan parcellaire avec rapport oral ?

Si l'on s'en rapportait au texte des dispositions de l'ancien réglement de procédure de 1790 renouvelées par le code de procédure civile, la question ne serait point embarrassante, parce que ces textes sont si formels qu'ils ne peuvent laisser place à l'interprétation.

Ils (juge et assesseurs) ordonneront, dit le décret, que les gens de l'art qu'ils nommeront par le même jugement feront la *visite avec eux* et *leur* donneront leur avis.

Art. 42 c. pr. c. Il (le juge) ordonnera que les

gens de l'art feront la visite avec lui et donneront leur avis..... le procès-verbal sera signé par le *juge*, *greffier* et experts.

Nous croyons devoir faire ici une observation sur la composition des justices de paix d'alors, elles se composaient d'un juge et de deux assesseurs, ces derniers se recrutaient dans chaque municipalité. Il y en avait quatre dont deux pouvaient assister le juge là où il opérait.

Si le législateur à cette époque a cru nécessaire que le tribunal de paix (le juge, les deux prud'hommes assesseurs du jugement ou de chaque localité) se fassent assister de gens de l'art, cette nécessité doit se faire bien plus sentir encore quand il n'existe qu'un seul juge et surtout depuis et sous la législation nouvelle de 1838.

La préférence a été donnée en 1807 comme en 90 à la visite des lieux par le juge assisté d'experts, parce que un autre mode eût présenté l'inconvénient de lenteur et d'augmentation de frais.

Cependant nous pensons que le mode adopté n'est point exclusif d'autres voies d'instruction.

Le livre 1er du code de procédure est si bref que souvent il est nécessaire de suppléer des mesures d'instruction qui ne sont pas prévues : telle par exemple celle si utile de la comparution des parties en personne; alors pourquoi ne pourrait-on pas, dans certaines circonstances, et par exception, envoyer un expert sur les lieux? — Une semblable expertise, si elle n'est complètement légale, ne pourrait vicier une décision qui serait basée sur elle.

Si l'on consulte les auteurs sur la question, quelques-uns ne l'ont examinée que dans sa généralité.

d'autres par rapport aux opérations de bornage. Nous essaierons de concilier ces diverses opinions, avec l'aide toutefois de notre collègue de Chaumont (Oise) qui a parfaitement rendu, sauf quelques faibles nuances, la pratique commune aux juges de paix de l'arrondissement de Beauvais.

Voici ce que disent les auteurs sur la question générale :

« Favard.—Devant la justice de paix les rapports d'experts sont ordonnés et faits d'une manière particulière. Ils ont toujours lieu en présence du juge par des experts qu'il nomme d'office.... En parlant de l'expertise devant la justice de paix la loi se sert toujours du mot experts au pluriel, ce qui pourrait faire croire que le juge de paix doit toujours en nommer plusieurs. Mais comme les tribunaux de commerce peuvent n'en nommer qu'un seul, il est difficile de croire que l'intention du législateur n'eût pas été d'accorder la même faculté au juge de paix. (Rep., t. 4, v°, rapport d'experts, p. 707.11). »

Chauveau, dans les lois de la procédure de Carré a traité la question.

« Au n° 172 ter, elle est ainsi posée : le juge de paix peut-il ordonner un rapport d'experts sans ordonner une descente ?

» M. Thomines-Desmazures, t. 1, p. 115, décide clairement qu'une expertise ordonnée par le juge de paix ne peut avoir lieu qu'en sa présence ; il est lui-même, dit cet auteur, l'expert désigné par la loi : les gens de l'art ne sont que des aides, que ses conseillers. — Il faut convenir que les dispositions et la rédaction de l'art. 42 sont bien faites pour accréditer cette opinion. — Ne semble-t-il pas que ces officiers soient nécessairement toujours ensemble, et ne puissent opérer séparément? L'art. 43 paraît encore en être une autre preuve.—Le code ne trace d'ailleurs aucune règle pour la dresse, le dépôt du rapport dans le cas où les experts procéderaient en l'absence du juge. Nouvel argument en faveur de la solution de M. Thomines-Desmazures. — Cependant à y bien réfléchir, nous croyons qu'on doit se décider pour l'opinion contraire. M. Pigeau, comm., t. 1, p. 108, la professe sans difficulté, et il en tire une foule de conséquences pour l'application aux expertises qui se font devant les justices de paix des art. 302 et suiv., relatifs aux expertises devant les tribunaux ordinaires. (V. lois de la procédure, t. 1, p. 185). »

Chauveau appuie sa décision d'un arrêt de cassation du 20 juillet 1857 qui a déclaré qu'en ce cas le juge de paix ne commet pas un excès de pouvoir. —Il y avait eu déjà visite de lieux par le juge, et ce n'était que comme complément qu'il avait ordonné une expertise hors sa présence. Chauveau pense que la cour ne s'est pas arrêtée à cette précision, qu'elle n'a mis aucune restriction à son approbation de la mesure arguée d'irrégularité.

Nous ne partageons pas cette appréciation des termes de l'arrêt : en supposant, dit l'arrêt, qu'elles (les irrégularités) constituent un vice de forme dans la procédure, elles ne sauraient entacher le jugement d'incompétence ni d'excès de pouvoir.

Si la cour n'a pas vu dans la mesure prise un motif de cassation, le tribunal d'appel au contraire aurait pu la considérer comme irrégulière et infirmer le jugement du premier juge.

Ensuite Chauveau présente une considération qui est loin de nous paraître aussi puissante qu'à lui. C'est celle tirée de l'art. 8 du tarif relative aux frais de transport.

D'abord il appartient au juge seul d'ordonner ou ne point ordonner de visite ou d'expertise, la réquisition de l'une des parties est ici indifférente, parce que le juge qui connait ses devoirs de magistrat s'il croit nécessaire une expertise, la fera, nonobstant requisition ou non requisition. Et nous sommes étonné que M. le professeur de Toulouse ait douté un instant du zèle consciencieux et désintéressé des tribunaux du premier degré.

M. Chauveau va plus loin; il pense que le juge ne pourrait ordonner son transport sans requisition.

C'est là une erreur des plus manifestes. La réquisition n'est encore une fois que relative aux frais de transport. Et que l'on n'ait aucune crainte, le juge ne restera pas sans lumière; il ordonnera la visite et l'expertise sans frais; cette dernière considération de l'auteur est donc sans force.

Quant à la question spéciale actuelle, le bornage, nous trouvons au recueil de M. Jay un article de M. Gireaudeau, ancien directeur de ce journal, où l'on reconnait pour règle générale la visite en présence du juge, mais pour les cas particuliers comme le bornage, l'expertise avec dépôt de rapport au greffe de la justice de paix.

Après avoir dit que tout bornage devait être fait par des experts arpenteurs avec remise de titres, rapport avec plan des lieux, discussion de ce rapport et ensuite homologation, M. Gireaudeau se demande si depuis la loi de 1838 il en est encore ainsi. Il répond qu'il ne le pense pas ; du moins il croit que cette manière de procéder ne doit pas être la plus habituelle.

« La nouvelle loi, dit-il, n'a point indiqué les formes à suivre dans ces sortes de procédures, ni fait connaître les dispositions législatives qui doivent servir de règle en pareil cas; mais en thèse générale il n'appartient point au juge de paix d'ordonner une expertise proprement dite, parce que cette procédure est incompatible avec la rapidité et l'économie qui doivent présider aux décisions qui émanent de ces magistrats. Nous pensons donc qu'en matière d'actions en bornage, comme en toutes autres matières, ils doivent le plus ordinairement visiter les lieux contentieux, en se faisant assister d'hommes de l'art s'ils le jugent convenable. Toutefois comme il n'y a rien d'irritant dans les dispositions des art. 41 et 42 C. pr. et qu'aucune nullité n'est prononcée en matière de procédure devant les justices de paix, nous croyons que s'il se présentait des cas spéciaux où l'économie des frais demandât que les juges de paix nommassent de véritables experts, alors ils devraient être libres de suivre l'inspiration de leur conscience et d'ordonner qu'un rapport fût déposé au greffe de la justice de paix. (V. annales, t. 6, p. 159, 5ᵉ question). »

Curasson après s'être prononcé dans son premier volume pour la présence du juge dans les expertises des cas généraux ordinaires, admet l'expertise hors sa présence pour les opérations de bornage.

« Dans plusieurs affaires, dit-il, il est possible que le juge de paix puisse se servir à lui-même d'expert et de géomètre, comme le disait M. Barthe, mais s'il s'agit d'appliquer des titres, de rechercher des limites incertaines, cette application, cette recherche, les mesurages nécessaires, compliquent l'opération et rendent indispensable la nomination d'un ou de plusieurs experts entendus; car les art. 302 et suivants du code de procédure ne sont pas une loi pour le juge de paix. — Ce magistrat peut présider à l'expertise, mais la règle établie à cet égard par l'art. 42 dudit code n'est point absolue. Si donc ses occupations ne lui permettent pas d'assister à l'opération, il peut statuer par un rapport d'experts, sauf à compléter lui-même l'instruction sur les lieux, dans le cas où le rapport ne contiendrait pas des documents suffisants pour l'éclairer. La délimitation peut être importante et donner lieu à plusieurs jours de travail, s'il s'agit surtout du mesurage d'une grande étendue de terre, auquel seraient intéressés cinq à six voisins assignés par le demandeur, ou appelés dans la cause pour reconnaître lequel a anticipé, et dont chacun proposerait ses observations. En faisant procéder l'expert sans l'assistance du juge et en présence des parties, il y aura économie de frais pour elles, et économie de temps pour le magistrat. (V. T. 2, p. 543, n° 16.)

Maintenant j'ai hâte de citer notre honorable collègue M. Frion, qui s'est fait le si habile interprète de la pensée commune de tous ses collègues de l'Oise, et on peut ajouter de tous les juges de paix de France.

M. Frion commence par répondre à l'argument que l'art. 42 du code de procédure contient une règle spéciale à laquelle on ne peut déroger; que cet article n'a été fait qu'en vue de simples expertises se terminant dans le jour, et non pour des opérations nouvelles qui demandent plusieurs jours sur les lieux et ne s'achèvent qu'en plusieurs autres dans le cabinet.

Il ajoute qu'il serait évidemment inutile, et conséquemment frustratoire pour les parties, contraire aussi à la dignité du juge qui ne doit non plus être soupçonné d'aucune vue d'intérêt, que durant tout le temps que les experts opéreraient sur les lieux, il restât là avec son greffier, spectateur oisif de leur opération, et qu'ensuite il les suivît dans le cabinet de l'un d'eux ou dans un autre lieu désigné, pour y continuer le même rôle pendant qu'ils se livreraient à la confection du plan des terrains arpentés et aux nombreux calculs nécessaires pour arriver à la connaissance des quantités existantes, et à déterminer l'importance des reprises à exercer les uns sur les autres. — Que d'ailleurs le temps que le juge doit consacrer aux autres affaires ne lui laisserait pas tout celui qu'exigeraient les opérations dont il s'agit.

M. Frion dit en note qu'il est de ces opérations qu'il a ordonnées, qui ont duré cinq, six et sept jours, sans y comprendre le bornage.

Il annonce ensuite que les expertises pour les brevets d'invention avaient toujours lieu hors la présence du juge de paix, et que jamais on n'a critiqué ce mode de procéder.

« Mais tout en professant cette opinion, je dois cependant faire observer, dit-il, que lorsque j'ai à procéder à un bornage au moyen d'un mesurage qui exige plusieurs jours (car j'assiste toujours à celui qui ne doit durer qu'un ou deux jours), j'ordonne que je me transporterai sur les lieux le jour où les experts commenceront l'opération d'arpentage, et que j'indique, à l'effet de recevoir leur serment, visiter avec eux les héritages, et vider, s'il y a lieu, les difficultés qui pourraient naître. En procédant ainsi, j'évite aux parties les frais de vacations qui seraient dus aux experts en venant exprès prêter serment. — Ensuite l'examen des lieux, les remarques, surtout sur les accidents de terrain, sur l'emplacement d'arbres, rideaux, chemins, et dont l'existence peut influer sur le travail des experts, me font comprendre et apprécier avec plus d'intelligence les énonciations de leur procès-verbal, ainsi que les dires et les réquisitions que les parties peuvent faire, soit sur les lieux, soit lorsqu'il s'agit de l'entérinement du procès-verbal d'expertise. — Dans ce commencement de leur opération, je dirige et assure aussi la marche des experts. — Enfin, ma médiation est employée à terminer les contestations qui s'élèvent le plus ordinairement le premier jour, ou bien je statue sur celles qui sont de ma compétence, ou renvoie, dans le cas contraire, et les experts ne commencent pas ou discontinuent leur opération. — *Telle est la marche que j'ai adoptée, je crois qu'elle obvie à tous les inconvénients.* (V. l'opuscule de M. Frion, juge de paix à Chaumont, Oise, p. 26 et suiv.) »

D'après tout ce qui précède, on peut conclure que toutes les fois qu'il s'agira de bornage dont les opérations ne sont pas susceptibles de durer plus d'un jour ou deux, le juge de paix ne devra nommer qu'un seul expert-arpenteur, lequel opérera en sa présence.

Que si le bornage est pour se prolonger plusieurs jours, comme au cas de mise en cause des arrière-voisins, où il faut mesurer un grand nombre de pièces de terre, le juge de paix nommera deux, trois experts, et plus si les circonstances l'exigent ; il se rendra sur les lieux le premier jour, afin de vider toutes les difficultés matérielles d'exécution résultant, soit d'accidents de terrains, d'existence de chemins, rivières, ruisseaux, ravins, rideaux, arbres et haies, etc., et constatera la nature de ces objets, s'ils sont publics ou privés, s'ils sont faits de main d'homme, s'ils ont plus de trente ans de plantation, et comment ils doivent être comptés dans le mesurage. — Le juge examine, en un mot, toutes les difficultés que peuvent faire naître les accidents de terrain.

La mission du juge de paix, au premier jour de l'opération, est pour éclairer la marche des experts, afin qu'ils ne soient point arrêtés dans le cours de leurs opérations.

Les difficultés matérielles aplanies, ou s'il ne s'en rencontre que peu ou point, le juge indique le jour où la cause sera appelée à l'audience, eu égard au temps nécessaire aux experts pour faire l'arpentage, les calculs au cabinet, les reprises et la rédaction du plan.

Je crois qu'à cet endroit des opérations je diffère de mode avec mon collègue.

Il pense que le rapport doit être déposé au greffe, que le demandeur ou la partie la plus diligente doit le lever pour le faire signifier seulement à celles des autres parties qui n'en auraient pas pris connaissance. Que quant aux parties qui en auraient

7

en communication, il ne serait pas nécessaire, s'ils le constatent, de le leur notifier. — Que par le même exploit, il est donné citation à *toutes les parties en entérinement* de rapport, et que sur cette citation, le juge de paix ordonne qu'au jour qu'il indiquera, les bornes seront placées en sa présence, par les mêmes experts, aux endroits fixés par le rapport ou le jugement d'entérinement qui l'aurait modifié.

D'abord je ne vois pas de quelle utilité peut être un rapport d'experts, surtout quand le juge a déjà pris connaissance des localités. Il me semble qu'un plan parcellaire avec simples notes doit être suffisant pour mettre le juge, ainsi que les parties, à même d'apprécier le travail des experts.

Voilà, selon moi, la marche la plus simple comme la plus économique; j'ai déjà commencé à l'indiquer :

— Parties, juge, greffier et experts examinent les difficultés de terrain qui peuvent se présenter, le juge les vide, procès-verbal de renvoi à l'audience est rédigé, et le juge et le greffier se retirent. — Les experts opèrent et continuent les jours portés dans le procès-verbal. Le mesurage terminé, ils se rendent au cabinet de l'un d'eux, font leurs calculs de chaque quantité trouvée, selon les jouissances actuelles, comparent les quantités avec les quantités énoncées dans les titres, ensuite ils opèrent sur le papier les reprises et les font figurer en ligne rouge sur le plan. — Si des observations sont nécessaires pour l'intelligence du plan, les experts les consignent en marge.

Le travail des experts parachevé, les parties ainsi que les experts comparaissent à l'audience au jour fixé au procès-verbal du juge ; là, en présence ou en l'absence des parties, le jour ayant été contradictoirement indiqué, les experts déposent sur le bureau le plan de toutes les pièces de terre, avec indication des reprises opérées. Chaque propriétaire intéressé est appelé pour prendre communication du travail ; les experts fournissent tous les renseignements nécessaires. Si le travail est approuvé, comme s'il est désapprouvé, le greffier en tient note sur le plumitif : tous dires et observations sont consignés comme dans les affaires ordinaires.

Si le travail est entièrement approuvé, ou si les difficultés soulevées sont aplanies, le juge en fait mention dans le simple jugement de remise de la cause, et continue à tel jour pour la plantation des bornes en sa présence et en celle de toutes les parties. Les bornes plantées, procès-verbal en est rédigé, et on y joint le plan des experts.

Je dirai plus loin, en son lieu, ce que le juge doit faire en cas de contestations graves rentrant dans sa compétence ou en sortant, et ce que doit contenir le procès-verbal de plantation de bornes.

La marche que je viens de tracer doit réconcilier le texte de la loi avec son esprit, et il n'est nullement besoin alors d'avoir recours à une procédure étrangère chargée de formalités qui n'engendrent que des frais.

Dans mon système, tout est fait en quelque sorte par le juge, comme le veut l'art. 42 du code de procédure, à l'exception du matériel de l'arpentage, qui appartient aux hommes de l'art, et auquel le juge n'a pas besoin d'assister.

D'un autre côté, je remplace le rapport par le

plan ; des notes substantielles peuvent être jointes, le plan et les notes reçoivent leur développement oral à l'audience même.

La signification du rapport est tout à fait inutile, puisque les parties en prennent communication à l'audience.

A quoi sert la citation aussi en entérinement de rapport, puisqu'il y a eu contradictoirement indication de jour, lorsque le juge s'est rendu sur les lieux pour commencer l'opération.

Je ne pense pas qu'une procédure ainsi faite puisse être l'objet d'attaque, encore moins de réformation par les juges d'appel; elle a ce double avantage, qu'à l'économie des frais elle réunit l'observance des prescriptions de la loi et laisse au magistrat toute sa dignité, ne l'exposant pas aux malignes insinuations.

Je pourrais citer à l'appui de mon opinion un cas analogue rapporté par M. Coin-Delisle. Dans les causes sujettes à l'appel, il faut aussi, dit cet auteur, distinguer le cas où l'expertise se fait en présence ou en l'absence du juge, — (en présence, les formalités art. 42.) — Si l'expertise est faite en l'absence du juge, la marche la plus naturelle est celle que nous avons déjà indiquée (pour les causes non sujettes à appel), *les experts feront leur rapport verbalement à l'audience* où ils prêteront serment; le greffier constatera le serment et dressera procès-verbal du rapport, qui sera signé conformément à l'art. 42. (V. *Encyclopédie des Juges de paix*, t. 3, v° *expertise*, p. 192.)

Ces observations ne concernent, comme nous l'avons dit, que les bornages compliqués demandant plusieurs jours. — A l'égard de ceux qui peuvent être terminés en un jour ou deux, le juge de paix ne prendra qu'un arpenteur et fera opérer sous ses yeux, suivant l'art. 42 du code de procédure civile.

Quant au serment, si, en raison des circonstances, le juge de paix ne croyait pas devoir se rendre sur les lieux le premier jour de l'opération, il pourrait, afin d'éviter les frais de prestation de serment par procès-verbal séparé, recevoir le serment à l'audience même, immédiatement après avoir ordonné le bornage, et insérer dans le jugement cette prestation de serment.

CHAPITRE XVI.

DES RÈGLES DU BORNAGE. — CE QU'ON Y DOIT COMPRENDRE : CHEMINS PUBLICS ET PRIVÉS, RIVIÈRES ET CLOTURES.

Avant de procéder à l'arpentage des terrains, l'expert doit se faire bien préciser les points de départ et d'arrêt de l'opération. Pour arriver à ce résultat, il faut que toutes les difficultés d'exécution soient aplanies. La médiation du juge devient alors nécessaire, soit pour terminer à l'amiable les différends, soit pour les juger.

Ces difficultés peuvent être relatives à des accidents de terrain dont nous avons déjà dit un mot dans le chapitre précédent, en parlant de la nécessité de la présence du juge sur les lieux au premier jour de l'opération.

Nous commencerons par les chemins en général.

On distingue plusieurs sortes de chemins ; il ne s'agit ici que des chemins publics ordinaires, ainsi que des chemins privés.

— Chemins publics. Il semblerait que par cela seul qu'ils font partie du domaine public ou municipal, ils ne dussent jamais être compris dans la contenance des propriétés particulières qu'ils bordent ou qu'ils traversent. Cette règle est généralement adoptée. Cependant il est beaucoup de localités où les arpenteurs, se conformant en cela à l'usage, les comprennent par moitié dans la quantité des pièces de terre. On présume alors que les chemins ont été fournis originairement par les pièces de terre qui les avoisinent. Il y aurait dans ce cas une distinction à faire entre les chemins proprement dits et les chemins qui ont moins ce caractère que celui de rue. Nous avons eu occasion d'appliquer cette distinction dans notre ancienne résidence.

A l'égard des chemins nouveaux, il est bon d'observer que, soit en raison de leur élargissement, soit à cause de leur changement de direction, une indemnité ayant été accordée au propriétaire lésé, la contenance de la pièce de terre doit être diminuée d'autant qu'il a été pris pour l'élargissement ou le changement, eu égard toutefois aux compensations de terrain, si elles ont eu lieu.

Tout cela dépend nécessairement des circonstances. Mais cette observation était nécessaire, quoique nous pensions qu'elle n'échappera pas aux voisins de celui qui longe le chemin ; ils y ont intérêt, du reste.

— Chemins privés. Qu'ils portent le nom de

ruraux, vidange, sentiers, sentes, présentes, étant communs aux propriétés qu'ils bordent, ils comptent aussi pour moitié ; s'ils les traversent, ils sont compris pour la totalité. Aucune difficulté ne peut s'élever à leur égard ; ils font corps avec les propriétés qu'ils joignent, ils ne font qu'une seule et même chose.

Voici ce que nous disions à cet égard dans notre premier jugement sur la matière, publié quelques mois après la loi de 1838 sur les justices de paix : — Considérant qu'il est d'un usage traditionnel, attesté par les arpenteurs de la localité, que dans la plupart des bornages, moitié des chemins publics ont été et sont encore compris dans l'opération de mesurage ; que cela tient sans doute à ce que, avant la révolution, certains chemins étant la propriété des seigneurs et faisant corps avec leurs domaines, il était rationnel de les comprendre pour moitié à chaque riverain ; que si la moitié des chemins n'était pas comprise, il y aurait mécompte, et l'opération serait matériellement irrégulière ; qu'il est constant qu'à H....., lieu contentieux, cet usage était suivi. (V. *le Juge de Paix*, t. 8, p. 323.)

Ayant parlé des chemins, nous dirons un mot des rivières.

Je n'examinerai point ici une des plus ardues questions de notre droit civil, à savoir si les rivières ordinaires non navigables ni flottables font partie du domaine public ou privé. Les esprits les plus éminents qui se sont occupés de la question diffèrent de sentiment. Je dirai seulement que l'instinct des populations, d'accord avec tous les états de l'Europe, considère les rivières comme propriété privée et appartenant aux riverains.

Aussi est-il d'usage de faire entrer dans les contenances des propriétés riveraines la moitié des lits de rivières qui les bordent, et la totalité si elles coulent au travers d'un héritage appartenant au même maître.

Dans ses précédentes éditions, Pardessus ne s'était point occupé des cours d'eau. Dans sa dernière, substituant ce qu'il disait pour les rideaux, clôtures et passages, il applique aux rivières la décision pour ces derniers objets, et il dit qu'il ne faut pas perdre de vue que les cours d'eau, les sentiers ou autres passages qui ne sont pas publics font partie des propriétés qu'ils entourent ou qu'ils traversent ; par conséquent, leur étendue doit compter dans celle du terrain, savoir pour moitié lorsque quelques-uns de ces objets sont mitoyens, et pour la totalité à celui à qui ils appartiennent exclusivement.

« M. Frion pense que quant aux rivières, et il n'entend parler que de celles non navigables, il paraîtrait que, sous le régime féodal, on ne comprenait pas ordinairement dans la mesure du champ la moitié des rivières qui le bordaient, parce qu'elles appartenaient alors aux seigneurs, mais qu'on y portait, comme aujourd'hui, la partie qui le traversait ; depuis, et comme il a eu occasion de le remarquer, tantôt on a compris dans la mesure, tantôt on a laissé en dehors l'étendue de la rivière qui longeait l'héritage, sans doute parce qu'après l'abolition de la féodalité, la propriété des cours d'eau était devenue incertaine, et que plus tard le code civil ne les a attribués aux propriétaires riverains que restrictivement (V. p. 48). »

Je crois que pour éviter toute méprise sur l'application des énonciations des titres qui s'expliquent
rarement sur les confins des rivières, il est, avant
de se prononcer, un moyen prudent à employer,
c'est de mesurer d'abord moitié de la rivière ; et, si
déduction faite de cette moitié, le riverain a sa
quantité ainsi que les autres propriétaires, alors on
ne comprend pas la rivière. — Si au contraire il
résulte que la moitié de la rivière, dont la longueur
peut être plus ou moins grande, a de l'influence sur
la répartition des terrains, alors on mesure la rivière, et on en comprend la moitié dans les quantités
que donnent les titres.

L'observation ci-dessus est applicable à bien plus
forte raison aux chemins publics pour lesquels le
motif n'est pas suffisamment démontré.

Nous passons actuellement aux tertres, rideaux,
arbres, haies et fossés qui font évidemment partie,
soit en totalité, soit pour moitié ou moins des héritages qu'ils entourent ou limitent.

Voici ce qu'on lit dans Fournel : « on appelle
rideau une langue (c'est plutôt une éminence, une
élévation de terrain) entre deux héritages voisins.
Dans quelques coutumes, cette portion intermédiaire est connue sous le nom de *tertre* ou *terme*.
Il y a de fréquents débats sur la propriété de cette
pente, et sur la question de savoir auquel des deux
héritages elle appartient : pouvant être considérée
par l'une et l'autre partie comme une prolongation
de son terrain. — Plusieurs coutumes adjugent le
rideau ou tertre au voisin supérieur : telle est celle

d'Ayren, local d'Auvergne, qui porte : Quand il y a terme ou tertre entre les deux terres, le terme est à la terre supérieure. » Mais l'usage le plus commun est d'adjuger la propriété de rideau au propriétaire inférieur et de ne laisser au voisin supérieur que les jambes pendantes. On appelle ainsi l'espace que le propriétaire supérieur peut embrasser par ses jambes sur le côté du tertre. — Cet usage est textuellement indiqué par quelques coutumes, et entre autres celle de Saint-Clément (local d'Auvergne), en ces termes : « Au seigneur supérieur de l'héritage appartient le terme étant entre deux héritages, tant que les pieds du seigneur de l'héritage se peuvent étendre quand il est assis sur ledit terme ; le résidu appartient au successeur de la propriété qui est dessous. » — Rien ne serait plus versatile que l'étendue de cette propriété si elle pouvait varier d'un moment à l'autre suivant l'étendue des jambes de chaque propriétaire, mais l'usage l'a réglée à deux pieds. (V. Traité du Voisinage, t. 2, p. 407, v° rideau.)»

Souvent, dit Vaudoré, des tertres, rideaux, balmes ou lisière, séparent deux héritages dont l'un est plus élevé que l'autre ; on adjuge la propriété de ces terrains d'après l'usage le plus général au propriétaire inférieur et on en laisse au propriétaire supérieur deux pieds à peu près afin que son héritage ne puisse s'ébouler. — Néanmoins on doit rigoureusement suivre les usages locaux.

Vaudoré cite trois textes de coutumes, la marche, d'Ayren (haut pays d'Auvergne), et Sᵗ-Clément (local d'Auvergne). On connaît les deux dernières, celle de La Marche porte : Tertre et gort... étant

entre un pré et une terre appartiennent au seigneur du pré, *s'il n'appert du contraire.*

On sent, ajoute l'auteur, que la coutume de
Saint-Clément ne doit pas être suivie à la lettre
quant à la manière de mesurer la part revenant à
chaque voisin : l'usage a fixé la portion réservée
pour l'héritage supérieur à deux pieds.

Lorsque, continue-t-il, les tertres, rideaux ou
lisières présentent un plan horizontal, on les partage par moitié entre les deux voisins. La possession peut être déterminante.

Vaudoré fait remarquer que, quand la propriété
en est reconnue, les voisins peuvent se contraindre
soit à les partager, soit à les attribuer par des
bornes à celui auquel ils appartiennent.

Telle a été notre opinion lorsque nous avons dit
que la partie des fonds comme rideaux, ruisseaux
peuvent être délimités séparément de ces mêmes
fonds.

Nous avons vu que Pardessus appliquait maintenant aux rivières ce qu'il avait décidé pour les
tertres, rideaux. Voyons ce qu'il pense relativement à ces derniers objets dans la huitième édition
de son traité des servitudes.

Il arrive souvent, dit-il, qu'à l'extrémité des
propriétés qu'il s'agit de borner se trouvent des
élévations résultant de l'inégalité de terrain, connus le plus souvent sous le nom de rideaux, tertres,
lisières, ou sous d'autres dénominations locales.
Quelques coutumes avaient à ce sujet des dispositions que l'on peut encore considérer comme des
usages particuliers, utiles d'après les articles 1159
et 1160 du code, pour l'interprétation des titres.

Ces rideaux, tertres ou lisières, lorsqu'ils présentent une pente ou un plan incliné, sont assez généralement considérés comme propriété de l'héritage inférieur, en laissant au propriétaire supérieur un espace suffisant pour le garantir des éboulements. Mais s'ils présentent un plan horizontal, il est plus naturel, en l'absence des titres ou à défaut de possession suffisante qui les attribueraient à un seul héritage, de les partager par moitié. (V. 8me édit. en 2 vol., t. 1er, p. 506.)»

Les usages de chaque contrée sont tellement variables et contradictoires qu'il est difficile de poser des règles fixes. Aussi, Pardessus, au lieu de donner comme il l'avait fait originairement moitié du rideau à chaque voisin, s'en réfère maintenant aux usages et surtout à la disposition des lieux.

Dans le département de l'Oise et notamment dans l'arrondissement de Beauvais, les rideaux sont généralement ainsi attribués : les deux tiers au propriétaire supérieur et le tiers au propriétaire inférieur.

Dans l'Aisne, au contraire, c'est presque toujours la moitié. On applique assez généralement l'ancienne opinion de l'auteur du traité des servitudes.

Quant aux arbres et aux haies, ils sont toujours censés plantés en deçà de la ligne séparative, soit conformément aux anciens usages ou aux distances prescrites par nos lois nouvelles, sauf la preuve contraire qui peut résulter de la situation des lieux. Dans ce cas, l'espace de terrain au-delà des arbres ou de la haie doit être mesuré, compté à l'héritage où se trouvent et la haie et les arbres. — Si les

arbres ou haies sont mitoyens, moitié par conséquent à chaque propriétaire.

Quelquefois on rencontre des arbres et des haies
plantés sur la limite des héritages et appartenant à
un seul voisin ; que la plantation remonte à plus
ou moins de trente ans, on ne doit rien compter
en ce cas au-delà desdits arbres et haies.

Il est ainsi des fossés ; une distance a pu être
observée comme ne l'être pas, et souvent il arrive
aussi qu'ils sont pratiqués sur la ligne. On sait quels
sont les signes de mitoyenneté ou de non mitoyenneté, le rejet des terres. Au surplus, la position
des terrains a une grande influence sur toutes ces
choses, et les décisions en dépendent presque tou -
jours.

Les accidents de terrain réglés, soit à l'amiable,
soit par suite de décision du juge, l'expert n'a plus
qu'à procéder à l'arpentage des propriétés des
parties en cause.

CHAPITRE XVII.

DES BASES D'APRÈS LESQUELLES LE BORNAGE DOIT ÊTRE EFFECTUÉ ; TITRES, POSSESSIONS, PRESCRIPTION.

Observation.

Ce chapitre est sans contredit un des plus importants de la matière, car c'est au moyen des
titres que l'on parvient, en réglant chaque pièce

de terre, à attribuer à chacun ce qui lui appartient.

Les titres font la règle générale en cette matière; la possession ne sert qu'à les confirmer, et si parfois elle est invoquée, c'est parce qu'il n'y a pas de titres.

Quand la possession, par sa durée, a passé à l'état de prescription, elle participe alors de toute la force du titre.

La pensée qui doit constamment dominer et préoccuper dans les opérations de bornage est la sincérité des titres. — Le juge alors doit faire représenter non seulement les titres en vertu desquels on est actuellement propriétaire, mais encore les anciens titres; c'est ainsi que cela se pratique dans beaucoup de justices de paix. — Si quelquefois des propriétaires ne peuvent les produire, ils doivent en ce cas indiquer l'origine de la propriété.

Si l'on se refusait à la représentation de ces titres, le juge pourrait, sur les renseignements fournis, ordonner l'apport de telle pièce. Il le peut sur la demande des intéressés, ainsi que d'office.

C'est le seul moyen de faire rectifier les erreurs qui ont pu se glisser dans les partages de famille comme dans tous les actes qui transfèrent la propriété.

C'est par cette voie surtout que seront déjoués les subterfuges de la mauvaise foi, ces fraudes inqualifiables qui consistent à faire porter dans les actes des quantités plus grandes que celles que comportent réellement les propriétés.

Ces manœuvres cependant ne sont pas aussi fréquentes qu'on pourrait le croire; elles se rencontrent moins dans les ventes que dans les actes ordinaires de partages ou de libéralités.

La justice doit employer tous les moyens pour réprimer de pareils écarts, et les propriétaires, de leur côté, surveiller toute espèce d'anticipations, quelque minimes qu'elles soient, faites ou non à dessein.

Je crois que M. Dumay, et après lui M. Arm. Dalloz se sont exagéré le mal. Ces abus existent, cela n'est que trop vrai, mais le concert frauduleux entre le vendeur et l'acquéreur est rare, il n'est pas aussi praticable qu'on pourrait le penser.

M. Dumay prétend que ce genre de fraude est très-fréquent, et que, muni d'un semblable titre, le nouveau propriétaire augmente successivement sa contenance par de nombreuses anticipations presqu'imperceptibles, et que lorsque chaque année ses voisins n'ont pas la précaution de faire réprimer ces entreprises par des actions en complainte ou en réintégrande, l'usurpateur finit par joindre la possession au titre, et alors il peut se présenter avec avantage dans une opération de bornage.

Arm. Dalloz reproduit la même manière de voir, et il annonce que cela est passé en usage; armé, dit-il, d'un pareil titre (présentant une augmentation de contenance) le nouveau possesseur augmente successivement sa propriété par de nombreuses et imperceptibles anticipations annuelles. Et s'il arrive qu'il ne soit pas réprimé dans sa spoliation, il finit par rendre la possession conforme à son titre et par triompher lors de l'opération de bornage.

Nous avons annoncé que la collusion entre le vendeur et l'acquéreur n'était pas déjà si facile; et en effet, comment concevoir qu'un vendeur, s'il n'est intéressé dans la fraude, ira prêter la main à une pareille manœuvre, et d'un autre côté, comment comprendre qu'un acquéreur, pour une chose fort incertaine, toute d'éventualité, augmentera le prix de son acquisition quand il n'en reçoit pas l'équivalent.

En supposant même que le vendeur, qui obtient un bon prix de sa chose, puisse consentir à augmenter, par titre, une quantité fictive, la difficulté d'opérer les anticipations, l'incertitude de ne les voir pas réprimées devraient suffire pour les empêcher. — Au surplus, les vendeurs de cette complaisance sont fort rares, même parmi les plus avides qui ne voudraient pas passer pour avoir trempé dans une affaire qui ne leur rapporterait que honte.

Cette pratique, du fait d'un malhonnête homme, n'est ni aussi fréquente que le pense M. Dumay, ni entrée dans les habitudes des campagnes, comme pourrait le laisser croire Arm. Dalloz.

Voici la réalité et qui entraîne après soi des conséquences non moins fâcheuses :

Des propriétaires dont les champs ne sont point limités et qui connaissent la négligence de leurs voisins, se permettent souvent, à chaque labour, d'usurper quelques sillons, tantôt d'un côté, tantôt de l'autre, et parviennent, par cette voie très-illégale, à augmenter leur propriété. — Les partages, les actes de libéralité, les ventes surviennent, et alors les héritiers viennent recueillir l'héritage impur de leur auteur. Au cas de vente, l'acquéreur peut être de bonne foi ; on lui dissimule les titres primordiaux, et il achète la quantité qu'on lui déclare. Dans ces deux cas assez fréquents, les usurpations reçoivent en quelque sorte du temps et de la loi une espèce de consécration. Et alors ce n'est plus que perturbation pour rétablir l'équilibre, pour faire rentrer chaque pièce de terre dans son état légal. — Ce qu'ont à faire les voisins, c'est de rechercher les vieux titres, d'avoir recours aux anciens du pays. Il se rencontre souvent par chaque village un cultivateur qui connaît les titres de son terroir et quelquefois de ceux des terroirs voisins.

Voilà les abus assez fréquents des campagnes, mais non pas passés en usage. Il est très rare que l'on achète une contenance fictive pour ensuite chercher à la réaliser. Sans doute que dans l'un comme dans l'autre cas il faut de multipliées, graduelles et imperceptibles usurpations; mais la difficulté n'est pas là, elle est dans le plus ou moins de facilité, de possibilité de supposer une contenance mensongère.

Une fraude du même genre, qui pourrait paraître plus praticable, est celle qui consiste aussi à faire porter dans l'acte une contenance également supérieure, et ensuite, après quelques années, à provoquer un bornage et à chercher à obtenir, sinon la totalité du déficit apparent, au moins à faire réduire proportionnellement toutes les contenances des pièces de terre voisines.

Dans ce cas encore, le vendeur, s'il n'est intéressé, se prêtera difficilement à une semblable supercherie.

Les anciens titres, comme l'ancienne jouissance, seront encore là pour démasquer une aussi coupable ruse.

Nous allons parcourir les différents cas qui se présentent le plus fréquemment, et qui ont donné lieu aux règles suivantes.

1re RÈGLE. — *Quantités matérielles conformes aux titres. — Restitution de l'excédent à ceux à qui il en manque.*

La répartition dans ce cas est très-simple. Il faut attribuer à chacun la contenance que lui donne son titre ; celui qui en a de trop remet à celui qui n'en a pas assez.

Le droit romain conforme à la raison le veut ainsi ; la loi 7 au digeste, livre 10 *finium regundorum,* porte : *de modo agrorum arbitri dantur, et is qui majorem locum in territorio habere dicatur, cæteris qui minùs possident integrum locum assignare compelletur : idque ità rescriptum est.*

Pour le mesurage des champs, des arbitres sont donnés, et celui qui est reconnu avoir dans sa pièce une plus grande quantité, est forcé de fournir leur quantité intégrale aux autres qui en possèdent une moindre : cela est ainsi rescript.

Pothier se basant sur la loi romaine, le décide ainsi : lorsqu'il paraît par l'arpentage que l'un des voisins a plus que la contenance portée par ses titres, et que l'autre en a moins, on doit parfaire ce qui manque à celui-ci, par ce que l'autre a de plus. (V. appendice au contrat de société, n° 253.)

Toullier. — S'il est reconnu par le mesurage que l'un des voisins a plus que l'étendue portée dans ses titres, et que l'autre en a moins, on doit parfaire ce qui manque à celui-ci par ce que l'autre a de plus. (V. t. 5, n° 178, *in fine.*)

Pardessus. — On peut.... obliger, suivant les circonstances, le propriétaire de la plus forte portion à faire aux autres qui ont des portions plus petites leur mesure entière, telle que leurs titres la leur accordent. (V. t. 1, n° 127, 3ᵉ alinéa.)

Dumay se demande d'abord comment on devrait opérer si l'une des parties éprouvait un déficit, tandis que le voisin aurait une contenance supérieure à celle que lui assignent ses titres. Le propriétaire qui a plus, répond-il, devrait rendre son excédent à l'autre, jusqu'à concurrence seulement du déficit de celui-ci. A cet endroit, Dumay rapporte ce que dit Pothier; il cite Toullier et Curasson comme ayant décidé dans ce sens. — La citation est exacte quant à Toullier, mais elle ne l'est point à l'égard de Curasson, qui ne parle pas de la question au n° 20 ni ailleurs : ce ne serait que comme induction alors.

Dumay indique ensuite le motif de la règle; « la raison de cette solution est que celui qui éprouve un déficit, a en sa faveur, pour combattre la présomption résultant de la possession de l'autre, un double titre, le sien propre, et celui de l'adversaire parfaitement opposable à celui-ci, et qui dément sa possession. La partie qui jouit d'une contenance supérieure à celle énoncée dans son acte, est dans une position plus défavorable que si elle n'avait point de titre, puisque la preuve qu'elle apporte tourne contre elle; c'est le cas de l'adage : *meliùs est non habere titulum quàm habere vitiosum.* (V. appendice, p. 52, n° 48, 6ᵉ alinéa.)

Dumay semble donner ici une bien grande puissance à la possession ; elle aurait la prééminence sur les titres, puisqu'il annonce que le voisin qui a une quantité au-delà de ses titres, est dans une position plus défavorable que s'il n'avait pas de titres.

Nous ne sommes pas de cet avis ; car si le voisin n'avait que sa possession, son adversaire d'abord serait fourni, puis lui ensuite : c'est ce que nous verrons tout à l'heure.

Sans doute que le voisin a contre lui deux titres, mais cela ne fait pas sa condition pire ; dans l'un et l'autre cas, il ne peut échapper à la restitution de l'excédent.

2e Règle. — *Contenances matérielles inférieures à celles des titres. — Réduction proportionnelle.*

On doit supposer, dans ce cas, que l'on a compris dans le bornage toutes les pièces de terre qui devaient faire partie de l'opération, et que même les arrière-voisins ont été appelés, afin de pouvoir découvrir où pouvait se trouver le manque de terrain. — Si l'on n'y peut parvenir, alors comme on ignore où se trouve l'erreur, il faut nécessairement que chaque pièce de terre éprouve une diminution proportionnelle. Nous croyons cette règle de toute justice.

Je sais que quelques jurisconsultes prétendent que celui qui ne possède que la quantité portée dans ses titres n'a rien à démêler avec celui qui n'a pas son compte, et que la possession conforme aux titres doit être respectée. L'opinion contraire me semble devoir être préférée.

Voici ce que dit Poullain-du Parc dans ses principes du droit français :

« Mais il arrive quelquefois que l'étendue portée dans les titres des deux parties ne s'accorde pas. Dans le cas où il n'y a pas de possession , si les titres respectifs réunis contiennent une étendue plus grande que celle de tout le terrain , il faut nécessairement faire une règle de proportion pour borner chacun à une partie du terrain ; par exemple si le terrain est de six journaux , si les titres de l'un lui donnent six et si les titres de l'autre lui en donnent trois , le premier doit être réduit à quatre journaux, et le second à deux. (V. t. 8 , liv. 4 , ch. 7 , p. 29, édition de Rennes, de Vator.) »

Toullier a rapporté en quelque sorte le sentiment de Poullain.

« Si , dit-il , les titres des deux voisins réunis donnaient une étendue moins grande que celle de tout le terrain , il faudrait faire une règle de proportion pour partager la perte.... Par exemple si le terrain ne contient que six hectares , si les titres de l'un lui en donnent six , et les titres de l'autre trois, le premier doit être réduit à quatre hectares, et le second à deux. (V. t. 3 , n° 176 , *in fine.*) »

Pardessus a également suivi cette doctrine.

« Les quantités énoncées aux titres peuvent excéder la totalité des terrains des parties qui procèdent au bornage, sans qu'on puisse opposer à l'une d'elles qu'elle a laissé usurper par des étrangers, ou que de toute autre manière elle diminue sa portion , chacun des intéressés doit alors être restreint proportionnellement : par exemple si le terrain était de douze arpents , les titres de l'un lui en attribuant dix et les titres de l'autre cinq, le premier devrait être réduit à huit, et le second à quatre. (V. 7° édit., p. 186, n° 123.) »

Ce passage est littéralement rapporté dans le répertoire du notariat, v° *bornage*, t. 1er, p. 278, n° 53.

Mais dans sa huitième et dernière édition de son traité des servitudes, Pardessus a apporté quelques modifications à son opinion.

Après ces mots : sans qu'on puisse supposer qu'elle a diminué sa portion, il ajoute : « c'est alors que l'examen des titres et le fait de la possession deviendraient d'une grande importance. Lorsque le titre de l'un lui donne expressément et déterminément une quantité et qu'il la possède de fait, la présomption d'usurpation serait bien difficilement admissible, surtout si les deux propriétés étaient d'un genre de culture différent; mais si le titre est vague, s'il ne donne qu'une certaine quantité, ou environ, si la possession présente quelque chose d'équivoque et d'incertain, il serait assez naturel que chacun des intéressés fût réduit proportionnellement. (V. t. 1, p. 312, n° 123.) »

Cette dernière opinion se rapproche un peu de celle de Dumay :

« Nous ne saurions, dit cet auteur, admettre le principe posé d'une manière trop générale par Toullier et Pardessus, et d'après lequel, si les titres des deux voisins donnaient une étendue plus grande que celle de tout le terrain, il faudrait faire une règle de proportion pour partager la perte. Cette décision ne peut recevoir d'application lorsque la limite de possession est constante. Elle ne pourrait

guère être adoptée que dans le cas fort rare où cette
limite serait incertaine ou rendue méconnaissable,
soit par suite d'une inondation qui aurait fait disparaître les traces de la ligne séparative, soit parce
que les parties s'étant, depuis plusieurs années,
alternativement fait des anticipations, on ne pourrait
déterminer jusqu'où s'étend la possession annale
caractérisée, soit parce que les héritages n'étant
pas de nature à être cultivés chaque année comme
un pâquis, un bois, il y aurait impossibilité de reconnaître jusqu'où s'est étendue la jouissance de
chacun. (V. appendice, p. 28, ligne 22ᵉ.) »

Dalloz aîné est formel. Lorsqu'il se trouve moins
de terrain que n'en indiquent les titres, il est naturel
de faire une règle de proportion qui détermine la
perte de chacun, selon l'importance de sa propriété.
(V. vⁱˢ *Servitudes*, art. 2, nᵒ 19.)

Solon, et Vaudoré en son dernier ouvrage,
émettent le même avis.

Ce que l'on doit remarquer dans les différents
passages des auteurs, c'est que tous adoptent, selon
des cas donnés, la règle de la répartition proportionnelle, les uns d'une manière absolue, les autres
avec modification en raison de la possession conforme
aux titres.

Si je ne me trompe, les auteurs qui l'ont restreinte n'ont examiné la difficulté qu'à son point de
vue particulier et non général. Je m'explique :
lorsque, comme je l'ai annoncé en commençant, il
existe un déficit dans une pièce de terre, et que le
propriétaire sait qu'il n'est point dans les pièces de
terre contiguës à la sienne, il doit appeler au bornage tous les propriétaires voisins comme ses ar-

rière-voisins; il doit, en un mot, pousser l'opération jusqu'à ses limites les plus reculées, ce qui ne peut se prolonger beaucoup, car une étendue de terrain comprise dans un lieudit se trouve souvent circonscrite, soit par des limites naturelles, soit par des bornes ou autres signes.

Si le manque, qui peut aussi bien provenir de plusieurs pièces de terre que d'une seule, ne se retrouve pas alors, chaque pièce de terre doit être diminué, et l'on ne voit pas de raison qui serait un obstacle à ce partage de perte proportionnelle par voie de retranchement.

La cause de cet état de choses est presque toujours inconnue. S'il existait la moindre présomption contre l'un ou l'autre propriétaire, il la faudrait admettre, et celui-là supporterait l'intégrale perte.

Au surplus, toutes et chacune des parties a évidemment intérêt à aller à la recherche des renseignements qui peuvent être utiles à la découverte de la vérité.

Ainsi, quand la cause du manque de terrain n'est point établie, partage proportionnel.

Ce qui me confirme dans cette idée, que la plupart des auteurs ne résistent à cette interprétation que parce qu'ils n'ont envisagé la question que par rapport à des cas particuliers, c'est que tous ne parlent que de deux propriétaires. En effet, Poullain-du Parc ne mentionne que les titres de deux parties, il ne fait la répartition qu'entre ces deux parties. — De même de Toullier, si les titres des deux voisins, répartition également entre les deux. — Ainsi de Pardessus, si les deux propriétés étaient d'un genre de culture différent. — Dumay également ne parle que de deux propriétaires.

A vrai dire, il n'y a que Pardessus, dans sa dernière édition, et Dumay, qui aient enseigné la non-répartition proportionnelle appuyée d'un titre.

On ne peut pas dire que si les auteurs n'ont cité que deux propriétaires, ce n'est que par forme d'exemple, parce que les circonstances dans lesquelles ils se placent s'y refusent. Dumay présente comme exception les anticipations alternatives de voisin à voisin; et si le manque se rencontre chez les arrière-voisins, les anticipations n'ont donc pu être faites alternativement.

Le conseil donné par Curasson indique en quelque sorte cette manière de voir; c'est le cas, dit-il, au n° 20, ligne 9e, où il peut être nécessaire d'appeler en cause d'autres voisins que ceux qui figurent dans l'instance. — Le bornage n'a donc lieu qu'entre quelques propriétaires seulement.

Nous n'avons rapporté de Dumay que sa conclusion pour ainsi dire, mais toutefois motivée. — Les principes généraux sur lesquels il base son raisonnement me semblent très-douteux et ne devoir pas être admis en matière de bornage.

A ses yeux, tous les titres n'émanant pas d'auteurs communs sont entre les parties *res inter alios acta;* et l'acte n'acquiert, selon lui, véritablement de valeur, que lorsqu'il est appuyé de possession, et jusqu'à concurrence de l'étendue de cette possession. — Enfin, celui qui n'aurait que son seul titre ne pourrait exiger un relâchement du possesseur qu'autant qu'il pourrait intenter, soit l'action possessoire, s'il avait perdu la possession plus qu'annale depuis moins d'un an, soit l'action pétitoire en revendication, s'il établissait qu'il avait eu moins de trente ans ou moins de dix ans, selon les circonstances, une possession acquisitive de la prescription.

D'abord, en matière de bornage, les titres, sauf quelques exceptions, ne peuvent jamais être que des actes étrangers à chaque propriétaire : c'est la nature des choses qui le veut ainsi, et celui qui se présente au bornage avec un titre régulier, doit obtenir ce qu'il réclame. — Ce n'est pas une revendication qu'il forme. Il dit : mon titre, fortifié des anciens titres, porte tant. Je trouve dans ma contenance du manque, je le cherche par la voie du bornage. S'il ne se retrouve pas, il faut que chacun coopère à la perte, parce que mon titre ne peut pas être plus suspecté que celui des autres propriétaires.

C'est ici le cas d'invoquer la règle si sage d'assimilation du bornage au partage. Nous la croyons plus conforme aux principes que celle invoquée par Dumay. — En vain le possesseur se retrancherait-il derrière la possession annale, cette possession ne peut être utilement invoquée qu'alors qu'il n'existe pas de titres, parce qu'il faut bien que l'on prenne une base, et que la possession, en ce cas, est utile; mais quand il y a des titres, les titres seuls font la règle.

Dumay cite un endroit isolé de Curasson; il est bon de se reporter au sentiment de cet auteur.

Au n° 20, Curasson se prononce pour la non-participation à l'excédent, quand chacun a sa quantité. Il va plus loin, il dit que si le voisin renfermé dans ses limites n'a que la contenance, le propriétaire qui éprouve un déficit n'a rien à réclamer.

C'est alors qu'il indique l'appel en cause des autres voisins (afin sans doute de retrouver le déficit).

Curasson ensuite cite Dunod ainsi que Toullier, relativement à la perte ou au gain proportionnel ; il ne combat point ces auteurs, il ajoute seulement : mais dans tous les cas où il existe du doute sur la fixation des limites, le possesseur, à ce qu'il lui semble, doit conserver ce qu'il possède, et il suffit de la possession annale, cette possession étant une présomption légitime dont l'effet ne peut être détruit que par un titre. Ce principe peut être appliqué au bornage comme à tout autre cas.

Dumay, après avoir rapporté ce passage de Curasson, déclare qu'il y aurait injustice intolérable à priver un propriétaire d'une partie de la contenance dont il jouit et qui lui est assurée par un titre aussi valable que celui de son adversaire ; qu'il se trouverait en but à la mauvaise foi de son voisin, qui en acquérant l'héritage limitrophe, aurait commis la fraude de faire porter dans l'acte une contenance supérieure.

Sans doute que le titre de celui qui n'a que sa quantité est aussi valable que le titre de son adversaire ; mais la loi de la nécessité veut aussi que dans une opération de bornage il y ait égalité, et que l'on assure autant que possible à chacun ce que lui attribue son titre.

Quant à l'abus, que nous ne croyons pas aussi commun qu'on le pense, le déficit que l'un des propriétaires éprouve n'est pas une preuve de mauvaise foi, de fraude, c'est souvent une marque de négligence qui, prolongée, devient préjudiciable à son tour. Et qui dit que les titres des voisins ne sont pas infectés du vice reproché? — La possession ne les purifie point. D'un autre côté, il peut y avoir erreur dans les contenances accusées par les autres titres. Dans le doute, c'est le cas de la répartition proportionnelle au prorata des quantités.

En résumé, je crois que l'on peut décider que toutes les fois que le bornage n'a lieu qu'entre quelques propriétaires seulement, le partage de la perte ne doit point être proportionnelle, par la raison que le manque de terrain peut se trouver dans des pièces de terre d'autres propriétaires plus éloignés, et qu'il serait peu rationnel de faire supporter un retranchement qui pourrait n'être que provisoire, le déficit pouvant se retrouver en tout ou en partie dans les héritages des arrière-voisins.

La doctrine de Toullier et de presque tous les auteurs ne devrait alors être comprise que pour les cas les plus généraux et ne serait point applicable à un bornage limité à deux ou trois propriétés, tandis que celle émise par Pardessus, dans sa dernière édition, et principalement celle de Curasson et Dumay serait restreinte au cas prévu, c'est-à-dire à un bornage comme nous venons de le dire, composé de deux ou trois pièces de terre; et ne serait point étendue à une opération générale comprenant dans son ensemble, un lieudit, une plaine.

Cette interprétation des deux doctrines, semblant opposées, nous paraît très-praticable.

3ᵉ **RÈGLE.** — *Contenances matérielles supérieures à celles des titres.* — *Partage proportionnel du gain.*

Les mêmes motifs semblent devoir entraîner la même solution. Il est pourtant des circonstances où celui qui possède l'excédent doit le conserver. Par exemple, un bornage est effectué avec seulement les propriétés dont les héritages sont contigues. Après les reprises opérées et attributions faites selon les titres, un des derniers propriétaires a plus que sa quantité, on ne doit point y toucher, parce que les voisins de celui-ci, avec lesquels il n'est pas borné, peuvent réclamer et faire entrer cet excédent dans une opération ultérieure.

Les mêmes observations doivent être faites quand l'opération de bornage, continuée avec des arrière-voisins, se trouve arrêtée alors qu'on retrouve les déficits.

Le partage de l'excédent ne peut évidemment avoir lieu que quand on a acquis la certitude que cet excédent ne sera jamais réclamé par qui que ce soit ; et l'on ne se trouvera jamais dans cette position que dans un seul cas, celui où l'opération est circonscrite par des limites naturelles, ou par un bornage préexistant, ayant fixé les droits des propriétaires d'au-delà.

Les auteurs n'ont point fait remarquer ces circonstances et leur manière d'être envisagées ; nous pensons cependant être dans le vrai :

Voyons ce que disent les jurisconsultes sur la question :

7***

Toullier. — Si les titres des deux voisins réunis donnaient une étendue plus grande que celle de tout le terrain, il faudrait faire une règle de proportion pour partager le profit. (V. t. 3, n° 176.)

Pardessus, 6ᵉ édition 1823, n° 123. — Si la quantité totale se trouvait plus considérable, il faudrait partager l'excédent de la même manière.

Dans la dernière édition, cette solution a subi quelques variantes pour les motifs. — Dans le cas inverse où la quantité totale serait plus considérable et où ni les titres, ni la possession ne seraient assez formels pour qu'on puisse se décider, l'excédent devrait être partagé proportionnellement. (V. t. 1, n° 123, 2ᵉ alinéa.)

Favard. — Le bornage ne peut donner plus de terrain que n'en donne le titre, par la raison qu'il n'est pas attributif, mais déclaratif des quantités. — Ainsi, par le résultat d'un arpentage (opération qui précède toujours le bornage), un des deux propriétaires contigus a plus de terrain que n'en porte les titres, mais l'autre propriétaire a tout celui que ses titres lui donne, entrera-t-il en partage de l'excédent de son voisin? Non, car cet excédent peut aussi bien provenir de l'inexactitude des énonciations du contrat, des évaluations de mesure que du fait de l'usurpation. Et puis, si cette usurpation a eu lieu, elle a pu être faite d'un autre côté. Enfin, celui qui a son contingent, n'a rien à demander à personne. (V. Rep., t. 5, v°. Servitude, § 2, n° 2.)

Duranton reproduit, sauf quelques faibles changements de rédaction, l'opinion de Favard. — Il suppose que l'excédent provient ou d'un arpentage ou d'un bornage déjà fait, et que l'excédent pourrait être le résultat d'une erreur dans l'opération. — Et celui, ajoute-t-il, qui a la contenance portée à son titre, n'a point à se plaindre, et conséquemment n'a rien à demander au-delà des bornes qui sont conformes à ce même titre. (V. t. 5, p. 243, n° 260, 6e alinéa.)

Dalloz aîné ne se prononce pas entre Toullier, Pardessus, Favard et Duranton.

Solon, adoptant la règle de la répartition proportionnelle de la perte, dit : « Si au contraire la contenance générale excédait les contenances portées par les titres, l'excédent devrait être partagé dans les mêmes proportions. (V. des Servitudes, p. 84, n° 71.)

Perrin déclare que chaque voisin doit profiter, dans l'excédent, d'une part proportionnelle.

Vaudoré a suivi cette règle dans son nouvel ouvrage paru en 1843. Chaque voisin, dit-il, prend sur l'excédent une superficie proportionnelle au terrain que lui donne son titre.

Curasson et Dumay sont contraires à l'opinion exprimée par Toullier. — Pardessus, 7e édition, Solon, Perrin et Vaudoré se rangent de l'avis de Toullier.

Voici ce que dit Curasson, au n° 20 : « S'il est reconnu que l'un des propriétaires a tout ce que lui donne son titre, et que l'autre possède un excédent et au-delà du sien, le premier ne peut être fondé à demander le partage de cet excédent; il n'a point à se plaindre puisque rien ne laisse croire qu'une anticipation ait été commise à son préjudice. »

Cependant, plus bas, Curasson donne, sans la désapprouver, l'opinion de Toullier.

Dumay doit nécessairement porter une décision conséquente avec son principe, que la position du propriétaire qui a titre et possession doit l'emporter sur celle du voisin qui n'a qu'un simple titre dénué de possession.

Aussi, dit-il, même décision dans l'espèce où l'une des parties ayant plus que son compte, l'autre aurait exactement le sien.

Il cite Curasson et Favard.

L'une et l'autre opinion doit recevoir des circonstances certaines modifications. — Si tous les arrière-voisins ont leur compte et qu'ils soient bornés, que l'excédent ne se trouve que dans une pièce de terre non délimitée avec celles contigues, le partage de l'excédent doit s'effectuer malgré la possession de cet excédent puisqu'on en ignore l'origine, et que dans l'incertitude, la simple possession annale ne doit pas prévaloir sur la raison d'équité.

Et comme nous l'avons dit d'abord des limites naturelles, un bornage certain et déterminé est suffisant pour que la règle de la répartition proportionnelle soit appliquée.

Et comme nous l'avons dit également en commençant, une opération non prolongée, faite seulement avec quelques voisins, serait inefficace et ferait prononcer en faveur du possesseur.

Souvent il arrive aussi qu'après l'opération terminée, un excédent provenant de plusieurs propriétaires soit laissé, non pas au possesseur, mais au dernier propriétaire, afin que si son voisin avec lequel il n'est pas borné, demande le bornage, ce surplus fasse partie des quantités d'une opération qui peut avoir lieu avec des propriétaires plus éloignés.

4ᵉ Règle. — *De la contenance au-delà des titres et des bornes, acquise par la prescription.*

Cette circonstance, se rencontrant encore assez fréquemment, nous avons pensé qu'elle devait trouver sa place immédiatement après les trois premiers cas que nous venons de parcourir.

La prescription n'a point toujours pour cause l'usurpation faite au détriment d'une pièce voisine, elle provient quelquefois d'anticipations sur des terrains vains et vagues : dépendances de chemins, ravins, rideaux ou d'autres accidents de terrain faisant partie du domaine public ou municipal.

Au surplus, que la prescription atteigne ou n'atteigne pas le voisin, elle vient toujours augmenter la contenance de l'héritage de celui qui l'a acquise. C'est ainsi que le législateur punit le propriétaire négligent qui, pendant un aussi long espace de temps, a laissé son voisin en possession d'une partie plus ou moins grande de sa propriété; n'ayant pas réclamé, il est réputé aussi s'être arrangé avec ce voisin.

Cependant nous dirons que la prescription en général, malgré la fiction du droit pour les cas particuliers, est réprouvée de la plupart des cultivateurs qui souvent n'en font pas usage.

C'est d'après cette impression toute louable que la question, je pense, doit être envisagée.

Tous les auteurs sont unanimes pour l'admission de la prescription aux cas donnés.

Poullain-du Parc. — Si le voisin avait possédé pendant 40 ans, au-delà de ses titres, une étendue assez considérable pour que sa possession ne pût pas être réputée clandestine, il faudrait suivre cette possession pour l'apposition des bornes. (V. t. 8, p. 28, n° 9.)

Pothier. — Cela (la reprise) souffre exception dans le cas auquel le voisin aurait une possession trentenaire de ce qu'il a de plus que sa contenance portée par ses titres; cela est décidé par la loi dernière au code. *Fin. reg.* (V. appendice, p. 255, n° 233, 4° alinéa.)

Toullier. — ... Les titres respectifs font la règle, à moins que par une possession..... trentenaire, l'un des voisins n'ait prescrit au-delà de ses titres; car, si l'on ne peut prescrire contre son titre, on peut prescrire outre son titre, ou au-delà de son titre. (T. 3, n° 175.)

Pardessus. — ... Celui qui possède, même au-delà de ses titres, depuis le temps requis pour prescrire, a droit d'être maintenu dans la propriété de cet excédent;.... ce n'est point là ce que l'on peut appeler prescrire contre son titre : cet axiôme de droit s'entend, suivant l'article 2240, en ce sens que nul ne peut changer la nature et l'origine de sa possession, et l'on ne doit pas confondre ce qui est de l'essence du titre avec ce qui est accident. Celui qui a acheté un fonds indiqué de la contenance d'un arpent, peut, par la prescription, étendre son droit jusqu'à deux ou plus, parce que la nature et l'origine de son droit ne changent pas. Celui qui aurait vendu un terrain peut ensuite acquérir tout ou partie de ce même terrain par la prescription contre celui à qui il l'avait vendu.

A ces auteurs on peut ajouter Fournel, Rolland de Villargues, Duranton, Perrin, Vaudoré, dans ses deux ouvrages : droit rural et droit civil des justices de paix.

Dalloz aîné a embrassé également le sentiment de tous ces auteurs ; alors même, dit-il, qu'il existe des titres, l'une des parties peut demander à ce que le bornage soit fait d'après la possession qui lui donne plus que n'indiquent les titres. Les auteurs anciens et modernes reconnaissent que si l'on ne prescrit pas contre son titre, on peut, par une possession de 30 ans, prescrire outre son titre ; c'est la doctrine de Pothier, du nouveau Denisart, Dunod, Bannelier, Legrand, Delaurières, Brodeau, et de Pardessus, Toullier et Duranton. (V. V^{is} Servitudes bornage, n° 16.)

Le principe de la prescription une fois admis (et il ne pouvait être contesté, parce que le titre n'est point un obstacle à la possession d'un espace de terrain en outre de ce qu'on a déjà), il semblerait que son application ne devrait faire naître aucune difficulté, mais il n'en est point ainsi.

Beaucoup d'auteurs, se fondant sur une disposition de loi romaine, rejettent la prescription pour quelques parcelles de terrain qui ne s'incorporent que par une voie détournée successivement et insensiblement à chaque labour, et qui, dès lors,

devient clandestine , et ils n'admettent la prescription que pour un espace plus considérable.

Voici ce que disent les auteurs :

Poullain-du Parc. — On peut mettre au nombre
des possessions clandestines, l'anticipation faite par
celui qui laboure la portion d'une pièce de terre,
lorsqu'il n'y a ni séparation, ni bornes placées
entre sa portion et celle de son voisin ; de pareilles
anticipations sont très-difficiles à apercevoir, à
moins qu'elles ne soient considérables ; aussi dans
tous les temps et nonobstant une très-longue possession , le retour aux titres doit avoir lieu......
Mais pour peu que l'anticipation soit considérable,
la possession ne pourrait pas être réputée clandestine et la prescription de 40 ans aurait lieu. (V. t.
6 , p. 245 , n° 22.)

Ailleurs, au t. 8 de l'action de bornage, l'auteur
dit que les règles qu'on doit suivre pour cette opération sont nécessairement différentes suivant les
droits et les titres des parties, et ajoute qu'il ne
répètera pas ce qu'il a dit sur les anticipations peu
considérables qui n'opèrent qu'une possession clandestine , incapable de produire une prescription.

Toullier. — ... Il faut que la possession soit
bien caractérisée et qu'elle ne puisse être réputée
clandestine ; on réputerait telle une légère anticipation faite en labourant la portion d'une pièce de
terre où il n'y a pas de bornes, ou lorsque les
bornes ne sont plus apparentes. Il est difficile
d'apercevoir une pareille anticipation à moins
qu'elle ne soit considérable. (T. 5 , n° 175.)

Pardessus. — La possession..... ne doit être ni
incertaine ni équivoque. Telles seraient les antici-

pations presqu'insensibles que les voisins font res-
pectivement sur leurs héritages limitrophes et
de même culture lors du bornage, du sciage des
blés ou des fauchaisons. Elles sont très-difficiles à
apercevoir à moins qu'elles ne soient considérables,
et ne doivent point tirer à conséquence pour la
prescription. La possession que l'on acquiert à leur
faveur ne doit commencer à courir que du jour de
la contradiction. Elle est équivoque, et on peut
dire presque clandestine, parce qu'il est difficile de
bien se rappeler chaque année jusqu'à quel point
précis on a prolongé ses sillons, ou fauché l'année
précédente : quelques sillons peuvent être usurpés
par le voisin, sans que le propriétaire s'en aper-
çoive. (V. t. 1, p. 516, n° 126.)

Dalloz aîné. — « Pour que la possession puisse
être opposée, il faut qu'elle ne soit point équivoque,
ni clandestine. Ainsi on considérerait comme clandestine et ne donnant pas lieu à la prescription,
une légère anticipation faite en labourant ou en
fauchant une pièce de terre où il n'existe point de
bornes. De pareilles anticipations sont trop difficiles
à apercevoir pour qu'on s'y oppose. Pardessus et
Toullier énoncent et développent cette proposition
conformément à la doctrine des anciens auteurs
français. (V. v^{is} *Servitudes*, 18.) »

Il existe un arrêt de la cour royale de Paris, du
28 février 1821, qui adoptant l'ancienne jurisprudence, rejette la prescription trentenaire pour
les anticipations successives et graduelles. — On y
lit, entre autres motifs, ceux-ci : Considérant que
les usurpations de terre qui se font graduellement
en labourant sont presque toujours imperceptibles

et ne donnent lieu qu'à une possession clandestine;
qu'une pareille possession, quelque longue qu'elle
soit, ne peut jamais faire supposer, de la part du
propriétaire, l'abandon de ses droits, et servir de
base à la prescription; que la preuve testimoniale
d'une pareille possession ne pourrait jamais être
concluante, parce qu'en raison de la clandestinité
de cette possession, les témoins ne pourraient en
avoir connaissance et attester sa continuité.

Les auteurs ont approuvé cette jurisprudence.
On peut consulter, outre ceux que nous avons déjà
cités, Fournel, le droit rural de Vaudoré, Rolland
de Villargue, Solon, Perrin et Vaudoré, droit civil
des juges de paix.

Une possession ainsi acquise est qualifiée par les
jurisconsultes de furtive et de clandestine, ne réunissant point les conditions exigées par la loi pour
constater une véritable possession acquisitive, ou
plutôt engendrant la prescription légale.

La clandestinité cessant, le principe général de
possession ayant la durée voulue par la loi doit reprendre son empire. En effet, le propriétaire voisin
ne peut plus ignorer les usurpations graduelles et
insensibles effectuées sur sa propriété; la loi ne
doit donc plus protéger sa négligence.

C'est là la conséquence qui doit être déduite
des motifs présentés par les auteurs à l'appui de
leur décision exclusive de la prescription.

Quels peuvent être alors les signes qui doivent
faire cesser la clandestinité de la possession, et la
présenter entourée de la certitude, de la publicité,
et la faire considérer comme paisible, sans trouble
ni opposition ?

Ces signes sont ordinairement un rideau, un buisson, une haie, un rocher, un arbre, un ravin, un chemin, une rivière, des bornes territoriales, ou même des bornes ordinaires séparatives des champs voisins, et une foule d'autres accidents de terrain qui peuvent se présenter dans le cours d'une opération, dépendant des localités et offrant des démarcations plus ou moins sensibles.

C'est sous cet aspect que la question a été vue par Curasson.

La prescriptions serait aussi un moyen de terminer ce genre de difficulté; mais ici la possession n'est pas aussi facile à établir qu'en matière de revendication, où s'agissant d'un héritage déterminé, la possession suffisante pour prescrire s'est annoncée par des faits patents et qui se prouvent aisément, tels que la culture et la récolte des fruits d'une pièce d'héritage. Quand il ne s'agit, au contraire, que d'anticipations d'une partie de tel champ, de tel pré, ces anticipations sont censées n'avoir eu lieu que successivement et d'une manière imperceptible; la preuve qu'elles existent depuis plus de trente ans serait donc inadmissible, à moins que des indices certains et reconnaissables, tels qu'un buisson, un fragment de haie, un rocher, un arbre ne puissent servir à attester le point extrême où la culture s'est arrêtée constamment. En l'absence de ces signes, comment des témoins pourraient-ils déposer, d'une manière impartiale et sans erreur, et le juge statuer en parfaite connaissance de cause? Dans ce cas, on ne peut que s'en rapporter aux titres et aux preuves indiquées, ou s'en tenir à la possession actuelle à défaut de tous autres documents. (V. t. 2, comm. sur l'art. 6, n° 4, 5° alinéa.)

On doit regretter que M. Troplong, qui a su allier à l'étude des textes une haute philosophie, et rendre à la science du droit une nouvelle splendeur, ne se soit pas rangé de l'avis, sinon des anciens jurisconsultes, mais au moins des nouveaux, qui ont apporté à l'ancienne doctrine quelques modifications amenées par le temps.

M. Troplong a jeté quelque critique sur l'ancienne jurisprudence et surtout sur l'arrêt du 28 février 1821, dont il a examiné les motifs. Il a pensé que cette jurisprudence était par trop exclusive et qu'il fallait au moins attendre le résultat des enquêtes et non pas décider d'une manière absolue que les anticipations devaient toujours être considérées comme faites graduellement et imperceptiblement.

La partie opposant la prescription articulait que depuis trente ans elle possédait publiquement et paisiblement six verges de plus que la contenance indiquée aux titres; c'était, dit M. Troplong, offrir de justifier que les usurpations avaient précédé le point de départ de la prescription, et assurément rien n'était plus pertinent que de telles conclusions. Cependant le tribunal et la cour ont raisonné comme si les usurpations avaient eu graduellement lieu pendant trente ans.

M. Troplong, présumant qu'un des motifs déterminant pour les juges était la difficulté d'arriver à la preuve, explique que les cultivateurs ont souvent des moyens de reconnaître leurs jouissances respectives.

Les cultivateurs, dit-il, ont ordinairement sur

les limites des données positives, un buisson, un fragment de haie, une pierre, un arbre, un alignement, un point quelconque de repère, peuvent indiquer le point extrême où la culture s'arrête depuis trente ou quarante ans; et dans ce cas, la prescription doit faire maintenir ces limites, quand même elles seraient hors des contenances fixées par les titres. Le parti le plus prudent est donc d'admettre le résultat des enquêtes. Si elles déposent d'une possession continue, publique, dans des limites connues depuis plus de trente ans, il ne faudra pas hésiter à se prononcer en faveur de la prescription, quand même le terrain disputé serait de peu d'importance; l'on n'écoutera pas surtout le propriétaire voisin qui prétendra qu'à raison de l'exiguité de la parcelle, l'usurpation a échappé à sa surveillance, et qu'ainsi la possession manque de publicité; on ne saurait en effet transformer en acte clandestin une jouissance qui s'est produite au grand jour, et ce serait tout renverser que de mettre sur le compte de la ruse d'autrui la négligence dont on s'est rendu coupable envers soi-même. Mais si les témoins ne peuvent indiquer depuis combien de temps les anticipations ont eu lieu; s'ils laissent croire que pendant trente ans ils se sont avancés d'une manière lente, occulte, imperceptible, on rejetera la prescription et l'on s'en référera aux énonciations contenues dans les titres. (V. des Prescriptions, t. 1, n°s 352, 353 et suiv.)

Dumay pense que la preuve offerte de la prescription trentenaire ne doit point être admise; dans tous les cas, elle aurait des dangers.

Ainsi, dit-il, quand il s'agira de faibles portions

de terrain, de quelques sillons, par exemple, réunis au moyen d'anticipations successives et pour ainsi dire imperceptibles, nous ne pensons pas que la preuve trentenaire doive être admise par les tribunaux, parce que, quand elle serait faite, elle ne devrait inspirer aucune confiance à raison de l'impossibilité où seraient les témoins de se rappeler que, pendant le laps si long de trente années, les choses ont toujours été dans l'état où on les voit actuellement...... Mais il en serait autrement s'il s'agissait d'une portion notable de terrain distrait en une seule fois de l'un des héritages pour être réunie à l'autre, ou si même s'agissant d'une parcelle d'une faible étendue, elle se trouvait séparée par des arbres, des portions de haie, des fragments de rocher, en un mot, par quelque chose d'apparent qui indiquât jusqu'où, pendant les trente années, s'est constamment étendue la possession. Alors d'une part les témoins ont un point fixe, de l'autre, le voisin auquel on oppose la prescription a eu un moyen facile de reconnaître et ne peut être présumé avoir ignoré l'empiètement commis sur le fond..... (V. Appendice, n° 55.)

Armand Dalloz, 5° supplément au dictionnaire, approuve la distinction de Dumay, dont il cite l'opinion, sauf quelques changements dans les termes.

C'est avec beaucoup de réserve, de circonspection, qu'il faut admettre la prescription dans le cas actuel qui nous occupe, et l'on doit tenir pour très-prudente et la suivre, l'opinion émise par Curasson, Dumay et Dalloz jeune. M. Solon, dans son traité des servitudes, est du même sentiment.

Il ne faut pas cependant, dit-il, admettre avec trop de facilité une pareille possession, et l'expérience a démontré que l'absence de toutes bornes rendait bien difficile la preuve d'une possession contraire au titre. Il ne suffit donc pas que les témoins se bornent à dire que telle partie a joui jusqu'à tel point de la propriété contiguë; il est indispensable qu'ils fassent connaître le fait qui a déterminé leur conviction; il est nécessaire que le juge puisse voir dans la déclaration des témoins le fait matériel sur lequel repose la certitude du témoignage, et qui a empêché le témoin de prendre une ligne pour une autre. Par exemple, il faut que le témoin puisse dire : tel jouissait jusqu'à tel arbre, jusqu'à l'alignement de telle muraille, jusqu'à un banc de pierre, etc., etc. Si les dépositions n'ont pas un caractère de certitude ainsi appréciable pour tous, la preuve ne saurait être concluante. Cela est d'autant plus juste, que si la *possession ne se trouve pas indiquée et limitée, on peut la considérer comme clandestine.* C'est ainsi que la cour royale de Paris l'a fort justement décidé par son arrêt du 28 février 1821. (V. n° 74.)

M. Solon, en parlant des témoins dans cet article, n'entend point assurément que les faits articulés doivent être admis sans examen de la part du juge; si, comme dans l'arrêt cité ils lui paraissent clandestins, il en rejetera la preuve.

En résumé, on peut décider que toutes les fois qu'une des parties oppose la prescription trentenaire, il faut qu'elle précise les faits sur lesquels elle prétend fonder sa demande; qu'il ne suffirait pas de dire que depuis plus de trente ans, on possède une quantité de..... excédant les titres de propriété, qu'il faut au contraire établir, indiquer comment la possession s'est opérée.

Ainsi, on pourra considérer comme règle certaine le cas de signes, d'indices établissant que la possession a dû être publique, et réunir toutes les conditions de la loi.

On décidera alors qu'en plaine, s'il n'existe aucun signe, la prescription n'aura pu être que clandestine.

Dans tous les autres cas, la demande afin de preuve basée sur des circonstances résultant de la situation des lieux sera toujours accueillie, et l'on attendra le résultat de la preuve offerte.

C'est ainsi, ce me semble, que peut être restreinte dans des limites toutes rationnelles la prescription trentenaire.

Peut-on prescrire au-delà des bornes ?

D'après la distinction exacte qui a été admise par tous les jurisconsultes, entre les terrains dépourvus de tous signes et indices et ceux où il en existe, et pouvant légitimer la prescription, on doit conclure, en général, que lorsqu'il existe des bornes, ces signes délimitatifs doivent au moins produire les mêmes effets. Toutefois, il semblerait que ces signes, contradictoirement placés, pour faire connaître les droits de chacun, devraient imprimer assez de respect pour ne les point franchir et aller usurper le bien d'autrui.

Les auteurs admettent généralement la prescription dans ce cas.

Poullain du Parc. — S'il y a des bornes placées entre les deux portions, l'anticipation ne peut plus être réputée clandestine. Ainsi la possession constante pendant quarante ans opérerait la prescription. (V. t. 6, liv. 3, ch. 17, n° 23.)

Toullier, n° 175, en réputant clandestine la possession d'une légère anticipation d'une pièce de terre où il n'y a pas de bornes, ou lorsque les bornes ne sont plus apparentes, reconnaît par cela seul que la possession deviendrait utile au cas contraire d'existence ou apparence de bornes.

Pardessus. — Il importe peu qu'il existe des bornes anciennes ou des limites certaines ; la prescription qu'on peut opposer contre des titres l'emporte, à plus forte raison sur des signes qui ne sont que des présomptions. Il est naturel de croire que la possession trentenaire résulte d'échange dont les actes ont pu disparaître, ou de conventions verbales que cette exécution pendant trente ans a précisément pour objet de sanctionner. (V. les éd. 7 et 8, n° 124, 5ᵉ alinéa.)

Favard, *in fine* du § 2 du bornage dit (en parlant de la prescription trentenaire) : s'il n'y a pas de bornes, elle (la possesion) en fixera la place ; s'il y en a eu, elle les aura dépassées : l'étendue du domaine devra être définitivement motivée sur l'étendue de la possession. (V. rép. serv.)

Duranton. — La possession du terrain pendant le temps requis pour la prescription assurerait aussi, depuis le bornage comme auparavant, la propriété du terrain possédé à celui qui le posséderait. S'il y avait des bornes, on les maintiendrait ; s'il n'y en avait pas, la possession servirait à déterminer le lieu où il en devrait être planté. Dans les deux cas, elle donnerait toujours les véritables limites, art. 2362. (V. t. 5, n° 260, 3° alinéa.)

Dalloz aîné. — Remarquez que la possession de trente ans donne droit à ce qui excède le titre, alors même qu'il existe des bornes anciennes ou des limites certaines; car ce ne sont que des présomptions qui doivent céder à la prescription, opposable même à des titres positifs. C'est aussi l'opinion de Duranton, Favard, Pardessus et Delvincourt. (V. v^is serv., n° 17.)

Voici comment s'exprime Dumay sur la question : — Dans l'ancienne jurisprudence, on tenait assez généralement pour constant que l'on ne pouvait prescrire au-delà des bornes, parce que, selon certains auteurs, *perpetuò clamant, hic ager meus est, ille tuus.* Nous pensons au contraire que, de même que l'on peut prescrire une contenance supérieure à celle portée dans les titres, on peut aussi prescrire au-delà de ses bornes; et qu'en outre, lorsque les bornes sont apparentes, elles rendent admissibles la preuve de possession, et par suite, la prescription d'un certain espace de terrain situé au-delà, qui, sans cette circonstance, n'eût pu être acquis par ce moyen. Si des témoins venaient, en effet, déclarer que, pendant trente ans, ils ont vu un propriétaire tracer plusieurs sillons au-delà de ses bornes, de telle sorte que celles-ci étaient toujours, non à la limite de son champ, mais au tiers ou au quart de sa largeur, leur déclaration serait vraisemblable et devrait inspirer la plus grande confiance, parce que le souvenir du fait qu'ils attesteraient se rattacherait à quelque chose de fixe et qu'ils ont dû remarquer en raison même de la singularité. (V. appendice, à Curasson, n° 56.)

Arm. Dalloz le décide ainsi : Peut-on, dit-il, prescrire au-delà des bornes contradictoirement posées entre les parties? D'après cet auteur, on n'en avait pas le droit dans l'ancienne jurisprudence, par la raison que les bornes, dans la pensée des auteurs, *perpetuò clamant.* — Malgré, ajoute-t-il, tout ce qu'il y a de juste dans cette doctrine; malgré la conséquence illogique que présente la théorie, qui permet à un propriétaire, après avoir posé lui-même la limite de son héritage, de transgresser les bornes et de pouvoir prescrire au-delà. Il pense que l'opinion contraire doit être suivie sous notre législation. (V. Dictionnaire général, v° *Servitude,* n°ˢ 212-215, § 21-31.)

L'ancienne jurisprudence, comme l'on voit, était éminemment morale; nous conseillons de n'en point rejeter loin de soi la doctrine. Si les moindres doutes s'élèvent sur la fixité des bornes, la demande afin de prouver que l'on a acquis au-delà de ces bornes ne devrait point être admise.

En effet, le propriétaire qui prend cette voie pour commettre des usurpations sur son voisin, a recours à un moyen, c'est le déplacement des bornes. Une faible anticipation a-t-elle lieu, vite, et de nuit, on place les deux bornes à la nouvelle limite qu'on s'est donnée à soi-même, ruse très-coupable et qui entraînerait à des poursuites correctionnelles, si le temps souvent n'avait pas déjà prescrit toute poursuite.

Une semblable possession, fût-elle trentenaire, ne présente rien moins de certain, puisque les usurpations étaient graduelles ; le prétendu point fixe se trouve des plus variables.

Dans ce cas, s'il existe un procès-verbal du bornage, et que la distance de borne à borne ait été prise, il sera facile de vérifier si les bornes ont varié.

5e Règle. — *Prescription décennale de quantité contenue dans un juste titre.*

La prescription décennale puise son principe dans l'art. 2266 du code. Celui, porte cet article, qui acquiert de bonne foi et par juste titre un immeuble en prescrit la propriété par dix ans.....

Si la propriété, le *dominium* se trouve consolidé par un laps de temps déterminé, à plus forte raison la contenance qui n'est pas absolument essentielle à l'acte doit-elle l'être.

Mais comme il s'agit de prescription, il faut nécessairement que la possession soit conforme au titre en vertu duquel on possède.

Il n'y a cette différence entre la longue prescription trentenaire avec la prescription décennale, que le titre qui abrège la durée du temps ; car, dans l'un et l'autre cas, pour prescrire, il faut posséder : la prescription décennale a donc besoin des mêmes conditions.

Pour prouver que l'on a une possession conforme à son titre, il faut des circonstances matérielles résultant de la situation des lieux, pouvant établir que l'on a possédé depuis tel point jusqu'à tel autre point.

C'est ainsi que l'a interprété notre collègue de l'Oise, M. Frion, en disant que la prescription ne peut être invoquée que par celui qui possède depuis dix ou vingt ans, par juste titre et bonne foi, ou depuis trente ans..... Mais on sent qu'il n'est possible de faire la preuve de cette possession que lorsque, par exemple, la ligne de séparation actuelle des héritages se dirige sur des points invariables, ou qu'elle est très rapprochée d'anciens arbres.....

Dumay traite la question dans son appendice, sous le n° 57. — Il cite d'abord Pothier comme ne reconnaissant, en fait de contenance, que la prescription trentenaire qu'il base sur le droit romain, qui assimilait à l'usucapion la possession décennale. — Cette différence n'existant pas dans notre droit, Dumay en conclut qu'elle doit être admise en matière de bornage comme en matière de revendication; il énonce deux circonstances dans lesquelles elle peut être invoquée : par celui qui jouit actuellement et depuis dix ou vingt ans d'une contenance égale à celle énoncée dans son acte d'acquisition, mais à qui on opposerait des titres antérieurs indiquant une contenance beaucoup moindre; par celui qui a joui, mais qui a perdu sa jouissance depuis moins de trente ans. — Ensuite il rapporte deux espèces qu'il considère comme faisant exception à la règle : pas de possession conforme aux titres, pas de prescription décennale. C'est celle où le fonds aurait été vendu en tant que corps certain, comme un bois, une vigne, un étang, un oseraie, sans autre désignation de contenance. C'est au corps d'héritage que s'applique le titre, plutôt qu'à sa contenance.

La seconde espèce est relative à un héritage clos de murs, de haies, de fossés, ou sur le périmètre duquel existerait un ruisseau, un sentier, un ravin, des arbres, des rochers, des murées, etc. Après dix ou vingt ans de possession de la part de l'acquéreur, il serait impossible au voisin de vouloir outrepasser ces signes apparents, quoiqu'il eût une contenance inférieure aux énonciations de ses titres, et que l'acquéreur du fonds ainsi déterminé eût une contenance supérieure à celle indiquée dans son acte d'acquisition.

Ces espèces pourraient êrre contestées sous certains rapports; les circonstances dans lesquelles les parties sont placées en peuvent faire dépendre la solution.

6ᵉ **Règle.** — *Absence de titres.* — *Documents pouvant y suppléer.* — *Possession annale.*

Lorsque les parties ne représentent aucun titre, soit parce qu'il n'y en a jamais existé, soit parce qu'ils ont été perdus, il faut bien recourir à des renseignements qui, sans être des preuves, peuvent mettre sur la trace de ce que pouvaient être dans un temps les propriétés à délimiter.

Ici il ne s'agit point de donner, de présenter des preuves de la propriété, mais bien des contenances, ce qui n'est pas du tout la même chose. Ce n'est point la propriété qui est en jeu, mais seulement les contenances.

La loi romaine porte : *In finalibus quæstionibus vetera monumenta, et censûs autoritas antè litem inchoatam ordinati sequenda est, si modò non varietate successionum et arbitrio possessorum fines, additis, vel distractis agris, posteà permutatos probetur.* **L. xi, fin. reg.**

Dans les questions de limites, les anciens monuments et l'autorité du recensement avant le procès commencé à être instruit, doivent être suivis, pourvu qu'il ne soit pas prouvé que les bornes ont été postérieurement déplacées par le changement des successions et par la volonté des possesseurs, les champs ayant été ajoutés ou distraits.

Il n'est pas interdit aux juges, dit Pardessus, d'employer, pour lever l'incertitude et reconnaître les véritables droits des parties, d'anciens procès-verbaux d'arpentage, des cadastres, des plans non suspects, à défaut de renseignements plus exacts.

La possession, qui l'emporte sur les titres lorsqu'elle a duré le temps fixé par la loi, doit à plus forte raison, dans cette circonstance, décider en faveur de celui qui l'invoque, s'il n'existe point de titres capables de déterminer l'étendue des deux propriétés contigues, ou au moins de l'une d'elles. Alors il n'est pas indispensable que cette possession ait duré le temps nécessaire pour prescrire. Le seul fait de son existence pendant un an, sans trouble, établit, suivant l'art. 2230 du code civil, en faveur de celui qui l'invoque, une présomption légitime dont l'effet ne peut être détruit que par un titre ou une possession antérieure d'une durée équivalant à un titre. (V. t. 1, n° 127.)

Dalloz aîné est encore plus positif. — En l'absence de titres, et dans l'incertitude sur l'étendue des propriétés respectives, les juges peuvent con-

sulter des procès-verbaux d'arpentage, des cadastres, des plans; la possession doit les décider,
si elle existe en faveur de l'une des parties. Remarquez qu'il n'est pas nécessaire qu'elle dure
trente ans, comme lorsqu'il s'agit d'acquérir au-
delà du titre; le fait de la possession annale est
suffisant; c'est une présomption qui ne cède que
devant un titre. La possession sert aussi à faire attribuer la préférence au cas de différence dans les
titres. A défaut de possession, si les titres ne déterminent pas l'étendue respective des parties, on
partage par moitié. (V. v^{is} *servit.*, art. 2, n° 19.)

Curasson, après avoir établi qu'en matière de
bornage les principes ne peuvent exiger des preuves
aussi claires, positives et formelles que pour la revendication, décide que non seulement les titres
positifs, mais les anciens vestiges, les livres d'ar-
pentement, les simples énonciations, même celles
qui ne se trouveraient renfermées que dans des
titres étrangers aux parties, les témoins qui déposent de ce qu'ils savent et de ce qu'ils ont
entendu dire, jusqu'aux présomptions, tous les
genres de preuves peuvent être admis pour fixer une
ligne de délimitation. Le cadastre, d'anciens procès-
verbaux d'arpentage, des plans non suspects, peuvent aussi être employés à défaut de renseignements
plus exacts, pour lever l'incertitude et fixer la
limite des héritages. (V. t. 2, p. 325, n° 4.)

Dumay nous paraît avoir le mieux précisé les
documents pouvant servir dans les opérations de
bornage.

Dans les opérations de bornage, on peut avoir
égard, dit cet auteur, à des documents qui n'ont

pas précisément le caractère de titre, c'est-à-dire qui ne sont pas *causæ idoneæ ad transferendum dominium*, et qui, par conséquent, ne pourraient pas servir de base à une demande en revendication, tels que des terriers, des plans, des déclarations aux états de section, le cadastre, des déclarations de fermier, etc. Si les documents sont anciens et non suspects, et que la jouissance actuelle soit conforme, ils équivalent à un titre et peuvent même l'emporter sur les titres proprement dits produits par les voisins, mais qui ne sont pas appuyés de possession. Il en est de même de simples énonciations renfermées, soit dans les titres des parties, soit dans des actes qui leur sont étrangers, et qui peuvent être admises dans un bornage, quoiqu'elles dussent être rejetées des autres instances pétitoires comme n'étant pas suffisamment probantes. (V. appendice, n° 31.)

Au n° 43, Dumay pose la question et pense que lorsqu'aucune des parties n'a de titres ou que les titres produits n'indiquent pas la contenance et sont par conséquent insignifiants, il faut distinguer le cas où il y a possession déterminée, celui où l'étendue de chaque possession est indécise.

Que quand la possession est précise, il est évident qu'elle doit seule servir de base à l'opération, puisque le propriétaire qui voudrait obtenir une contenance supérieure à celle dont il jouit, n'aurait rien pour justifier sa prétention et pour forcer son voisin à lui céder une partie de son héritage, il y aurait, en ce cas, parité de droits.

Que si un des propriétaires prétendait n'avoir été privé d'une partie de sa contenance que depuis un certain temps, il pourrait se faire réintégrer dans cette portion par la voie de possession, si l'anticipation remontait à moins d'un an et qu'il eût une possession annale et caractérisée antérieure.

Que si l'étendue de la possession de chaque voisin était incertaine et qu'il n'y eût pas de documents pour la fixer, il faudrait partager par moitié. A l'exception de certains biens communaux qui, aux termes de la loi du 10 juin 1793 et aux avis du conseil d'Etat des 20 juillet 1807 et 26 août 1808, doivent être divisés proportionnellement au nombre de feux.

S'il n'y a de titre ni de part ni d'autre, la possession, même annale, fait la règle, dit Perrin d'après Toullier.

C'est pour ce cas où la possession annale est éminemment utile et doit être invoquée avec certitude, rien ne venant contredire cette possession.

Tous les auteurs qui ont écrit avant la loi du 25 mai 1838 sur les justices de paix, et les commentateurs de cette loi, ont tous rappelé cette règle posée par Toullier, que s'il n'y a de titre de part ni d'autre, la seule possession doit faire la règle.

M. Frion distingue entre les documents et la possession, il en fait deux règles séparées. A défaut de titre, dit-il, on doit avoir égard aux anciens baux, aux anciens états de section ; on doit aussi consulter les anciens plans et procès-verbaux d'arpentage.

En l'absence de documents, c'est la possession respective qui doit servir de règle.

7° Règle. — *Quelques propriétaires ont des titres et d'autres pas. Application des titres.*

Toullier donne la règle de ce cas : si l'un a des titres qui fixent l'étendue de sa portion pendant que l'autre n'en représente pas, les titres doivent servir de règle; c'est-à-dire que l'on doit d'abord fournir à ceux qui ont des titres leur quantité, et laisser ce qui reste à ceux qui n'en ont pas. Telle est la conséquence qui doit être déduite du principe que ce sont les titres qui doivent faire la règle.

Aussi tous les auteurs, à l'exception de Dumay, sont-ils unanimes sur ce point.

Le répertoire du notariat enseigne d'abord que, entre deux titres, l'un d'une contenance positive et l'autre d'environ, il faut faire au premier sa mesure. Il ajoute au n° 47 : à plus forte raison, si l'un a des titres qui fixent l'étendue de sa portion, il faut faire la mesure énoncée aux titres.

Vaudoré, droit civil des juges de paix, le décide ainsi au n° 18 : si l'un des propriétaires a des titres qui determinent d'une manière claire et positive l'étendue de la parcelle et que l'autre n'en ait pas, ou qu'en ayant, la contenance y soit exprimée d'une manière équivoque, le premier doit obtenir toute l'étendue portée dans ses actes, à moins que la prescription n'y ait apporté des modifications.

Dumay pose ainsi la question : d'après quelles bases doit-on opérer, lorsque celui qui a un titre n'a pas sa contenance?

Il approuve l'opinion de Bannelier, qui s'élève

contre l'ancienne jurisprudence qui, malgré la prescription trentenaire du voisin, attribuait au titre toute sa contenance. Il rapporte ensuite la décision de Pothier en matière de revendication.

L'hypothèse de Pothier repose sur deux circonstances : possession antérieure au titre du revendicant, et possession postérieure. La production d'un titre, dans le premier cas, ne suffit pas ; il faut prouver que l'auteur, le vendeur était lui-même propriétaire, parce qu'on ne peut se faire un titre pour un héritage que le vendeur lui-même ne possédait pas. Le possesseur alors est présumé plutôt possesseur que le vendeur qui ne peut rien justifier contre le possesseur. — Mais le titre du revendicant est suffisant, lorsque ce titre est antérieur à la possession. Le vendeur est alors présumé avoir été le possesseur et le propriétaire de l'héritage, et comme tel avoir transmis possession et propriété.

Dumay fait encore observer, à l'égard de cette dernière décision, que l'application n'en doit être faite que dans le cas où le déficit de contenance, par rapport au titre d'un fonds borné et clos, se trouve dans l'héritage du voisin qui n'a pas de titre ; autrement, ajoute Dumay, le déficit aurait pu être usurpé, non par lui, mais par les autres voisins. — En cas de doute, le possesseur doit être maintenu s'il a possession annale.

Dumay termine par deux cas, contenance égale ou supérieure au titre. Il décide que les parties ne peuvent rien se réclamer ; le possesseur sans titre n'a rien à demander au-delà de sa possession, comme le possesseur avec titre n'a rien à réclamer.

Nous ne croyons pas que les principes de la revendication proprement dite soient applicables dans toute leur rigueur aux répartitions de terrain en matière de bornage, où il suffit que chacun n'ait pas sa quantité pour qu'elle lui soit faite.

On conçoit que quand on réclame une propriété sans en avoir jamais eu la possession, on doive remonter à l'origine de cette possession et exiger que le revendicant prouve que son auteur avait des droits à cette propriété, et que le titre paraisse alors insuffisant; mais quand le voisin ne représente pas de titres, toutes les fois qu'il n'a pas la possession trentenaire équivalant à un titre, il ne peut se refuser à parfaire la quantité réclamée par le propriétaire qui a un titre.

Nous préférons la doctrine admise par tous les auteurs, que celui qui représente un titre doit être fourni avant celui qui n'en représente pas, mais qui a une possession même annale; parce que cette dernière possession, quoique légale, ne peut détruire un titre, et que, nous le répéterons, en fait de bornage, les titres font la règle, et la possession l'exception.

Perrin, résumant l'opinion des auteurs, dit, sous le n° 208 : si l'un des voisins avait quelque titre contraire à la possesion de l'autre, la simple possession *annale* de celui-ci ne l'emporterait pas; il faudrait que cette possession se fût prolongée jusqu'à trente ans, et alors il y aurait prescription de la propriété en faveur du possesseur.

8ᵉ Règle. — *Contenance indéterminée.*

Il arrive souvent que dans des actes anciens et même nouveaux, reçus par notaires ou sous seing privé, les contenances se trouvent exprimées d'une manière incertaine; le mot *ou environ* y est souvent employé.

L'expression seule indique assez que la contenance énoncée doit être fort peu, en deçà ou au-delà, diminuée ou augmentée.

Ce cas a été prévu par Pothier, non pas à l'endroit où il indique quelques règles de bornage, mais à la vente.

« En déclarant la contenance d'un héritage, on ajoute quelquefois les termes *ou environ;* par exemple : 5 arpents de vigne, ou environ; 100 arp. de bois, ou environ, etc. — Le sens de ces termes est que le vendeur ne sera pas tenu du défaut de contenance, lorsque ce défaut sera peu considérable; par ex. : si, sur 5 arpents, il ne manque que 8 ou 10 perches, car 5 arpents, à si peu de chose près, sont vraiment 5 arpents ou environ; mais si le défaut était considérable, comme si, sur les 5 arpents, il s'en manquait d'un demi arpent, les termes *ou environ* n'empêcheraient pas que le vendeur ne fût tenu du défaut de contenance (V. Traité du contrat de vente, t. 1, p. 267.) »

Troplong pense que la clause *ou environ,* n'est pas suffisante pour dégager de l'obligation imposée par l'art. 1619 c. c. Mais quand le déficit est d'un vingtième ou au-delà, on sort du cercle des *à peu près*, et l'art. 1619 doit être appliquée. — C'est ce que décidaient, dans l'ancienne jurisprudence, Henry et Bourjon ; ils pensaient que par cette restriction, le vendeur devait fournir, à un trentième près, la quantité marquée par le contrat. Par le code, la quotité seule a changé ; mais l'opinion de ces auteurs reste intacte, car l'art. 1619 a été rédigé sous cette influence. (V. comm. de la vente, t. 1, p. 543, n° 340.)

Dumay et Arm. Dalloz rappellent que l'expression *environ*, qui accompagne souvent l'énonciation ou l'indication de la contenance, comporte, d'après les auteurs et notamment Troplong, une latitude d'un vingtième en plus ou en moins.

Faisant application de ces principes aux attributions de quantité, on décidera que celui qui produit un titre d'une contenance certaine, parfaitement déterminée, doit d'abord être fourni de toute sa quantité, et que le titre à contenance indéterminée ne reçoit qu'après ce dernier.

C'est ainsi que l'enseigne Pardessus. Si le titre de l'un lui attribuait une quantité déterminée sans équivoque, et que l'autre n'en eût qu'une environ, ce serait au premier qu'il faudrait d'abord accorder la mesure indiquée par son titre.

Les auteurs qui ont adopté ce sentiment, ne disent pas que si, la mesure faite au premier, il ne reste pour le second qu'une quantité très-inférieure, on devra avoir égard à la disposition de l'art. 1619, et ne diminuer la contenance du second que d'un vingtième ; autrement il arriverait que ce dernier éprouverait une réduction injuste, puisque selon les principes anciens et nouveaux, *environ* veut dire : anciennement, un trentième; aujourd'hui, un vingtième en moins ou en plus, et que le titre n'en existe pas moins pour cette contenance ainsi réduite.

. Notre collègue de Chaumont est de cet avis, il considère comme trop absolue la règle de l'auteur du traité des servitudes; il pense, avec raison, que celui qui a un titre d'une quantité *environ*, ne peut être considéré comme s'il n'avait pas de titre. — Anciennement, 100 ou environ équivalait à 90; aujourd'hui, 95, par application et non par induction de l'art. 1619.

Cette règle est d'autant plus applicable, qu'évidemment *environ* est, comme le dit Pothier, si peu de chose, que c'est toujours la quantité réelle en quelque sorte.

9ᵉ Règle. — *Contenances approximatives, par exemple de 15 à 20.*

Un semblable titre, en concurrence avec un titre dont la contenance serait positive, ne devrait obtenir que 15 et non pas 20, puisque au-delà de 15 il n'y a qu'incertitude. Dans l'intention des contractants la quantité certaine est 15.

Pardessus ne considère ce cas que pour la quantité moindre : Les titres servent seulement pour ce qu'ils expriment déterminément : Si un acte porte qu'une pièce contient 15 à 20 arpents, c'est un titre exprès pour 15 arpents; au-delà, il n'annonce qu'incertitude que la possession peut seule.

fixer. Il n'est pas, à la vérité, contraire à une possession de 16, 17, 20, mais il n'en établit pas le droit, il n'exclut pas la propriété de plus de 15 arpents et même il la fait présumer, mais il ne la donne pas.

Dumay cite Pardessus, et conclut que si les titres de l'un énonçaient une contenance fixe de 10 hectares, par exemple, et que dans les deux pièces réunies, dont aucune possession n'avait fixé la ligne séparative, il n'y eût que 25 ou 26 hectares, il faudrait donner, d'abord 10 hectares en totalité au premier, en laissant au second les 15 ou 16 qui resteraient.

Les bases d'après lesquelles le bornage doit être effectué étant connues, il convient d'indiquer les cas qui peuvent ou ne peuvent pas donner lieu aux contestations de propriété ou de titres, et qui obligent le juge, soit à retenir la cause, soit à surseoir et renvoyer l'incident devant les juges d'arrondissement.

CHAPITRE XVIII.

QUAND Y A-T-IL LIEU A CONTESTATION DE PROPRIÉTÉ OU DE TITRES? — ET SUFFIT-IL DE CONTESTER LA PROPRIÉTÉ OU LES TITRES, SANS DONNER DE MOTIFS, POUR QUE LE JUGE DE PAIX SE DÉCLARE INCOMPÉTENT.

Si le chapitre qui précède présente de l'importance en raison que les règles les plus générales du

bornage y sont exposées, celui-ci, par ces conséquences, a assurément une bien autrement grande
importance encore.

La solution des différents cas qui vont être examinés dépend du point de vue sous lequel le bornage, en justice de paix, doit être envisagé. C'est
ici que se fera sentir l'influence des principes que
nous avons exposés.

Nous avons établi en son lieu, que la compétence des actions en bornage avait été déplacée et
transportée aux tribunaux de canton, à l'exception
des contestations de propriété et de titres qui
avaient été laissés aux tribunaux d'arrondissement.

Mais qu'entend-on par contestations de propriété
ou de titres?

Les questions de propriété ou de titres ne présentent pas toujours le caractère de contestation,
et c'est cependant ce que l'on confond assez fréquemment. D'un autre côté, il est des contestations
qui ne rentrent pas dans celles prévues par la loi.

§ 1er. *Contestations de la propriété — Prétention que le demandeur n'est pas propriétaire;
revendication par le voisin ou un tiers. —
Prescription trentenaire. — Mode de l'opération en vertu de la prescription des titres ou de
la possession. — Reprise au-delà de mur, haie
et fossé. — Chemin, haie et fossé. — Ligne
divisoire contestée.*

1er Cas. — Il y a contestation de la propriété
lorsque l'une des parties soutient que le demandeur

n'est point propriétaire de la pièce de terre dont il demande le bornage, ou lorsqu'il y a revendication de cette pièce de terre.

Ce cas paraît être une application exacte des termes de la loi. En effet la première exception porte sur la propriété, et la loi dit que le juge de paix est compétent lorsque la propriété ou les titres qui l'établissent ne sont point contestés. Ici la propriété est prise dans son sens direct, pour l'héritage, le fonds, la pièce de terre soumise au bornage.

. Les commentateurs de la loi nouvelle l'ont ainsi interprétée.

Marc-Deffaux. — Le juge de paix devrait se déclarer incompétent si le défendeur revendiquait contre le demandeur la propriété litigieuse, ou s'il prétendait que le titre de son adversaire ne lui confère que la moitié de l'objet dont il réclame la totalité. (V. Comm., p. 110.)

Masson. — Mais sa juridiction s'arrêtera...... quand le défendeur soutiendra que la propriété ne peut appartenir à celui qui demande le bornage.

Benech. — Vous m'actionnez devant le juge de paix, en bornage d'héritages qui sont contigus. Sur votre citation, je réponds que vous n'êtes pas propriétaire de l'héritage contigu au mien, que cet héritage est la propriété d'autres personnes en vertu des titres que j'indique. Je conteste évidemment votre droit de propriété qui seul peut vous donner le droit de réclamer le bornage.

Curasson. — La compétence ne cesse que dans le cas où la contestation porte sur la propriété même du corps de l'héritage...... Si l'assigné en bornage, au lieu d'y consentir, répond au demandeur : Vous n'êtes point propriétaire du fonds contigu, c'est un autre qui en a la propriété ou la possession ; alors il s'élève une question sur la propriété du fonds à délimiter, et le juge de paix est incompétent.

Gireaudeau. — Il y aura contestation sur la propriété...... quand l'une des parties, invoquant des faits et des motifs graves, refusera de reconnaître, dans son adversaire, la qualité de propriétaire. — De même, quand la propriété sera revendiquée en vertu de deux titres différents, également sérieux. (V. Annales, t. 6, p. 138.)

Rogron. — ...... Mais si l'une des parties...... revendiquait l'une des propriétés en totalité ou en partie, alors il y aurait contestation sur la propriété et le juge ne serait plus compétent. (V. code de procéd. expliqué.)

Cependant, un professeur de procédure, M. Rodière, ne partage pas l'avis des commentateurs que nous venons de citer ; il pense que par contestation de propriété, il faut entendre une portion de terrain qui serait en litige. Il prétend que, si un individu cité en bornage soutient que son adversaire n'est pas propriétaire du terrain limitrophe, le juge de paix ne sera pas incompétent pour statuer sur cette exception, prise d'un simple défaut de qualité dans la personne du demandeur. — Il lui semble que la restriction de la loi ne doit s'appliquer qu'au cas où la question de propriété s'élève entre les parties même qui sont en cause, et non pas au cas où le défendeur se borne à dire que la propriété qui sert de base à l'action du demandeur appartient à un tiers. — Dans ce dernier cas, si la qualité de propriétaire, alléguée par le demandeur, semblait douteuse, le défendeur qui voudrait pleinement garantir ses droits, n'aurait qu'à appeler en cause le tiers qu'il soutiendrait être le vrai propriétaire, s'il voulait empêcher que ce dernier ne pût contester ultérieurement le bornage qui aurait été fait.

M. Rodière ne prévoit que le cas de simple contestation de qualité; sous ce rapport, son observation pourrait paraître juste, mais elle ne le serait pas au cas de revendication par un tiers ou par le voisin lui-même.

Voici ce que dit M. Delahaye : la disposition ne doit s'entendre que des contestations qui s'élèveraient sur la propriété même du fonds à délimiter.... Ainsi, lorsque le défendeur prétend être propriétaire du fonds contigu au sien et oppose une action en revendication à l'action en bornage du demandeur; s'il lui répond : vous n'êtes pas propriétaire de ce fonds, c'est un autre qui en a la propriété, alors la propriété est contestée dans le sens de l'art. 6 ; le juge de paix est incompétent.

La doctrine de Curasson et de M. Delahaye me paraît trop absolue, ainsi que celle de M. Rodière, dans le sens opposé.

Les deux premiers auteurs n'appliquent la première exception à la compétence des juges de paix, qu'au cas de contestation de la propriété de la pièce de terre elle-même. Ce système est par trop exclusif, parce qu'il est des circonstances où véritablement il y a contestation de propriété, quoique l'héritage entier ne soit pas contesté.

Et dire comme M. Rodière, que le seul litige

8****

que la loi semble avoir voulu interdire au juge de paix est celui qui peut rouler sur l'attribution de telle portion de terrain, c'est ne voir qu'un côté de la question.

Il est certain que par contestation de propriété, le législateur a entendu parler d'abord de contestations relatives à l'héritage en lui-même, et ensuite des contestations qui peuvent naître pour des portions de terrain plus ou moins grandes.

2e Cas. — *Il y a encore contestation de la propriété, au cas où l'une des parties prétend avoir acquis par la prescription trentenaire une portion de terrain au-delà de la contenance énoncée dans les titres.*

La question qui nous occupe en ce moment est une preuve évidente que la contestation de la propriété ne doit pas être restreinte au fait seul de la contestation de l'héritage lui-même, de la pièce de terre entière, et que cette contestation, affectant d'une manière aussi grave les droits d'autrui, doit être considérée avec raison comme une contestation de la propriété.

En effet, celui qui prétend avoir ainsi acquis au-delà de ses titres, doit s'attendre à se voir disputer pied à pied la portion de terrain qu'il veut s'approprier. La contestation peut donner lieu à des difficultés sans nombre, et le législateur n'a pas eu tort de réserver ces décisions aux tribunaux d'arrondissement ; il y a loin de ces contestations à celles qui peuvent s'élever sur les incidents qui se présentent dans le cours de l'opération.

Les auteurs ont décidé les questions en ce sens :

Marc-Deffaux. — Pierre a fait citer Paul pour borner deux pièces de terre qui lui appartiennent. Sur les lieux et après l'arpentage des deux objets, il est reconnu que Pierre a cinq ares de moins que ne lui en donne son titre, et Paul cinq ares de plus; il est donc juste que les cinq ares retournent à Pierre pour compléter sa mesure, mais Paul prétend qu'il a acquis la propriété de cet excédent par une jouissance de plus de trente ans.... Comme le juge de paix est incompétent pour statuer sur la propriété de ces cinq ares, il doit renvoyer devant le tribunal.

Masson dit que la juridiction du juge de paix s'arrêtera quand le défendeur soutiendra que la possession d'une partie du terrain n'a pas les caractères et la durée nécessaires pour faire acquérir la propriété.

Le juge de paix, dit aussi Benech, serait incompétent pour statuer sur des questions de prescription soulevées par celle des parties qui serait reconnue détenir une contenance supérieure aux énonciations mentionnées dans son titre. Dans ce cas, la propriété est évidemment contestée, le juge de paix surseoira.

Giraudeau s'exprime ainsi : il y aura contestation sur la propriété dans ce sens, quand l'une des parties invoquera une prescription acquise, soutenue et presque justifiée par une possession convenable et des motifs graves.

M. Delahaye annonce qu'après avoir hésité et même embrassé cette opinion, il croit devoir se prononcer pour le sentiment opposé. — Son principal motif déterminant est basé sur la portée qu'il donne à ces mots de la loi, *contestation de la propriété;* il prétend, comme nous l'avons vu, que la loi ne parle pas de contestation de portion de terrain, mais bien de contestation de la propriété de l'héritage ou de la pièce de *terre entière.* Or, en conclue-t-il, il y a contestation sur la portion de terre réclamée par le demandeur, mais la propriété de l'héritage n'est pas contestée. On ne se trouve donc pas dans le cas prévu par la loi; le juge de paix est compétent.

Malgré d'autres excellentes raisons données à l'appui de son opinion et qui doivent être d'un grand poids dans la décision des questions à examiner, nous ne pouvons admettre la restriction mise à la contestation de la propriété ne devant porter que sur l'héritage dans sa totalité, et non dans ses parties.

Nous terminerons par citer l'arrêt de cassation du 1er février 1842, qui trouve ici sa véritable application.

Le demandeur prétendant qu'un terrain avait toujours fait partie de son héritage, a demandé à en faire la preuve. Le juge de paix, malgré le moyen d'incompétence présenté, a entendu les témoins et s'est décidé d'après l'enquête. Le tribunal d'appel a considéré le litige comme une constatation de propriété, et a réformé. — La cour de cassation, saisie, a rejeté le pourvoi, attendu que dans l'espèce, il est constaté par le jugement attaqué qu'il y avait absence de titres, et que les parties contestaient sur l'étendue respective de leurs héritages limitrophes, ce qui donnait évidemment lieu à une question de popriété.

Le jugement du tribunal de Grasse porte formellement que le juge de paix s'est fondé *uniquement* sur la déclaration des témoins, et qu'il a excédé les bornes de la compétence.

Il est à présumer que le demandeur opposait la prescription trentenaire pour la partie litigieuse des fonds respectifs. Dans ce cas le juge de paix, vu la contestation de la propriété, aurait dû s'abstenir.

3ᵉ CAS. — *Y a-t-il contestation de propriété, quand il y a difficulté si ce sera en vertu des titres, de la prescription trentenaire ou de la possession actuelle que le bornage sera fait?*

Cette question a été soulevée par Curasson. Quand l'une des parties, dit-il, demande le bornage à vue de titre ou en vertu de la prescription trentenaire, et que l'autre, au contraire, ne veut de limites que d'après la possession actuelle, le juge de paix sera-t-il compétent? Pour l'affirmative, on pourrait dire que le débat, en ce cas, ne porte que sur la délimitation, et non point sur la propriété de l'immeuble. Cependant la question ne peut être de la compétence du juge de paix, à ce qu'il nous semble; car il ne s'agit pas de déterminer la ligne délimitative suivant le mode convenu entre les parties : ce mode est le véritable objet du litige, le fond du droit est en question; il faut juger s'il doit être réglé par les titres, ou la possession de trente ans, ou la jouissance actuelle. Le débat porte donc bien réellement sur une véritable question de propriété, qui ne saurait être de la compétence du juge de paix. (V. t. 2, n° 11, 7e alinéa.)

Une chose qui doit frapper à la lecture de ce passage, est l'étrangeté de la proposition en elle-même. — D'abord on ne demande jamais le bornage, soit à vue de titres, soit en vertu de la prescription de trente ans. On agit en bornage parce qu'on n'est pas délimité. La demande basée sur la prescription trentenaire est extrêmement rare, par la raison que celui qui a prescrit garde le silence. La partie qui oppose la prescription n'est point le demandeur, mais bien le défendeur qui a plus que la contenance portée dans ses titres. A cet égard, si l'exception est fondée, comme elle constitue, ainsi que nous venons de le voir, une contestation de la propriété, le juge de paix ne peut en connaître.

Quant à l'exception de ne borner que selon la jouissance actuelle, une pareille prétention serait bientôt écartée, parce que le bornage n'est pas une opération provisoire, mais définitive, qu'il est pétitoire et non possessoire, et le juge de paix est assurément très compétent pour décider la question.

Lorsque le bornage est demandé, les parties n'ont pas besoin de s'expliquer sur le mode à suivre, d'en convenir; en l'absence d'une loi expresse les principes servent de guide.

Ce cas ne doit donc pas se présenter.

En supposant qu'il fût possible et praticable, je pense que le juge de paix pourrait se résoudre en décidant que le bornage aurait lieu avec application de titre ou d'après la jouissance actuelle. Il ne se prononcerait que sur le mode à adopter, et il n'y aurait pas encore là de contestation de propriété; elle ne prendrait naissance que lorsqu'il faudrait faire l'application du mode et en apprécier la valeur. — S'agit-il de la possession actuelle, le juge retiendrait la cause, il en serait de même des titres; mais quant à la prescription trentenaire, il n'en connaîtrait pas, parce que ce serait là une contestation de propriété.

Au surplus, comme nous l'avons dit, le juge n'aura pas besoin d'adopter tel mode plutôt que tel autre, parce que ce n'est point là la marche à suivre. Quand les exceptions seront présentées, il les appréciera.

4ᵉ Cas. — *La contestation de la propriété existe-t-elle lorsque, pour opérer les reprises, il s'agit d'outrepasser un mur, une haie, un fossé ou un rideau fait de main d'homme, etc. ?*

Curasson se prononce pour l'affirmative; il prétend que le bornage ne pouvant s'effectuer sans ordonner la destruction du mur, de la haie, du fossé, il s'agirait moins d'une action en bornage que d'une demande en revendication d'un terrain parfaitement déterminé; que le juge de paix serait incompétent, parce qu'il y aurait contestation sur la propriété. — Curasson ajoute que le voisin n'aurait que la ressource du possessoire.

Nous avons eu occasion de traiter indirectement la question au chap. XIV des fins de non recevoir, où il a été décidé que les objets placés par le voisin ne pouvaient être un obstacle à l'exercice de l'action en bornage.

Arm. Dalloz et M. Delahaye se sont élevés contre la doctrine de Curasson et l'ont réfutée.

La solution doit être la même pour le cas actuel. S'il n'y a pas revendication, il n'y a pas contestation de la propriété.

Le fait de la destruction du mur, par suite des reprises, ne peut avoir aucune portée dans la circonstance; car pourquoi le propriétaire va-t-il construire sur son voisin ? Il y a peut-être erreur de sa part ; mais alors il devait auparavant s'assurer par l'arpentage des limites de sa propriété. Si la construction est intentionnelle, il supporte la peine de son fait, qu'il encourra sans doute de même par la voie de la revendication; mais encore est-il que le voisin n'est pas obligé de prendre cette marche.

Le mur, la haie, le fossé ou autre signe matériel ne délimitent pas d'une manière légale la propriété. Ces objets n'impriment pas à l'héritage une autre nature; c'est toujours un fonds sur lequel existent mur, haie, fossé, etc.; et décider que la limite sera au-delà de ces objets et en ordonner la suppression, ce n'est point contester la propriété, c'est procéder au bornage d'après les règles ordinaires.

5ᵉ Cas. — *Les difficultés relatives aux chemins, rivières, fossés, haies, et terrain au-delà, et comment ces objets doivent être compris dans l'opération constituent-elles des contestations de propriété?*

Les difficultés qui peuvent survenir à cet égard

sont bientôt aplanies ; car l'usage et la loi sont ici la règle, et nous ne saurions voir dans leur application des contestations de propriété.

Cependant notre collègue de l'Oise, M. Frion, a pensé autrement dans un article inséré aux annales, parce que, suivant qu'on comprendra ou non les chemins dans la mesure du champ, ce champ en recevra une plus ou moins grande étendue, et par suite la délimitation prendra un autre emplacement. Il y a là une question de propriété qu'il n'appartient pas aux juges de paix de résoudre. (V. t. 8, p. 84.)

Si, par suite de l'interprétation des titres et de l'usage, ces sortes d'accidents de terrain ont constamment été compris dans les contenances, les quantités ne se trouvent donc pas diminuées ni augmentées.

Pour la ligne, elle doit toujours varier quand il y a déficit, et dès-lors la délimitation prendra un autre emplacement. Cette conséquence ne peut être évitée, elle est forcée. Si c'était là ce qui peut constituer une contestation de propriété, les simples changements de lignes y donneraient toujours lieu. Mais il n'en est pas ainsi, le bornage ayant pour but la répartition des terrains, conformément aux titres et aux usages.

Dans sa brochure, M. Frion s'est basé sur d'autres motifs. Ce n'est plus la diminution ou l'augmentation de la quantité, ni le déplacement de la ligne, mais la contestation de l'usage. — Son opinion est qu'il ne saurait appartenir au juge de paix d'ordonner la preuve et d'admettre ou rejeter le prétendu usage, selon que l'enquête serait ou non concluante, conséquemment de déclarer que le chemin doit ou non faire partie de la mesure portée aux titres, et que par suite le propriétaire de l'héritage aura ou non droit de conserver ou revendiquer une partie de terrain égale à celle du chemin. C'est là un point qui touche évidemment au fond du droit.

Il applique le même raisonnement aux rivières, aux haies et fossés.

La reconnaissance de l'usage se fait par différents moyens, en consultant les anciens du pays et surtout les arpenteurs, et par la notoriété publique ou enquête ordinaire. — L'une et l'autre voie peuvent être employées par le juge de paix. Si la première entrait jadis dans la mission des experts, la seconde comme la première peuvent aujourd'hui être ordonnées par le juge de paix, parce qu'il ne leur est pas défendu d'entendre des témoins sur les difficultés d'exécution qui se présentent.

Si les titres, dit M. Delahaye, parlent d'un sentier, d'un ruisseau, d'une mare, d'un meurger, ce sentier, ce ruisseau, ce meurger font-ils partie de la pièce ou la limitent-ils seulement? doivent-ils être comptés pour calculer la contenance de la pièce? Cette question dépend de la manière dont s'expriment les titres, de là contestation entre les parties. Le juge de paix peut-il la juger? l'affirmative ne saurait être douteuse; la contestation porte sur le sens des titres et non sur leur mérite; il s'agit d'interpréter les titres. Or l'interprétation des titres rentre dans les attributions du juge de l'action en bornage. M. Persil ne refuse l'examen des titres aux juges de paix, que lorsque cette appréciation aurait pour but de prononcer sur la nullité ou la validité de ces titres.

6° Cas. — *Y a-t-il contestation de propriété, quand les parties sont en désaccord sur la ligne divisoire ?*

La négative n'est pas douteuse, et l'on ne conçoit pas comment une pareille difficulté a pu prendre naissance, quand l'action en bornage n'a lieu que pour fixer les limites des champs, et que le changement de limites en est le résultat nécessaire. Cette action devient inutile lorsque les parties sont d'accord sur les endroits où doivent être placées les bornes.

Si l'on admettait qu'il y eût incompétence au cas de contestation sur les limites, on retomberait dans ce que l'on qualifie de bornage possessoire ou dans l'état de la possession actuelle, opération dont nous avons démontré toute l'incohérence et l'inefficacité.

La compétence des tribunaux de paix se trouve limitée sans doute, mais les cas sont prévus : c'est lorsqu'il y a contestation de la propriété ou des titres. — La contestation sur les limites n'est pas entrée dans la restriction.

Cela est si vrai, que la cour de Metz ayant demandé que l'on exprimât nettement que le juge de paix n'est compétent que quand la propriété et ses *limites* ne sont pas contestées, cette observation ne fut point prise en considération.

Seulement, sur la demande de la commission,

la disposition de l'art. 4, relative au bornage, a été reportée à l'art. 5, parce que tout le monde s'est accordé à ne confier la décision de ces sortes de contestations au juge de paix qu'à charge d'appel, étant trop intimement liées avec le droit de propriété, pour ne les faire dépendre que d'un seul degré de juridiction. (V. analyse des observations, p. 25.)

Preuve frappante que des questions de propriété peuvent être agitées en justice de paix, sans qu'elles soient des contestations prévues, et entraînant l'incompétence.

C'est ainsi que M. Amilhau, rapporteur de la loi, en a fait connaître l'esprit en disant : lorsque le titre n'est pas contesté ou *que les parties ne sont pas d'accord sur le lieu du bornage*, chacun remet ses titres au juge de paix, qui fait une visite de lieux et qui ordonne que la borne sera placée à l'endroit déterminé par l'expert.

M. Benech déclare formellement que le juge de paix déterminera la ligne de séparation des deux fonds.

Il rapporte ensuite à la note, l'observation des cours de Metz et de Nancy, et fait connaître que cette observation ne pouvait avoir aucune suite ; car, si le juge de paix n'a pas le pouvoir de déterminer le point où les bornes doivent être placées, s'il faut que les parties soient d'accord à ce sujet, à quoi serait donc réduit le ministère de ce magistrat.

M. Benech cite la réponse de M. Amilhau, qu'il trouve conforme à ce principe de tous les temps et de tous les lieux, d'après lequel le juge compétent pour procéder au bornage, est par cela même im-

plicitement autorisé à déterminer le point où sera
la ligne séparative des héritages.

Le professeur de Toulouse vient encore confirmer
ces principes, lorsqu'il estime que si les quantités
des titres excèdent l'étendue des terrains, et, au
contraire, l'étendue des terrains les quantités des
titres, le juge de paix sera autorisé, dans le premier
cas, à faire subir aux parties une réduction proportionnelle, et dans le second, à leur attribuer
l'excédant, toujours par une règle de proportion.

Curasson, au n° 2, 4ᵉ alinéa, dit que l'action en
bornage a pour but de faire reconnaître la ligne de
délimitation de deux héritages plutôt que de fixer par
des bornes une ligne qui serait convenue,.... et elle
n'est intentée que pour faire statuer sur les difficultés
que présente la fixation de la ligne délimitative.

Au n° 12, 6ᵉ alinéa, il cite Benech et approuve
ses observations au sujet de la réclamation des cours
de Metz et de Nancy.

Si l'on s'en rapportait au sommaire donné par
quelques recueils d'arrêts, on pourrait croire que
la cour de cassation a décidé la question dans son
arrêt du 1ᵉʳ février 1842.

Mais en examinant attentivement les faits de la
cause, on voit qu'il n'y a que dans la citation devant
le juge de paix qu'il soit question de ligne divisoire;
ni le jugement d'appel, ni l'arrêt de la cour suprême ne font mention de la contestation des limites.
— Le seul point en litige et sur lequel il y avait à
statuer était la prétention élevée par le demandeur
d'un terrain qu'il soutenait avoir toujours fait partie
de son héritage. Les parties, comme le dit le jugement, avaient réciproquement élevé des pré-

tentions à la propriété d'une partie de leurs fonds respectifs.

Le juge de paix a basé son opération de bornage en se fondant uniquement sur les déclarations des témoins, rejetées par le défendeur; et c'est en cela qu'il a outrepassé les bornes de sa compétence, puisqu'une partie de l'héritage était en contestation, de laquelle, en l'absence de titre, le demandeur a sans doute voulu prouver la propriété par la prescription.

Il n'est nullement question dans l'arrêt de la cour de limites, mais bien d'étendue de terrain; ainsi ce serait à tort si l'on invoquait cette décision qui n'aurait pas d'application.

§ 2. — *De la contestation des titres. — Nullité, précarité. — Adaptation. — Titres respectifs ou unique. — Deux titres donnant au même fonds différence de contenance. — Plus ou moins de contenance. — Absence de titres et contestations de contenance.*

1er Cas. — Il y a contestation lorsque le titre est argué de nullité aussi bien en la forme qu'au fond, qu'il est précaire.

Nous ne pouvons faire mieux que de reproduire les exemples donnés par les auteurs.

Benech. — Vous (demandeur) produisez pour détruire mon allégation (que vous n'êtes pas propriétaire), un acte d'acquisition, d'échange ou de partage qui vous a investi; de mon côté je réplique

que ces actes ne sont pas translatifs de propriété ; j'en conteste le caractère ; je soutiens qu'ils ne vous confèrent qu'un droit de détention purement précaire ; je conteste également vos titres de propriété, ou du moins ce que vous, demandeur, appelez titres de propriété. Dans ce cas, le juge de paix est incompétent.

Annales. — Il y aura contestation sur les titres qui établissent la propriété, quand l'une des parties attaquera le titre présenté par son adversaire, en articulant des faits tendant à établir qu'il est faux, irrégulier ou consenti par personnes incapables. (V. t. 6., p. 138.)

Curasson. — Le demandeur produit-il un titre que le défendeur conteste, soutenant que ce n'est pas un acte de propriété, qu'il ne confère qu'un droit de détention précaire, ou que ce titre est nul. Dans ce cas cesse la compétence du juge de paix, attendu qu'il y a contestation sur le titre présenté comme établissant la propriété. (V. t. 2, p. 336.)

M. Frion. — Le titre est contesté lorsque l'on s'inscrit en faux contre lui ; s'il est authentique ou qu'on en méconnaît les signatures ; s'il est sous seing privé ou qu'on l'argue de nullité.

M. Delahaye reconnaît aussi qu'il y a contestation de titre quand le défendeur attaque au fond ou dans la forme la validité des titres produits par le défendeur pour établir la propriété des héritages à délimiter, et que le juge de paix est incompétent pour statuer sur le mérite de ces titres.

2ᵉ Cas. — *Difficulté sur l'adaptation des titres. — Il n'y a pas contestation quand l'une des parties prétend que le titre représenté ne s'adapte pas au fonds à délimiter.*

Ce cas, qui se présente assez fréquemment dans les opérations de bornage, soit à cause de l'ancienneté des titres ou de l'ambiguïté des désignations, ne doit pas donner lieu à l'incompétence, parce que c'est là une des difficultés anciennes données aux experts, et que le juge de paix, par les renseignements et les indications qu'il se fera donner, aura bientôt résolues.

Il n'y a lieu ici qu'à l'application de titres, et non à leur contestation sous tel ou tel rapport.

M. Delahaye, après avoir dit que, hors le cas de contestation de titres, le juge de paix est compétent pour connaître de tous les incidents et questions que peut soulever l'action en bornage, décide qu'il l'est évidemment encore pour vider les contestations de reconnaissance de désignation d'un grand nombre de parcelles contenues dans un même titre. — Que ces contestations ne portent pas sur la validité des titres, qu'ils ne sont pas contestés, qu'il s'agit uniquement de les appliquer, et que le juge de paix est compétent pour l'application des titres.

3ᵉ **Cas.** — *Quand l'un veut borner avec les titres respectifs, et l'autre seulement avec un seul titre désigné, ce n'est pas là une contestation de titre.*

Curasson fait une distinction à cet égard, que nous pensons ne devoir pas arrêter ; il prétend que quand les parties sont convenues de délimiter en vertu de titres respectifs, le juge de paix est compétent ; mais qu'il cesse de l'être, lorsque l'une d'elles veut et l'autre ne veut pas que le bornage soit fait ou ne soit pas fait en vertu d'un titre unique désigné.

Nous le dirons encore, les parties n'ont pas besoin de convenir que ce sont tels ou tels titres qui doivent servir de base à l'opération. Le juge se les fait représenter tous et fait l'application de ceux qui lui paraissent devoir l'être, et l'on ne peut voir dans cette application de titres, ni contestation de propriété, ni contestation de titres.

M. Delahaye réfute Curasson sans le citer. La contestation est de la compétence du juge de paix, soit que, loin de s'en rapporter à l'application des titres en général, une des parties ait déclaré ne vouloir prendre pour règle qu'un seul titre qu'elle prétend seul applicable, tandis que l'autre soutient le contraire ; dans ce dernier cas, le débat ne porte pas sur une question de propriété ; ni la propriété, ni les titres ne sont contestés, tout se réduit à savoir quels sont les titres applicables, si tous ou un seul sont applicables. Dans ce cas, le juge de paix est compétent.

4° **Cas.** — *Il n'y a pas contestation de titre, quand le juge de paix est appelé à décider entre deux titres représentés, attribuant au même fonds une contenance différente, encore bien que le voisin demande l'application du titre à contenance moindre, et que le propriétaire du fonds résiste et veuille le contraire.*

Voici ce que nous disions à cet égard en septembre 1838, quelques mois après la loi. — Considérant qu'il ne s'agit, dans l'espèce, que d'une simple application de titres; qu'il n'y a pas là de contestation de propriété ou de titre, puisque ceux représentés sont reconnus et inattaqués; que le juge n'a qu'une seule chose à faire, à donner la préférence à l'un ou à l'autre; — Considérant, d'un autre côté, que si, au possessoire, le juge a le droit d'interpréter et d'appliquer les titres, de puiser même au pétitoire les motifs de décision, de baser en un mot son jugement sur les titres, il le peut bien plus encore dès lors qu'il est juge du pétitoire. (V. *Juge de Paix*, t. 8, p. 323.)

En 1839, j'ai reproduit cette opinion dans un jugement du mois de juin. — Sur l'application des titres représentés : considérant qu'il ne s'agit nullement, dans la cause, de validité ou d'invalidité de titres; qu'aucune des parties ne les attaque; qu'elles prétendent seulement que les uns doivent être préférés aux autres, que de ce débat naît une simple question *de préférence*, et non *de validité*, qui rentre dans les attributions des tribunaux de paix, qui ont évidemment le droit d'appliquer, d'interpréter les titres, non pour éclairer la possession, mais pour éclairer le pétitoire; qu'en cette matière ils sont juges du pétitoire et non du possessoire. (V. *Juge de paix*, t. 9, p. 208.)

Nous persistons dans cette manière de voir avec d'autant plus de raison, que nous savons qu'après avoir été dans le doute, beaucoup de juges de paix, au nombre desquels nous citerons notre collègue de Granvilliers, se sont rangés de notre avis.

Curasson se prononce dans ce sens : — Les titres qu'il s'agit d'appliquer seront anciens et souvent obscurs, soit pour les contenances, soit pour les limites. Ces titres peuvent être nombreux, il 'agira d'en faire *le choix*. Une partie soutiendra que c'est à l'un plutôt qu'à l'autre qu'il faut s'attacher; l'adversaire élève sur ce point des prétentions absolument opposées; mais ce ne sont là que des difficultés inhérentes à l'action en bornage, et qui ne peuvent entraver la compétence du juge investi de la connaissance de ces actions. (V. t. 2, n° 12, p. 339, 1ʳᵉ édit.)

5ᵉ **Cas.** — *Elever des difficultés sur le plus ou moins de contenance n'est point une contestation de la propriété ni de titre.*

Benech donne le conseil au juge de paix de renvoyer devant le tribunal d'arrondissement. Il formule ainsi la difficulté : j'ai reconnu votre qualité de propriétaire ; le juge de paix a ordonné son transport sur les lieux pour faire procéder à l'arpentage et présider à la plantation des bornes; là, je soutiens que votre titre ne vous donne droit qu'à une contenance de cinq arpents, tandis que vous prétendez à une contenance de dix ; le juge de paix pourra-t-il statuer sur cet incident? Est-ce là de ma part contester votre propriété ou votre titre? — Dans la rigueur des termes, on pourrait peut-être décider que le juge de paix avait le droit de statuer lui-même sur l'incident. Cependant il nous paraît qu'il se conformera mieux à l'esprit de la loi nouvelle, en renvoyant les parties à se pourvoir à ce sujet. Il ne pourrait lui-même vider le différend qu'en se livrant à l'interprétation des clauses des actes : cette interprétation peut présenter des difficultés sérieuses, et le législateur n'a pas entendu lui soumettre des questions de ce genre qui pourraient d'ailleurs, dans certains cas, offrir la plus haute importance par la quotité de contenance contestée. (V. p. 273.)

Curasson s'étonne de ce langage de M. Benech, quand un peu plus loin il reconnaît aux tribunaux de paix des attributions bien autrement larges, et le réfute en ces termes : mais la question de savoir si, d'après l'application des titres, les juges de paix doivent attribuer telles ou telles contenances; n'est-elle donc pas accessoire au bornage? S'il en était autrement, à quoi aboutirait cette action, dans laquelle chacun des colitigants est demandeur, relativement à la contenance qu'il prétend avoir, et défendeur quant à celle que, de son côté, le voisin croit devoir lui être attribuée. Débattre sur le plus ou le moins de contenance, ce n'est donc point contester la propriété du fonds ni les titres qui l'établissent, c'est seulement fournir des moyens pour éclairer les experts et les juges chargés de déterminer la ligne de séparation où doivent être placées les bornes. (V. t. 2, p. 240, 7° et 8° alinéas.)

Bénech, à l'endroit que nous avons rapporté, pense que le juge de paix ne peut interpréter les clauses des actes; c'est assurément là une erreur échappée à l'auteur qui a parfaitement caractérisé l'action en bornage dévolue aux tribunaux de paix par la nouvelle loi.

Il suffit de relire les motifs de la loi et ce que disait M. Barthe pour se convaincre que les juges de paix ont le droit d'interprétation. Ces discussions (concernant la délimitation), dit le ministre, ne se jugent bien que par la vue des lieux; c'est en leur présence que les titres *s'interprètent* sans équivoque, que les subterfuges échappent à la mauvaise foi, que les doutes s'éclaircissent.

L'importance du litige relative aux quantités ne serait pas une cause suffisante de renvoi de l'incident.

6° CAS. — *L'absence de titre et la contestation de la contenance donnent-elles lieu à l'incompétence et au renvoi devant le tribunal d'arrondissement?*

Nous avons vu au chapitre des règles du bornage

qu'en l'absence des titres il était de principe que la délimitation fût opérée à l'aide de documents propres à établir la contenance des héritages respectifs des parties.

Ces documents, qui ne sont pas des titres, consistent en anciens baux, anciens états de section, anciens plans terriers, cadastres et procès-verbaux d'arpentage.

Nous avons dit aussi que si ces documents manquaient, on devait avoir recours à la possession.

Et assurément rien ne rentre plus dans la compétence des juges de paix que ce cas, puisqu'il ne s'agit que de l'application de simples documents ainsi que de l'application de la possession.

M. Delahaye a examiné la question, mais il nous semble n'avoir pas fait une juste application de l'arrêt du 1er février 1842, dont il n'adopte au reste pas les motifs.

Pour l'incompétence, dit-il, voici comment l'on raisonne : La connaissance de l'action en bornage n'appartient au juge de paix que par une exception au droit commun, et lorsque les propriétés ou les titres qui l'établissent ne sont pas contestés ; en l'absence de titres, et lorsque les parties ne sont pas d'accord sur l'étendue respective de leur héritages limitrophes, il s'élève une question de propriété. Ces motifs sont tirés d'un arrêt de la cour de cassation, confirmatif d'un jugement du tribunal de Grasse, du 14 février 1842. — Je ne saurais, ajoute M. Delahaye, adhérer à cette décision et adopter le motif sur lequel elle est fondée, sans me mettre en contradiction avec les motifs que j'ai développés. Cet arrêt suppose que le juge de paix cesse d'être compétent lorsqu'une question de propriété est mêlée à l'action en bornage ; cette interprétation réduirait le ministère du juge de paix à une opération purement matérielle , il ne serait compétent que lorsqu'il n'y aurait pas de contestation, pas d'action. Tel n'est pas le sens de l'art. 6 ; le juge de paix est incompétent en deux cas seulement, lorsque la propriété , c'est à dire la propriété de la pièce à délimiter est contestée , ou lorsque les titres qui établissent cette propriété sont attaqués. Quoiqu'il n'existe pas de titre et que les parties ne soient pas d'accord sur les limites de leurs héritages, la propriété de ces héritages peut n'être pas contestée ; et dans l'esprit de l'arrêt, elle ne l'était pas, les titres ne peuvent pas être contestés puisqu'il n'en existe pas ; on ne se trouve donc dans aucun des cas où le juge de paix est incompétent aux termes de l'art. 6, loi du 25 mai 1838. Si l'on consulte l'esprit de cette loi et l'intérêt des parties, on verra dans l'absence de titres une circonstance qui doit déterminer à conserver au juge de paix la connaissance de l'action en bornage ; à défaut de titres, il est nécessaire, pour fixer la contenance et les limites respectives des héritages, de s'en rapporter à d'anciens procès-verbaux, même à de simples plans d'arpentage, peut-être à d'anciennes marques, toutes choses que l'on n'apprécie bien, que l'on n'aperçoit même que sur les lieux. (V. p.

Si je ne me trompe, je pense que l'on a tiré de l'arrêt de cassation, une conséquence qu'il ne comporte pas.

La cour a déclaré que dans l'espèce, il était constaté par le jugement attaqué, qu'il y avait absence de titres et que les parties contestaient sur l'étendue respective de leurs héritages limitrophes, ce qui, ajoute la cour, donnait évidemment lieu à une question de propriété.

L'arrêt, comme l'on voit, prend les faits établis par le jugement contre lequel il y avait pourvoi et en conclut qu'il y a question de propriété, et partant aucune violation de la loi.

Pour bien apprécier cette décision de la cour suprême, il faut se reporter aux faits de l'espèce jugée par les tribunaux de paix et d'arrondissement.

Le Journal du Palais, publié par M. Ledru-Rollin, nous paraît avoir rapporté avec le plus de détails, les faits de cette affaire.

Dans la citation, la ligne divisoire était indiquée, (ce qui dénotait déjà une prétention de la part du demandeur.)

Le défendeur a consenti au bornage tout en repoussant la ligne indiquée, et a protesté contre la prétention élevée par le demandeur sur un terrain qu'il soutenait avoir toujours fait partie de son propre héritage.

Jugement ordonnant visite de lieux ; le demandeur oppose l'incompétence, attendu qu'il y a contestation foncière. — Le juge retient la cause, entend des témoins et statue au fond.

Il est constaté dans le jugement sur appel, que les parties ont réciproquement élevé des prétentions à la propriété d'une partie de leurs fonds respectifs pour lequel aucun titre n'était représenté.

Il résulte également de ce jugement que le juge

de paix a opéré le bornage uniquement sur les déclarations des témoins.

Quelle était la vraie contestation dans la cause? C'était évidemment la portion de terrain que se disputaient les parties. Il y avait contestation sur, comme le dit ce jugement, la propriété d'une partie de leurs fonds respectifs; et le juge a entendu des témoins à cet égard, et s'est décidé d'après l'enquête portant nécessairement sur cette portion de terrain, puisqu'elle a fait l'unique base de son jugement.

Ce n'est donc ni la contestation de la ligne divisoire, ni l'absence de titres qui a motivé et le jugement sur l'appel et la décision de la cour de cassation.

L'arrêt ne nous paraît pas avoir été apprécié sous son véritable aspect par M. Delahaye, et ce serait en faire une fausse application que de l'invoquer au cas d'absence de titres et de contestation de contenance.

§ 5. — *Contestation non motivée; le juge de paix qui en est appréciateur n'y a pas égard.*

En matière de bornage comme dans les autres matières dont la compétence se trouve restreinte, lorsqu'il y a contestation de l'indemnité, de la propriété, des titres ou des servitudes, suffit-il, pour qu'il y ait contestation, de dire que l'on conteste, sans donner de motifs?

Ce point nous avait paru assis sur des bases

tellement inébranlables (le maintien de l'ordre des juridictions), qu'il n'a fallu rien moins qu'un motif de la cour suprême pour venir, sinon ébranler nos convictions, mais jeter le doute sur une jurisprudence constante, qui avait pour elle l'unanime approbation des jurisconsultes et l'autorité de l'expérience.

En effet, sous la législation de 1790 et le code de procédure civile, la connaissance de l'indemnité pour non jouissance de bail appartenait au juge de paix lorsque le droit à l'indemnité n'était pas contesté.

Le sens de ces derniers termes a été expliqué de la même manière par les auteurs. — Henrion-de Pensey exige, avec beaucoup de raison, que la contestation ne soit pas présentée seulement, mais qu'elle soit motivée. Sans cela ce serait rendre le propriétaire maître de reconnaître ou d'éluder la juridiction du juge de paix, selon son caprice ou son intérêt. Telle n'a pas été l'intention de la loi, tel n'a jamais été son langage ; — Et, comme le proclame Billion, le plaideur renverse la [compétence, se soustrait à la juridiction et dit au magistrat devant lequel il comparaît : La loi vous constitue mon juge, mais, par ma volonté, je paralyse votre pouvoir. — Et, comme le dit aussi Favard : mais, si au lieu de donner le motif de son exception, le défendeur se borne à dire qu'il conteste le fond du droit, le juge de paix ne doit avoir aucun égard à cette défense, et peut statuer sur la demande, parce qu'autrement ce serait donner au propriétaire la faculté de décliner arbitrairement la compétence du juge de paix, ce que certainement la loi n'a pas entendu faire.

Carré, Duranton, Dalloz et tous les auteurs qui ont écrit avant la loi du 25 mai 1838, appuient cette doctrine de tout le poids de leur autorité.

La loi nouvelle de compétence a-t-elle apporté quelque changement, a-t-elle modifié cette interprétation ?

Non, elle a seulement complété la disposition relative aux dommages aux champs, et elle s'est servie des mêmes termes pour d'autres attributions nouvelles qu'elle a soumises aux mêmes conditions à savoir dommages aux champs; élagage d'arbres ou haies; curage de fossés ou canaux d'irrigation ou d'usines. — Bornage; distance pour arbres ou haies; précautions pour constructions.

En passant par cette loi, l'ancienne expression *lorsque* n'a pas reçu une autre acception, il faut toujours que la contestation soit motivée, et le juge de paix en est l'appréciateur.

Tous les commentateurs de la loi du 25 mai 1838 l'ont ainsi interprêté. Nous citerons entre autres, Benech, qui décide que les diverses contestations doivent être dûment colorées et avoir toutes les apparences de la bonne foi, car s'il en était autrement, le vœu si sage de la nouvelle loi serait trop facilement éludé. Il faut donc appliquer encore ici les observations faites sur des points analogues.

Benech renvoie à la discussion à laquelle il s'est livré lors de l'examen de l'indemnité réclamée par le preneur, au cas de non jouissance de la chose louée; il termine par demander si le législateur aurait eu l'intention de modifier les doctrines exposées. Certes, il ne lui était pas permis d'ignorer combien les auteurs étaient unanimes à ce sujet; il savait que leurs théories s'étaient ainsi développées précises et homogènes, sur l'interprétation des mêmes locutions qui se trouvent dans la loi de 90 et le code de pr. — Eh bien! lorsque, dans une semblable conjecture, il emploie littéralement les mêmes expressions sans explication, sans modification aucune, est-il censé avoir refusé la sanction à des idées depuis longtemps naturalisées dans tous les esprits, et professées sans opposition, à l'école comme au barreau. Loin de là, son système a été que le défendeur n'éludât jamais la juridiction du tribunal de paix par des moyens détournés; la disposition du § 3 de l'art. 8, demandes reconventionnelles, en offre une preuve décisive.

Curasson a embrassé la même opinion : l'ordre de juridiction ne peut dépendre du caprice ou de la mauvaise humeur de l'une des parties. Ainsi, pour décliner la compétence, il ne suffira pas de dire : je conteste la propriété, je ne reconnais pas les titres; il faut que la contestation présente au moins quelque apparence de fondement. — Les juges correctionnels et de police sont appréciateurs du mérite de l'exception préjuridicielle; il en est de même ici et à bien plus forte raison, ayant à statuer sur un moyen d'incompétence, et le juge de paix doit apprécier cette exception et motiver son jugement. Il ne peut donc se dessaisir de l'action intentée par le demandeur, sur la simple contradiction d'un adversaire pointilleux.

M. Delahaye s'est également prononcé dans ce sens : l'ordre des juridictions, dit-il, ne peut dépendre du caprice ou de la mauvaise humeur d'une partie ; la partie qui propose l'exception doit articuler et préciser les moyens qu'elle prétend faire valoir à l'appui de sa contestation ; le juge de paix, de son côté, peut et doit apprécier le mérite de l'exception, et ne pas l'admettre s'il reconnaît qu'elle est dénuée de toute apparence de droit. Arg. de l'art. 181 c. for. (V. annales, p. 45, § 5.)

, Voici les motifs de l'arrêt du 12 avril 1843 : Attendu que c'est sans fondement que le jugement attaqué a considéré comme vague la question de propriété, lorsque cette contestation avait été soulevée en termes exprès, et *que le juge de paix en avait lui-même donné acte.* — Qu'enfin le défaut d'indication des motifs sur lesquels l'exception de propriété pouvait être appuyée, s'explique suffisamment par la considération de leur appréciation, étant, comme la propriété elle-même, hors de la compétence du juge de paix, tout développement à cet égard était sans objet.

Il est à regretter que les recueils ne fournissent pas de plus longs détails sur les faits, on verrait comment la contestation a été motivée. Il semblerait que des motifs ont été donnés puisque la cour déclare que la contestation a été expresse et que le juge en a donné acte.

Ce qu'il y aurait à faire en pareille circonstance, de la part du juge saisi, ce serait de n'avoir pas égard à des prétentions élevées sans motifs, mais surtout d'avoir le soin de n'en pas donner acte, parce qu'autrement elles seraient considérées comme suffisamment motivées et concluantes.

Mais restera, quoi que l'on fasse, le dernier

motif de l'arrêt qui, s'il avait déterminé la cassation, serait des plus fâcheux et laisserait à la chicane le droit de dire au magistrat : je conteste parce que je conteste, tel est mon bon plaisir, et je demande à être renvoyé devant d'autres juges.

Cependant je ne pense pas que l'on doive encore jeter l'alarme comme le fait M. le juge de paix de Châteauneuf, parce que il est évident que le motif de l'arrêt est que la contestation n'était point vague, puisque le juge en avait lui-même donné acte.

Ainsi l'arrêt du 12 avril 1843, quoique contenant une considération très-contestable, et que l'on pourrait qualifier de motif surabondant, ne doit point encore faire règle et détruire l'ancienne et si salutaire jurisprudence.

Après avoir examiné les cas les plus ordinaires qui peuvent donner lieu aux contestations de la propriété et des titres, il est nécessaire de connaître comment il doit être procédé dans ces circonstances. — Le juge de paix doit-il se déclarer incompétent, se dessaisir de la cause et de laisser les parties à se pourvoir ? — Ou bien seulement surseoir et renvoyer l'incident devant le tribunal ?

Cette question fera l'objet du chapitre qui va suivre.

CHAPITRE XIX.

DU SURSIS OU DU DESSAISISSEMET EN CAS DE CONTESTATION DE PROPRIÉTÉ OU DE TITRE.

Lorsque des contestations, soit de propriété,

soit de titre, s'élèvent dans le cours d'une opération de bornage, le juge de paix doit-il seulement surseoir ou se dessaisir d'une manière absolue?

Cette question nous semble dépendre de celle-ci : La loi, en transférant aux tribunaux de paix les actions en bornage, n'a-t-elle pas entendu ne réserver aux tribunaux d'arrondissement que les contestations de titre ou de propriété?

Si cette deuxième proposition est vraie, la solution de la question posée devient facile.

Nous ferons précéder cette importante question de quelques observations générales.

§ 1ᵉʳ. — *Observations générales.*

Le législateur, lorsqu'il s'agit d'indemnité pour dommages aux champs, d'élagage d'arbres ou haies, de curage de fossé ou de canaux d'irrigation ou d'usine, — De bornage, de distance pour arbres ou haies, de précaution pour construction, qu'a-t-il voulu? Conférer aux justices de paix la connaissance d'appréciations qui ne doivent être faites que par le juge des lieux, et réserver aux tribunaux d'arrondissement les questions importantes, difficiles et ardues, relatives aux contestations de propriété, de titres ou de servitude, qui demandent la garantie de plusieurs juges.

C'est ainsi que la jurisprudence et les auteurs l'ont toujours entendu, même sous l'empire de la loi de 90 qui n'avait point mis de restriction à la compétence des actions pour dommages aux champs, etc.

M. Renouard, rapporteur en 1837, disait, sur l'art. 4 (art. 5 actuel) : Votre commission a adopté cet article sans amendement, et reproduit plusieurs dispositions de l'art. 9, titre 3, de la loi du 28 août 1790, en complétant la rédaction conformément *aux interprétations de la jurisprudence.*

A la séance du 6 avril 1838, un autre rapporteur, M. Amilhau, a dit : La compétence est d'ailleurs suffisamment *restreinte.*

Expression dont nous nous sommes constamment servi, parce qu'elle rend parfaitement l'état des choses, c'est-à-dire que la compétence des juges de paix, dans ces matières, est limitée ; qu'ils ne peuvent connaître que d'un pétitoire borné, restreint à telle ou telle chose.

Quelle était et quelle est encore la jurisprudence ? Elle était formelle : toutes les fois que sur des actions en dommages aux champs, des contestations du fond, c'est-à-dire sur la propriété ou sur les servitudes surgissaient, le juge de paix s'abstenait de juger la contestation et la renvoyait devant le tribunal d'arrondissement qui décidait l'incident.

Voilà ce que l'on doit entendre par l'interprétation de la jurisprudence.

Nous citerons trois arrêts de la cour de cassation, dont un antérieur et les deux autres postérieurs à la loi du 25 mai 1838.

Le premier est du 11 avril 1837 : Si le fait est justifié par l'exception d'un droit réel qui appartient au défendeur, le juge de paix doit surseoir, renvoyer l'exception devant les juges compétents, fixer un délai, le délai passé sans justification, condamner. — Et en cas d'appel, le tribunal ne peut connaître que de l'exception et non du fond, parce qu'alors il méconnaîtrait les règles de la compétence et confondrait celle qui lui appartient comme tribunal d'appel avec celle qui lui appartiendrait comme juge d'instance. (V. Lonchampt, bulletin des juges de paix, t. 3, p. 150.)

Le second est du 26 mai 1840; il parle formellement du sursis. — Il ne suffit pas que le défendeur à une action en paiement de dommages aux champs allègue qu'il est propriétaire ou en possession annale du terrain où le dommage a été commis, pour que le juge de paix se déclare incompétent, ou du moins sursoie à statuer.

Le 3e est du 22 juin 1842 : Quand le défendeur à une action pour dommages dans un champ oppose qu'avant le fait qui est le motif de cette action il était devenu propriétaire du fonds où il a été commis, quel est le jugement à rendre sur cette exception? Si elle est sérieuse, il doit surseoir et fixer un délai pour le jugement de l'exception.

Il a pour base le même principe énoncé dans le premier arrêt.

Ces trois décisions qualifient de préjudicielles, devant entraîner le sursis, les exceptions présentées par les défendeurs.

Tous les auteurs ont adopté le sursis, Marc-Deffaux, Masson, Benech et Carou; ce dernier a présenté des aperçus nouveaux.

Il est constant en jurisprudence et parmi les jurisconsultes que quand une question préjudicielle s'élève à l'occasion de dommages aux champs et autres, le juge doit surseoir et renvoyer la contes-
9**

tation; il en doit être ainsi lorsqu'il s'agit d'opération de bornage.

Nous abordons la question dans sa spécialité.

§ 2. — *Point de vue spécial.*

Au nombre des partisans du sursis, nous avons compté tous les auteurs à l'exception de Curasson qui s'est prononcé d'une manière absolue pour le dessaisissement dans toutes les matières où la compétence est restreinte par les termes *lorsque*. Eh bien! le croira-t-on? Carou qui a développé avec tant de soin et de succès l'opinion qu'il avait embrassée pour les dommages aux champs, adopte, pour le bornage, le système contraire.

Quatre pages sont consacrées à la discussion de la question. L'auteur reconnaît d'abord que les commentateurs de la nouvelle loi ne sont pas d'accord. — Il cite l'opinion de Benech, relative au curage des fossés et canaux, et en conclut que pour ce dernier il y aurait même raison de décider pour l'action en bornage. Il oppose ensuite à Benech, Deffaux, qui dit que le juge de paix doit renvoyer pour le tout devant le tribunal compétent, soit qu'il s'agisse de contestation en matière de bornage, en distance pour plantation et en élagage des arbres et en curage de fossés. — Il pense que Augier, dans son supplément, a compris la loi dans le même sens.

Prévoyant qu'on lui opposerait l'opinion par lui émise pour les dommages aux champs, il reproduit les doutes qu'il a fait naître sur l'application de la restriction à tous les cas prévus par l'art. 5 ; puis, annonçant que l'exception de propriété était fort rare en fait de dommages aux champs, c'eût été imprévoyance de la part du législateur que de ne pas affranchir ces dernières actions du cas de contestation pour la compétence.

Ce passage peut être ainsi analysé :

Il en est autrement pour le bornage. — Propriétaire contre propriétaire. Il s'agit de rechercher la limite des propriétés et de placer les bornes ; opération simple et toute matérielle, et moyen économique d'y procéder : la justice de paix. — Mais, si désaccord sur les limites, si contestation de propriété ou de titres, ce n'est plus une opération matérielle, la cause devient plus grave ; des questions de propriété sont soulevées, et plus de compétence. — La compétence est subordonnée à une condition déterminée ; la condition manquant, la compétence manque. — Disposition sage ; le tribunal étant compétant pour l'exception le devient alors pour le principal ; les droits des parties fixés, il est plus simple que le tribunal ordonne le placement des bornes plutôt que de renvoyer devant le juge de paix ; de nouvelles difficultés peuvent se présenter. — But de la loi : simple appréciation des faits ; parties étant d'accord sur les bases de l'opération ; mais, contestation, le juge de paix n'a plus de juridiction, et alors renvoi de la cause. — L'argument de Benech pour le sursis, au correctionnel, peu exact : les tribunaux civils et correctionnels ne connaissent pas des mêmes matières. Le correctionnel ne peut connaître d'exceptions civiles et *vice versâ*.

Telles sont en substance les objections présentées par Carou. Elles ne nous ont pas paru convaincantes, et nous croyons pouvoir les combattre.

Il ne sera pas question actuellement des auteurs cités; nous dirons seulement qu'il n'est pas fait mention de Masson, dont le commentaire existait déjà lorsque Carou a écrit : — Que le sentiment de Benech n'avait pas besoin d'être tiré d'un cas analogue, puisque ce dernier se prononce pour le sursis lorsqu'il traite du bornage. — Que quant aux autres auteurs, Marc-Deffaux ne motive pas sa décision; Augier ne se prononce pas; le passage rapporté ne dit rien.

A l'egard du motif sur lequel Carou insiste, afin d'échapper à une contradiction évidente, ce motif n'est pas dans le vrai, car il est certain que les dommages aux champs ont été compris comme tous les autres dans la restriction apportée à la compétence des tribunaux de paix. — La seconde raison donnée a plus de poids, mais elle est encore applicable aussi bien aux actions en bornage qu'aux actions pour dommages aux champs ou autres, spécifiées dans les différents articles de la loi nouvelle. Et en effet, les contestations dans ces sortes de matières, peuvent être également le résultat de la mauvaise foi et de la chicane.

Carou ne le pense pas, parce que l'action en bornage est intentée par un propriétaire contre un propriétaire; cette circonstance n'empêche pas que par des moyens détournés on arrive à déplacer la compétence, et le sursis dérouterait ces manœuvres.

L'auteur continuant, expose le but de la loi. Il s'agit de recherches des limites, et la justice économique a été choisie pour ordonner ces opérations. Si désaccord, si contestation, alors des questions graves se présentent.

Tout cela est fort exact, mais cela ne veut pas dire qu'il faille ne pas surseoir. — Les intérêts les plus importants, les plus délicats peuvent être agités; les questions les plus ardues, soulevées dans le cours des opérations. Eh bien! dans ce cas, le juge n'en retiendra pas la connaissance, il renverra les difficultés devant les tribunaux compétents. Cette marche est très-simple. — Telle est l'économie de la loi.

Parce que des contestations graves ou non s'élèvent, le juge de paix ne doit plus connaître des suites de l'action; qu'il ne soit pas le juge de ces contestations, la loi le veut, mais qu'il cesse d'être le juge du fait, c'est porter trop loin l'exigence de la position des parties. Les contestations alors ne changent nullement la nature de l'action; et, au surplus, le législateur a prévu le cas, puisqu'il le déclare.

L'incompétence, en cas de contestation, ne ressort pas, comme Carou le pense, de la nature même de l'action, parce qu'on n'a jamais prétendu que quand il y avait contestation, le juge saisi ne devait plus connaître de l'affaire. Ce que l'on a voulu c'était de donner aux justices de paix les actions en bornage, et renvoyer aux tribunaux d'arrondissement les incidents résultant de contestations de titres ou de propriété. — Rien dans les discussions aux chambres ne peut faire présumer le contraire; on n'a pas imposé cette condition à la compétence des juges de paix. Une conséquence contraire pourrait naître du silence du législateur. Lors de la présentation aux chambres, il n'était nullement question de contestations de propriété ou de titres qui l'établissent. Le juge de paix connaît, disait le projet primitif, des actions en bornage entre voisins, et tout se bornait là. — Dans la pratique, on aurait fait ce que sous la loi de 90 l'on faisait pour les dommages aux champs, on aurait sursis et renvoyé vider l'incident devant les tribunaux d'arrondissement. Et ce n'est donc pas en vue que le tribunal qui devait statuer sur l'exception devenait éminemment apte à statuer aussi sur l'action principale.

Un inconvénient que je qualifierai de banal est jeté en avant : n'est-il pas plus simple, dit-on, que les droits des parties fixés, la plantation des bornes soit immédiatement ordonnée plutôt que de renvoyer devant le juge de paix, lorsque peut-être de nouvelles difficultés pourraient surgir et occasionner encore plusieurs renvois et devant le tribunal et devant la justice de paix.

Ce raisonnement peut faire impression quand on ne descend pas dans les détails de la pratique; mais pour peu qu'on y fasse attention, les inconvénients que l'on croyait exister disparaissent. Avec de la prévoyance, le juge déroutera toutes les ruses suscitées par le souffle chicanier et amènera les plaideurs à réunir toutes leurs contestations et à ne les présenter que toutes ensemble. Par ce moyen, le sursis est très-praticable. — En discutant l'opinion de Curasson, qui, avec d'autres objections, a présenté celle-ci, nous développerons ce que nous avançons, d'autant plus que c'est là le grand reproche que l'on peut faire au mode de sursis. C'est que, mal conçu, il pourrait peut-être amener un résultat contraire à l'esprit de la loi.

Quant au dessaisissement absolu ou le renvoi de la cause entière avec l'incident, des désavantages majeurs en résultent et seront signalés.

Pour appuyer la déclaration d'incompétence au cas de contestation, Carou émet une opinion qui me paraît hasardée. Il suppose que l'action en bornage n'a lieu en justice de paix que quand les parties sont d'accord sur les bases de l'opération, et que, lorsque des contestations s'élèvent, le juge de paix, plutôt conciliateur que juge, manque de juridiction, renvoie la cause et les parties devant le tribunal qui en doit connaître.

Quand la loi a dévolu un droit quelconque à une juridiction, elle n'a pas voulu que ce droit dégénérât en un droit impuissant.

Si la loi supposait que les parties dussent être d'accord entre elles sur les bases de l'opération de bornage pour que la justice de paix fût compétente, elle aurait supposé un non-sens et détruit d'une main ce qu'elle édifiait de l'autre.

Pas de contestation, pas d'action; un milieu ne se conçoit pas. Et qu'est-ce donc que d'être d'accord sur les bases d'une operation, si ce n'est pas l'opération elle-même? Alors que devient le pouvoir de la justice? Qu'a-t-elle à faire quand il n'y a plus de litige? Sanctionner de sa présence les conventions des parties? Non, ce n'est pas là le rôle du juge, il ne doit point accepter.

Au surplus, les justiciables eux-mêmes n'auraient

point recours à une semblable juridiction. Ils n'en ont pas besoin, puisqu'ils sont d'accord.

Ne faire entrer dans les pouvoirs des juges de paix qu'une simple appréciation de faits, c'est annihiler les attributions qu'ils ont reçues, et tel n'est pas le but de la loi.

Cette idée de ne reconnaître au juge de paix que le droit d'apprécier de simples faits est tellement outrée, que l'on va jusqu'à dire que, lorsque des contestations s'élèvent, il est plutôt conciliateur que juge. Nous ne voyons pas en quoi le juge de paix n'aurait que des attributions conciliatoires dans ces matières. La décision de certaines difficultés ne lui est pas permise, sans doute, mais il y a loin de là au rôle de conciliateur.

Du reste, ce qui prouve combien est erronée cette prétention, c'est qu'il est des contestations dont le jugement appartient au juge de paix, et qui peuvent se présenter non seulement *in limine litis,* mais encore dans le cours de l'instance.

Il faut faire attention que la loi ne dit pas que le juge de paix ne connaîtra *d'aucune contestation,* et c'est cependant l'interprétation qu'on voudrait lui donner par ces mots : *mais lorsque des contestations portent soit sur la propriété, soit sur les titres.*

La loi est formelle ; elle n'a entendu restreindre la compétence des juges de paix qu'au cas où les contestations porteraient sur la propriété ou les titres qui l'établissent.

Il n'est donc pas vrai de dire que le juge manque de juridiction et qu'il doit se dessaisir de la cause lorsque des incidents prévus par la loi surgissent.

Curasson qui s'est décidé d'une manière absolue pour la négative, et qui applique au bornage les mêmes raisonnements qu'il a invoqués pour les dommages aux champs, ne présente pas moins de nouveaux moyens à l'appui de la question spéciale.

En voici la substance : — Observations précé-cédentes applicables au bornage. Deux juridictions, chose étrange et impraticable. Contestation de titres ou prétention à la prescription trentenaire, dans ce cas, nomination d'experts pour appliquer les titres et enquête pour prouver la prescription. Les difficultés jugées, à quoi bon le renvoi au juge de paix pour le placement des bornes, qui n'est que l'exécution du jugement ou arrêt? Pourquoi l'expert ou le géomètre envoyé sur les lieux n'y procéde-rait-il pas, ou les parties elles-mêmes? — Difficulté tranchée. Si compétence absolue au juge de paix, sauf renvoi des contestations, la loi eût prononcé le sursis comme au cas de contestation pour déli-mitation de forêt domaniale ou communale, la loi ayant dit qu'il serait sursis à l'abornement adminis-tratif jusqu'à la décision des tribunaux. — Dans les autres cas de sursis, la loi le déclare. (235, 327 et 1319 du code civil, 240 et 427 du code de pro-cédure, et 3 du code d'instruction criminelle.)

Deux arguments principaux ressortent de ces observations, à savoir : 1° qu'il serait étrange et souvent impraticable de soumettre la même action à deux ordres de juridictions différents; que si, par exemple, le titre était contesté, ou si l'une des parties excipait de la prescription, le débat terminé, le renvoi en justice de paix serait sans but; 2º que quand le législateur veut que le juge retienne l'affaire, il le dit.

Il nous sera facile d'établir qu'il n'y a rien d'étrange ni d'impraticable dans le retour des parties devant le juge primitivement saisi de la cause. Ce qui doit paraître étrange et se trouve évidemment contraire aux vues économiques du législateur, c'est de recommencer une procédure régulière qui a déjà occasionné des frais, par une procédure ruineuse qui à elle seule a donné lieu au changement de compétence; vérité qui saisit tout le monde, mais à laquelle résistent encore quelques intérêts.

Le premier exemple cité à l'appui de la démonstration est la contestation du titre. Cette contestation peut se présenter de différentes manières. Tantôt c'est le titre en la forme qui est attaqué, parce qu'il est irrégulier, tantôt c'est en lui-même, en son essence; d'aucune fois c'est la quantité énoncée et qui se trouve détruite par un titre plus ancien, et une foule d'autres cas que la pratique peut faire naître. Eh bien! dans ces circonstances, il n'est pas besoin d'expert pour appliquer les titres; les questions se jugent presque toujours à l'audience, le plus souvent ce ne sont que des questions de droit à décider, et qui ne nécessitent pas la présence d'experts sur les lieux. Alors le tribunal d'arrondissement ayant jugé la difficulté, ira-t-il commettre un ou trois experts pour procéder à l'opération? Ce serait une chose inutile, puisque déjà il en existe un nommé par le juge régulièrement saisi; il renverra les parties en justice de paix, la marche est beaucoup plus simple et surtout amenant bien moins de frais. L'objection tirée de ce que l'expert du tribunal, qui aurait déjà opéré, devrait faire le placement des bornes plutôt que de renvoyer au juge de paix, n'a donc pas d'application au cas de contestation de titre.

Quant au second exemple : la prescription trentenaire de la limite actuelle ou d'une étendue de terrain quelconque. Il ne s'agit pas plus, dans l'un et l'autre cas, d'expert ou de géomètre commis par le tribunal pour donner leur avis et ensuite exécuter la décision du tribunal; ce sont des témoins à entendre, et voilà tout. A quoi servirait un géomètre? Est-ce que le point en litige n'est pas fixé par le jugement du juge de paix? Et, d'un autre côté, l'enquête terminée, le jugement prononcé, il est encore beaucoup plus simple de renvoyer à la justice de paix en l'état, plutôt que d'ordonner que, par experts, l'opération aura lieu de telle ou telle manière.

Les tribunaux d'arrondissement ont moins à décider des points de fait que des questions de droit; leur mission se réduit à vider les difficultés dont ne peuvent connaître les tribunaux de premier degré, et ces deux juridictions peuvent fonctionner sans embarras dans leurs sphères d'attributions respectives.

D'après le raisonnement de Curasson, il semblerait qu'une fois la contestation jugée par le tribunal, il n'y a plus qu'à planter les bornes. C'est évidemment là une erreur pour les cas les plus fréquents, parce que les contestations autres que celles de propriété ou de titre et les difficultés de terrain, qui appartiennent à la justice locale, peuvent se présenter, et alors ces contestations seraient terminées par un tribunal qui ne doit décider que les contestations prévues, celles portant sur la propriété et les titres qui l'établissent.

Au surplus, s'il n'y avait plus qu'à planter des bornes, les parties ne manqueraient pas, et elles auraient parfaitement raison, de procéder à l'amiable à une opération purement matérielle.

Curasson le reconnaît et en fait un argument contre le renvoi en justice de paix. Cet argument n'est pas très concluant, puisqu'il peut être invoqué avec autant de fondement contre le système contraire.

En effet, s'il n'y a plus rien à faire qu'à planter des bornes, les parties n'ont donc besoin ni de l'intervention du juge, ni de la présence d'un expert commis par la justice.

A l'égard du second argument basé sur l'intention du législateur, que s'il avait entendu parler du sursis, il l'aurait dit, cet argument ne nous paraît pas fondé quand il s'agit de l'interprétation des lois, parce qu'il est véritablement beaucoup trop commode et se prête par trop aisément à la manière de voir de chacun.

Ce que la loi a prescrit au cas de contestation pour la délimitation forestière, domaniale et communale, était rigoureusement nécessaire, à cause de la séparation des pouvoirs; il ne fallait pas qu'il restât le moindre doute sur les droits de l'administration; et afin d'éviter toute espèce d'empiètement, la loi déclare le sursis, sans cela on aurait pu croire que l'administration avait d'autres droits que ceux qui lui étaient impartis.

Les autres matières citées se retrouvent encore

dans les mêmes conditions; il s'agit de faux incident civil et de faux en matière commerciale.

La loi ne s'exprime pas toujours dans les mêmes termes à cet égard; car on peut se reporter à l'art. 14 du code de procédure civile, qui régit les justices de paix. L'art. 14 parlant d'inscription de faux, de dénégation d'écriture, de non reconnaissance, déclare que le juge renverra la cause devant les juges qui doivent en connaître, c'est-à-dire l'incident. La cause, ici, c'est l'incident et non le principal. Le maintien de l'ordre des juridictions suffirait pour faire rejeter l'opinion opposée.

Carré, juridiction des juges de paix, dit : mais les juges ne sont pas pour cela saisis de la connaissance du fond; le juge de paix conserve toujours sa compétence pour le juger; le renvoi prescrit par le législateur n'est donc que celui de l'incident; et aussitôt que le tribunal civil l'a vidé, les parties reviennent vers le juge de paix pour qu'il prononce. (V. t. 4, p. 46.)

Dans l'encyclopédie des juges de paix d'Augier, on lit : en ordonnant que le juge de paix renverra la cause devant les juges qui doivent en connaître, il est évident que le législateur n'a parlé que de la cause incidente, puisque le juge de paix est seul compétent pour connaître du principal; c'est là une question préjudicielle dont l'unique effet est de suspendre la décision de la cause au fond. Il cite Carré, lois de la procédure, et Favard. (V. v° *faux*, t. 3°, n° 8.)

Chauveau, nouvelle édition des lois de la procédure de Carré, adopte le sentiment de cet auteur et considère comme purement spécieuses les raisons puisées dans l'art. 427 du code de procédure civile, données à l'appui de l'opinion contraire.

Après avoir combattu les auteurs qui ont rejeté le sursis, je vais parler maintenant de ceux qui l'ont adopté.

Masson est sans contredit celui qui a le mieux présenté la question. Nous transcrirons ici textuellement son opinion, qui toutefois donnera lieu à quelques observations.

« En règle générale, dit Masson, c'est la demande qui fixe la compétence du juge; tous les incidents, toutes les contestations qui peuvent surgir dans une instance ne peuvent faire changer cette compétence; autrement il pourrait dépendre du caprice du défendeur d'éluder la juridiction devant laquelle il est appelé; dès que la matière qui fait l'objet de l'affaire est spécialement attribuée à un tribunal, une difficulté quelconque qui sort de ses attributions ne peut lui ravir le droit de juger; il peut bien, jusqu'après sa décision, être obligé de suspendre son jugement, mais il a été compétemment saisi; rien ne l'oblige, ne lui permet même de se dessaisir de la cause; s'il se déclare incompétent, il faudra qu'il prononce sur les dépens. Y condamnera-t-il le demandeur, qui s'est conformé à la loi? les fera-t-il supporter par le défendeur, dont la contestation peut être juste et fondée? On sent l'embarras que suscite un pareil système. Mais, dira-t-on, on laissera au tribunal qui devra statuer sur la contestation, le soin de statuer en même temps sur l'action principale et sur les dépens. Cette marche, la plupart du temps, serait impossible; car la difficulté soulevée sur une demande en bornage ne peut avoir pour objet l'interprétation d'un titre par voie administrative ; or, il est absurde de penser que l'administration puisse juger sur des dépens faits à l'occasion d'une instance qui sort essentiellement de ses attributions, et il serait plus ridicule encore de vouloir lui déférer la décision de l'affaire. Et qu'arriverait-il donc encore, si la contestation ne pouvait être jugée que par un tribunal autre que celui de la situation des lieux ? Si, par exemple, pour prouver la propriété, on produisait un testament, une vente, un acte quelconque dont l'interprétation devrait être déférée au tribunal du domicile du défendeur, à quelles conséquences ne serait-on pas entraîné ? — Mais supposons, ce qui est possible, que la demande en bornage soit dirigée contre dix propriétaires voisins, et qu'arrivant à l'opération qui *aurait été ordonnée par un jugement passé en force de chose jugée, un seul* élève une contestation sur le titre du demandeur, ou de l'un des défendeurs, si le juge est obligé de se déclarer incompétent, il faudra, de toute nécessité, amener ces dix individus dans l'instance qui sera portée devant le tribunal d'arrondissement, et cependant ils n'auront rien à y démêler, puisqu'ils auront donné leur consentement au bornage. — On voit, par ces différents exemples, et notamment par la dernière hypothèse, que si le législateur avait voulu que le juge de paix se déclarât incompétent, dans le cas de contestation lors de la production des titres pour opérer le bornage, loin de faire une loi utile, il aurait ouvert l'accès le plus facile à la chicane et multiplié les procès, ce que surtout il a voulu éviter.

« Le sursis n'aura aucun de ces inconvénients, et,

de plus, les contestations seront infiniment plus rares, parce que celui qui voudra les élever saura que les frais qu'elles occasionneront ne seront plus considérés comme frais de bornage et payables en commun, mais resteront à la charge du téméraire plaideur. »

Masson cite Pardessus qui dit qu'en cas de prétention à la possession au-delà des titres, les opérations de bornage doivent être *suspendues*, jusqu'à la décision des tribunaux.

Il rapporte ensuite les paroles de M. Renouard : que quand des questions de propriété sont engagées, le juge de paix n'en devra pas *connaître*; ainsi que celles du ministre, que dans ces cas le juge s'arrêtera.

Il termine par une objection sans réplique : « le système que nous venons de développer, ajoute-t-il, est tout-à-fait en harmonie avec la loi et les principes, et l'on peut concevoir difficilement d'ailleurs qu'après avoir rendu un *jugement qui ordonne* le bornage, le juge de paix vienne prononcer une incompétence qui anéantirait la première décision en laissant tomber toute la procédure. Cette dernière considération surtout, bien appréciée suffirait à elle seule pour faire admettre notre opinion. »

Masson s'occupe d'abord, comme nous venons de le voir, de la compétence du juge de paix en matière de bornage et démontre clairement qu'il ne peut être dessaisi par une exception quelconque.— Mais la conséquence qu'il en tire relativement aux frais ne nous paraît pas très convaincante. Le juge de paix ne peut assurément pas statuer sur ces frais, puisque, à l'égard du demandeur, l'action a été régulièrement intentée, et d'un autre côté l'exception préjudicielle peut être parfaitement fondée. Mais la réserve des frais ne serait point encore là un inconvénient grave dans les cas ordinaires; c'est celui qui succombe qui les doit supporter, que leur imputation soit faite par le premier juge ou par le tribunal d'arrondissement qui doit prononcer sur les contestations, peu importe. — Au surplus, dans les affaires en bornage, la répartition des frais est facile; les premiers frais d'introduction d'instance sont par tête, et ceux d'opération au prorata des quantités.— Il n'y aurait pas d'inconvénient d'en voir faire l'application par le tribunal saisi des contestations.

Masson pousse trop loin son raisonnement qui nous semble manquer de force, parce qu'il n'a pour base qu'un cas infiniment rare, l'interprétation par l'autorité administrative des titres contestés. — Il est certain que l'autorité administrative ne peut ni appliquer les dépens, ni encore moins connaître d'une opération toute judiciaire. — Sous ce rapport, l'incompétence est certes contraire à tous les principes, mais elle ne le serait pas en ce qui concerne les tribunaux, et il n'y aurait rien d'étrange à cette marche. — Au surplus, dans l'hypothèse de l'incompétence ou plutôt du dessaisissement, si le titre produit devait être interprété par voie administrative, une fois l'interprétation faite, la cause retournerait, par une conséquence forcée, au pouvoir judiciaire, dans l'espèce, à la justice de paix. Cela ne fait pas de doute; ou bien d'un autre côté il y aurait lieu à règlement de juges pour la suite de l'opération, si le tribunal de paix se trouvait entièrement dessaisi par suite de l'incompétence.

Masson donne un troisième moyen qui nous paraît encore moins concluant, c'est le cas où l'interprétation d'un titre devra être faite devant un tribunal autre que celui de la situation des biens à borner. Quand par exemple, dit Masson, pour prouver la propriété on produit un testament, une vente, un acte quelconque dont l'interprétation devrait être déférée au tribunal du domicile du défendeur.

Pour nous, nous ne pensons pas que ces circonstances puissent jamais se rencontrer, parce que c'est le tribunal de la situation des biens à borner qui seul doit connaître de l'affaire, et de tous les incidents qui en peuvent résulter. Ainsi, qu'un testament soit produit, ou une vente, ou un partage, ou une transaction, ou tout autre acte, la partie qui en excipera, fût-elle aux extrémités de la France, est soumise à la juridiction territoriale.

L'action étant purement réelle, elle ne peut être jugée que par le tribunal de la situation des lieux.

Mais si quelques arguments paraissent hasardés, l'objection qui suit est des plus puissantes. L'auteur suppose l'action engagée entre dix propriétaires et plus; tous adhèrent au bornage demandé, à l'exception d'un seul qui élève une difficulté concernant la propriété ou les titres; les dix propriétaires non contestants seront donc amenés devant le tribunal d'arrondissement.

Cet inconvénient est grave, et il nous paraît difficile d'y remédier autrement que par le sursis.

Une dernière objection non moins importante est signalée par Masson, c'est celle relative au jugement ordonnant le bornage, lequel jugement se trouverait détruit par un autre prononçant l'incompétence.

Et en effet, comment concilier ces deux décisions opposées? Si seulement le tribunal d'arrondissement, suivant les derniers errements de la procédure, maintenait le premier jugement et ce qui en a été la conséquence; mais non, toute la procédure est recommencée depuis l'exploit introductif d'instance jusqu'au jugement qui ordonne le bornage, ainsi que tout ce qu'a pu faire l'expert. Le législateur n'a pas assurément entendu une pareille involution de procédure et entraînant des frais en pure perte, qui seraient alors éminemment frustratoires; la loi n'a pu donner lieu à de tels abus.

Le professeur Benech, de Toulouse, s'est rangé du sentiment de sursis.

Voici dans quels termes il s'exprime, p. 275 : Dans ces divers cas,.... le juge *surseoira* jusqu'à la décision du juge du pétitoire; — mais dès que les dificultés auront été évacuées, toutes les autres questions accessoires au bornage rentreront dans les attributions du juge de paix. Ainsi, en procédant d'après le rapport du géomètre qu'il aura délégué, ou que les parties auront elles-mêmes choisi, *il déterminera la ligne de séparation des deux fonds; il prononcera..... sur les restitutions de fruits.....,* et fera les réductions et attributions proportionnelles de bénéfice et de perte.

Dès l'apparition de la loi nouvelle, j'avais adopté le sursis dans deux jugements insérés au recueil *le Juge de Paix.* — Dans le premier, d'une manière implicite, mais dans le second très formellement.

Ce dernier jugement est du 13 juin 1859 :

Considérant que, d'après la loi nouvelle de compétence, les actions en bornage ont été transférées aux tribunaux de paix, et que les tribunaux d'arrondissement ne sont appelés à décider que les questions incidentes relatives à la contestation des titres ou de la propriété, et que conséquemment le juge ne doit pas se dessaisir, mais seulement surseoir.

Qu'en effet, bien que le législateur de 1838 se soit servi de l'ancienne locution de 90, le juge de paix connaîtra..... lorsque..... cela ne veut pas dire que le juge de paix se dessaisira d'une manière absolue de l'action, mais bien qu'il ne connaîtra pas des difficultés qui sont hors de ses attributions, comme dans le cas de l'art. 14 du code de procédure civile, où il est dit que le juge de paix renverra la cause, c'est-à-dire l'incident.

Considérant que l'objection de multiplicité des jugements provient d'un faux point de départ, parce qu'avant tout, une première opération toute matérielle doit être faite. A quoi servirait, en effet, une contestation de titre ou de propriété, quand la contenance réelle actuelle est inconnue ?

Considérant que le sursis se trouve basé sur les vrais principes en matière de juridiction ; le juge de paix ayant légalement rendu un jugement qui ordonne le bornage, ce jugement étant même exécuté par le mesurage, que deviendrait alors et le jugement et cette opération faite en conséquence ? Qu'a voulu le législateur ? Réserver aux tribunaux d'arrondissement les questions graves de contestations de propriété ou de titre ? Et ce serait retomber dans l'inconvénient qu'il a voulu éviter s'il fallait recommencer l'ancienne procédure ; car le dessaisissement absolu aurait ce fâcheux résultat, tandis que par le sursis, lorsque l'on n'a plus qu'à appliquer les titres et à opérer les reprises, un seul et même jugement peut embrasser toutes les contestations. (V. le *Juge de Paix*, par Augier, t. 9, p. 205 et 206.)

M. Frion avait adopté le système contraire dans un article imprimé en 1829 aux annales de la science des juges de paix. Depuis, il a fait un retour sur sa première opinion qu'il a abandonnée dans son opuscule sur le bornage.

Cet article mérite d'être rapporté; il contient des vues saines qui doivent être suivies.

« 45. — Lorsque la contestation s'élève, soit à l'audience, soit sur les lieux, et lors des opérations, le juge de paix doit, aux termes de l'art. 170 du code de procédure, renvoyer d'office toutes les parties devant qui de droit. »

Mais le renvoi doit-il avoir lieu non seulement sur l'incident, mais encore sur la demande principale?

J'ai développé l'opinion affirmative dans un des journaux de justice de paix, et entre autres raisonnements je produisais ceux-ci : la loi porte que les juges de paix connaissent de l'action en bornage lorsque la propriété ou les titres ne sont pas contestés; donc, lorsqu'il y a contestation de cette nature, les juges de paix ne connaissent plus de l'action.

C'est là l'induction que la loi offre naturellement à l'esprit, et on ne voit nulle part, soit dans les travaux qui l'ont préparée, soit dans les discours et les discussions qui ont eu lieu aux chambres, que cette loi doive avoir un autre sens.

J'ajoutais que si le législateur avait entendu que

les juges de paix ne devinssent incompétents que sur l'incident, il l'aurait sans doute exprimé d'une manière formelle, et comme il le fait, par exemple, à l'égard des tribunaux de commerce, pour les cas prévus par les art. 426 et 427 du code de procédure, qui disposent que, dans ces cas, le jugement de l'incident sera renvoyé devant les juges qui doivent en connaître, et qu'il sera sursis à statuer sur la demande principale.

Telle est l'opinion que je professais alors et qui fut également soutenue par plusieurs auteurs.

Mais depuis, un arrêt de la cour de cassation, du 26 mai 1840, est venu l'ébranler.

En effet, il résulte de cet arrêt, que lorsque, sur une action pour dommages aux champs, la propriété est contestée, le juge de paix doit se déclarer incompétent, ou au moins surseoir à faire droit, jusqu'à ce que la question de propriété soit jugée par les tribunaux qui doivent en connaître, et la disposition d'après laquelle cet arrêt a prononcé est conçue dans le même sens que la loi actuelle.

Il paraît aussi que quelques tribunaux embrassent à peu près cette opinion; ils ne retiennent l'affaire que lorsque le jugement de l'incident a exigé une expertise préalable qui les met aussi à portée de procéder au fond; dans le cas contraire, ils renvoient devant le juge de paix.

Si cette marche doit prévaloir, il serait à désirer que toutes les contestations qui pourraient surgir d'une opération de quelqu'étendue fussent soulevées en même temps, pour que le juge de paix pût renvoyer et le tribunal compétent statuer sur toutes à la fois.

Dans ce but, il faudrait, s'il était possible, qu'aussitôt qu'un incident serait levé, le juge de paix obtînt, en provoquant les mesures ou les explications qui pourraient lui faire connaître d'avance les incidents qui naîtraient encore ultérieurement, qu'ils fussent aussi proposés immédiatement.

Sans quoi, il pourrait arriver qu'après le jugement sur un premier incident, le juge de paix fût encore obligé de renvoyer sur un second, puis sur un troisième, un quatrième, et alors que de procès, que de frais, que de perte de temps à l'occasion d'une opération de bornage !

« N° 45. — Quand il s'agit d'une opération qui s'étend à plusieurs héritages, il n'est pas toujours nécessaire que le renvoi ait lieu à l'égard de toutes les parties ; car si, par exemple, la contestation ne concerne que celui d'entre les héritages qui se trouve à l'une des extrémités du lieu de l'opération, il est possible que la décision à intervenir, quelle qu'elle soit, n'ait aucune influence sur la partie de cette opération relative aux héritages situés à l'autre extrémité, et dès que tous les intéressés le reconnaissent, le juge de paix doit donc y donner suite en même temps qu'il prononce le renvoi en ce qui touche le surplus de l'opération. (V. *du bornage en justice de paix*, p. 50, n° 43.) »

Je ferai sur cet article quelques observations.

D'abord je ne pense pas que dans l'occurrence, le juge de paix doive, aux termes de l'art. 170 du code de procédure civile, déclarer d'office son incompétence. L'art. 170 n'est relatif qu'aux incompétences absolues, c'est-à-dire à celles dont le tribunal saisi ne peut connaître, même par suite de prorogation de compétence.

Ainsi, avant la loi de 1838, si l'on avait porté en justice de paix une demande en bornage, que le défendeur ne présentât pas le moyen d'incompétence ou qu'il fît défaut, le juge de paix devait se déclarer formellement incompétent, parce qu'il y avait incompétence à raison de la matière.

Aujourd'hui il n'en peut être de même, parce que les tribunaux de paix ont le *germe* de la compétence, puisque, par la loi de 1838, les actions en bornage ont été mises dans leurs attributions. Si les parties procèdent devant eux sans demander leur renvoi, nous croyons qu'il n'est pas du devoir du juge de les renvoyer devant qui de droit. Il y aurait alors dans le fait des plaideurs un tacite consentement à ce que le juge statuât *pleinement* — La prorogation de compétence pouvant avoir lieu en l'état des choses par la comparution volontaire des parties, elle peut dès lors être tacite.

Je ne puis donner aux travaux des chambres l'interprétation que leur donne mon collègue. S'il n'est point question de sursis, il n'est pas davantage parlé d'incompétence. Je crois, toutefois, pouvoir établir avec le peu de documents que nous possédons, que l'intention du législateur est plus prononcée pour le sursis que pour l'incompétence ou le dessaisissement.

La marche mixte suivie par quelques tribunaux, de statuer quand déjà il y a expertise, et de renvoyer dans le cas contraire, peut avoir de bons résultats ; mais elle ne respecte pas assez le principe, qu'aucune juridiction ne peut empiéter sur l'autre.

Le moyen indiqué par M. Frion pour éviter la multiplicité des jugements sur chaque contestation qui pourrait surgir des débats, n'est pas assez explicite, il aurait dû dire les mesures que pourrait prendre le juge de paix. Je tâcherai de remplir cette lacune.

Les auteurs du dictionnaire de procédure, dont les décisions ont quelqu'influence au palais, se sont prononcés pour le sursis.

Au mot *Bornage*, 2ᵉ édition, on lit, n° 116 : s'il s'élève des contestations sur la propriété du terrain qu'il s'agit de borner, ou sur les titres établissant cette propriété, le juge de paix doit *surseoir* à statuer, et renvoyer les parties devant les tribunaux civils; *mais dès que ces difficultés ont été résolues, toutes les questions relatives au bornage lui appartiennent.*

M. Augier, au recueil *le Juge de Paix,* rapporte un jugement du tribunal civil de Vouziers, du 27 avril 1842, qui a admis le sursis Voici le sommaire : lorsqu'une exception de propriété est invoquée par le défendeur à l'action en bornage, le juge de paix doit-il se déclarer incompétent ou surseoir à statuer jusqu'au jugement du tribunal de première instance sur cette exception? (Résol. dans ce dernier sens.)

Il s'agissait d'une demande en bornage à perte ou à gain, basée sur un même titre de partage. — Refus par le défendeur soutenant sa propriété séparée par des piquets renouvelés et invariables. — Visite des lieux et arpentage par le juge de paix de Vouziers; il en résulte que le défendeur a de l'excédent, et le demandeur du déficit. — Le défendeur a toujours persisté dans la preuve de la possession annale et de plus de trente ans dans les limites des piquets.

Le juge de paix surseoit à statuer sur le bornage et fixe un délai pendant lequel la question de propriété serait tranchée.

Jugement du tribunal civil sur l'incident porté par le demandeur, le défendeur restant dans l'inaction, ainsi conçu : considérant qu'à l'encontre des titres invoqués par le demandeur, le défendeur a opposé un droit de propriété reposant sur une possession trentenaire; que le juge de paix n'étant point juge de ce fait, a sursis à statuer sur l'action qui lui était soumise, jusqu'après le jugement par les tribunaux compétents pour prononcer sur la prétention soulevée par le défendeur. (V. *le Juge de Paix*, t. 12, p. 293.)

Cette affaire a fourni l'occasion au tribunal de Vouziers de proclamer les vrais principes en matière de bornage. — On lit dans un premier jugement.... que le bornage doit s'effectuer, non dans les limites de la possession, mais dans les *limites de la propriété*; que, s'il n'en était point ainsi, on ne pourrait voir dans le bornage une opération définitive. — Dans le second jugement.... que les actions en bornage..... ayant pour but de constater et fixer *définitivement* le droit des parties, il en résulte que le juge de paix doit se décider, non plus d'après la simple possession annale, mais seulement d'après *le fond du droit*, qui seul aujourd'hui peut faire sa règle et servir de base à sa décision. (V. t. 12 du *Juge de Paix*, mêmes pages.)

Malgré cette longue discussion de la question du sursis dans des sens divers, je crois pouvoir la présenter encore sous un aspect nouveau, et puiser dans les motifs de la loi la preuve que l'intention du législateur a été seulement que les justices de paix ne connussent pas des contestations de propriété ou de titres, et que quand elles s'élevaient, leur juridiction ne cessait que pour ces contestations.

M. Persil disait en présentant la loi à la session de 1837, que si le litige porte sur la propriété, l'examen des titres et la connaissance approfondie du droit sont nécessaires, dès lors doit cesser la juridiction exceptionnelle, c'est ce qu'explique le projet en même temps qu'il défère au tribunal de paix les actions en bornage.

Cette locution pourrait laisser présumer que la juridiction doit cesser d'une manière absolue (et le ministre ne le dit pas encore). Je ne le pense pas et j'en trouve la raison dans le rapport de M. Renouard, fait en conséquence de la présentation de la loi. Il importe de bien constater que si des questions de propriété se trouvent engagées dans le litige, le juge de paix *n'en devra pas connaître.*

De quoi le juge de paix ne devra-t-il pas connaître? Ce n'est pas du litige, parce que, au lieu de dire *n'en devra pas*, on aurait ajouté *n'en devra plus* connaître.

Au surplus, *n'en devra pas connaître* se rapporte évidemment aux questions ou contestations de propriété; car si, dans l'intention du rapporteur, le juge de paix se trouvait dessaisi, il se serait exprimé autrement, il aurait annoncé qu'il ne devrait *plus* connaître *du litige.*

La présentation à la chambre des pairs va lever toute incertitude. M. le garde-des-sceaux Barthe s'est ainsi exprimé : s'il s'agit moins de rechercher les bornes et de les poser que de statuer sur une revendication de propriété.... de trop graves intérêts étant alors engagés, la compétence exceptionnelle *s'arrêtera.*

Si le juge se trouve arrêté, il n'est donc pas dessaisi ; cela est certain et équivaut au sursis. M. Barthe est assurément celui des ministres qui soit le plus entré dans l'esprit de la loi. Sa pensée se trouve suffisamment développée dans son discours de présentation du projet de loi à la chambre des pairs. Expliquant ce que doit faire le juge de paix, il termine par décider qu'il s'arrêtera quand il y aura contestation de propriété ou de titre, car la revendication de propriété, dont parle le ministre, n'est que la contestation de propriété ou de titre. Et en effet, les trois cas sont prévus : le bornage, les travaux de précaution et la distance pour les plantations. Et si, pour ces trois circonstances, il y a, dit le ministre, revendication pour le bornage, contestation de propriété ou de titres pour les deux autres cas, alors le juge de paix n'en connaîtra pas ; sa compétence, en un mot, sera arrêtée.

L'année suivante, à la chambre des députés, M. Barthe a reproduit ce qu'il avait dit à cet égard à la chambre des pairs.

Le rapport de M. Amilhau vient encore corroborer l'interprétation que je n'ai point hésité à adopter ; c'est lorsque le fond du droit n'est pas en litige que le juge est autorisé *à prononcer,* et sa décision n'est jamais qu'en premier ressort. Ces paroles de M. Amilhau ne peuvent être interprétées que dans le sens du sursis : quand il y aura contestation, le juge ne connaîtra pas de cette contestation, ne la décidera pas ; ce qui ne signifie pas que le juge est obligé de se déclarer incompétent, de se dessaisir du procès. Au moins, s'il se déclare incompétent, ce n'est que par rapport à l'incident.

D'après cela, il est certain que l'intention du législateur n'a pas été que le juge de paix se déclarât incompétent sur le principal, se dépouillât du procès et renvoyât le tout devant le tribunal d'arrondissement.

Les contestations de propriété ou de titres en matière de bornage peuvent être assimilées aux questions préjudicielles; elles en ont les principaux caractères; car s'il s'élève une contestation de propriété ou de titres, cette contestation doit être vidée avant toute chose; elle a sur la décision à intervenir une influence telle qu'elle en paralyse, en suspend la solution. Par exemple, qu'un titre soit contesté; qu'une partie élève la prétention à la possession d'un terrain quelconque, au moyen de la prescription; que des contestations graves de titre ou de propriété surviennent; dans toutes ces circonstances, l'opération du bornage est subordonnée à la décision de la contestation. Cette position que les parties se sont faite ne change rien à la compétence, seulement elle fait naître un incident qualifié à juste raison de question préjudicielle. Cette qualification se comprend aisément. — On nomme, dit l'encyclopédie des juges de paix, question préjudicielle toute question dont la décision préalable est nécessaire pour qu'il puisse être statué sur d'autres questions qui s'y rattachent.

Toutes les fois qu'il s'agit de questions préjudicielles, il y a sursis : c'est une conséquence forcée, parce que, comme l'exprime suffisamment le mot *préjudiciel*, c'est une difficulté qui doit être jugée avant le fond du procès.

Les questions préjudicielles sont quelquefois décidées par le tribunal saisi de la question principale où elles ont pris naissance. Le plus souvent aussi ce sont d'autres tribunaux à qui la connaissance en a été dévolue. — Dans tous les cas, la procédure sur le fond est arrêtée, et il est sursis à toute espèce de décision de la cause. C'est la force des choses qui le veut ainsi.

Le sursis est donc la seule voie qui peut être prise.

D'un autre côté, les inconvénients qui résultent de l'incompétence absolue, ou dessaisissement, doivent, dans le silence de la loi, faire rejeter cette dernière opinion. — Ces inconvénients ne peuvent être bien compris qu'en abordant les détails de la pratique. Sur ce terrain, ils ressortent plus évidents encore.

En effet, quel but se propose-t-on dans le bornage? de connaître les véritables limites des propriétés. Pour arriver à cette fin, une opération toute matérielle est indispensable et doit avoir lieu avant toute chose : c'est le mesurage des pièces de terre des parties en cause ; car, au préalable, il faut savoir, non pas par aperçu, mais mathématiquement parlant, les quantités que chaque pièce de terre renferme dans son état actuel de jouissance ; autrement, on manquerait le résultat qu'on veut atteindre.

On ne viendra sans doute pas prétendre qu'un préliminaire semblable doit être ordonné par le tribunal d'arrondissement ; et c'est cependant où conduirait la déclaration d'incompétence.

L'opération dont nous parlons étant en dehors de tout, ne pouvant, par sa nature, recevoir aucune impulsion, aucune influence des incidents de la cause, doit rester intacte; c'est un travail d'expert, c'est la levée du plan parcellaire des propriétés, sans aucune attribution de quantité.

Voyons plus intimement encore ce qui se passe dans ces sortes d'affaires.

On demande le bornage, soit parce qu'il n'existe point de bornes, soit le plus ordinairement parce qu'on éprouve un déficit. — Celui qui agit sait sans doute qu'il lui en manque; mais son voisin l'ignore, et ne sait peut-être pas, ainsi que les autres, s'il a ou s'il n'a pas son compte à son tour.

Que doit faire le juge saisi, dans ce cas? ordonner, par un premier jugement préparatoire, le mesurage ou l'arpentage de toutes les pièces de terre des propriétaires appelés dans l'instance. C'est, comme nous le disons, une chose si rigoureusement nécessaire, que le bornage ne se peut concevoir autrement. — Par ce jugement, un expert-arpenteur est commis. Au jour indiqué, il se rend sur les lieux et opère selon les règles de son art. Alors, seulement alors, sauf de très-rares exceptions, sont présentées les contestations, soit de titres, soit de propriété; car, à quoi bon les élever auparavant, puisqu'on ne sait pas ce que va produire l'opération géométrique.

Quelles que soient les prétentions des parties, quelque discussion ou contestation qui survienne, cette opération matérielle doit toujours subsister, elle est indépendante de toute application de titres.

Eh bien! dans le système que nous combattons,

ce préliminaire indispensable serait recommencé devant le tribunal d'arrondissement, avec des formes bien peu en harmonie avec l'économie de la loi nouvelle. — Il faut citer en conciliation, lever le procès-verbal, le signifier avec assignation devant le tribunal d'arrondissement, constituer avoué, obtenir jugement préparatoire qui ordonne l'arpentage par trois experts ; signification avec sommation pour la prestation de serment, serment des experts, opération des experts, procès-verbal de ces derniers, dépôt au greffe du tribunal de ce procès-verbal, expédition, signification à avoué, etc., etc.

Un pareil résultat emporte avec soi sa propre réprobation.

D'un autre côté, l'énorme inconséquence de voir un magistrat rendre un premier jugement, les parties l'exécuter, et puis en rendre un second qui annihilerait et le premier, et tout ce qui aurait pu être fait par suite de cette première décision ; un état de choses semblable ne peut non plus raisonnablement exister.

Un fait assez important pour devoir fixer l'attention, est signalé par Masson, c'est lorsque plusieurs, dix propriétaires et plus sont en cause, et qu'un seul élève une contestation. S'il y a incompétence ou dessaisissement, il faut que les propriétaires, même ceux qui ont consenti à toutes les opérations, qui ont approuvé le travail de l'expert, soient renvoyés devant le tribunal d'arrondissement. Et que viendront-ils dire devant ce tribunal ? répéter ce qu'ils ont déjà dit, qu'ils consentent à tout ce qui a été fait devant la justice de paix.

On comprendrait encore jusqu'à un certain point

le dessaisissement, si toute la procédure ne devait pas être recommencée, parce qu'alors tout ce qui aurait été fait conformément à la loi serait maintenu, et que les juges d'arrondissement n'o donneraient en quelque sorte que l'exécution de leur jugement sur l'incident. Et cependant, dans ce cas, les juges feraient encore ce que la loi ne leur a point donné le droit de faire, puisque tout ce qui est notamment opération matérielle rentre dans le ressort de la justice locale, les tribunaux d'arrondissement ne devant décider que les contestations de titre ou de propriété.

Mais il n'en est point ainsi, puisque les partisans de l'incompétence absolue disent que le juge de paix doit réserver les dépens pour être statué par le tribunal qui doit connaître du procès, et que les tribunaux de paix ne connaissent des actions en bornage que lorsque la propriété ou les titres qui l'établissent ne sont pas contestés.

La jurisprudence de certains tribunaux, de ne retenir l'affaire que quand il y a une expertise, a encore ses inconvénients, outre la violation de la règle du maintien des juridictions. En effet, le tribunal nommera trois experts qui compléteront le travail, si l'on veut, du premier expert nommé par le tribunal de paix ; mais avec quelles formalités, encore ! Car enfin le code de procédure, malgré les bonnes intentions de tous, est toujours là avec ses formes rigoureuses et desquelles on ne peut se départir sans danger.

D'un autre côté, on ne fait pas assez attention qu'il est presque certain que le travail du premier expert commis par la justice locale sera critiqué, s'il n'est bouleversé par les experts du tribunal d'arrondissement; alors ce moyen terme admis par quelques tribunaux serait pour la plupart du temps impraticable.

Il faut donc décider que l'incompétence ou le dessaisissement absolu présente trop d'inconvénients pour ne pas être écarté.

Quant au sursis, les avantages sont d'une si saisissante évidence, que l'on conçoit difficilement l'opinion contraire.

Avec le sursis, tout marche de soi; et à quelque période du procès que surgissent les contestations de titre ou de propriété, c'est toujours la justice prompte et économique qui connaîtra des opérations ultérieures, toutes d'experts alors.

Mais un inconvénient d'une portée bien fâcheuse, s'il ne pouvait être évité, est reproché au sursis, c'est la multiplicité des jugements de renvoi devant le tribunal d'arrondissement. On suppose qu'il peut arriver, qu'après le jugement sur un premier incident, le juge de paix soit encore obligé de renvoyer sur un second, puis sur un troisième, un quatrième, et indéfiniment, et alors que de frais, ajoute-t-on, que de perte de temps à l'occasion d'une opération de bornage !

On s'exagère de beaucoup le fâcheux des jugements de renvoi; ce ne peut être principalement que sous le rapport des frais qu'ils occasionneraient. Eh bien ! ils peuvent équivaloir à ceux d'un procès-verbal de non conciliation. — En les portant à quatre rôles chacun, c'est le maximum, chaque jugement ne reviendrait qu'à 4 fr. 70 c.

Ce jugement, qui dans les cas ordinaires ne doit

point être signifié, sera toujours à la charge exclusive de la partie qui aura succombé, et ne viendra pas augmenter la masse commune. Ces frais serviront à punir le téméraire plaideur.

D'un autre côté, on ne peut pas supposer que trois à quatre incidents donnant lieu à des renvois successifs soient formés dans le cours d'une instance en bornage, et l'on voit, du reste, le peu de frais que ces incidents peuvent engendrer.

Ce ne sont pas ces renvois qui sont le plus à redouter, mais bien les procès devant le tribunal d'arrondissement, que les incidents feront naître. Voilà les inconvénients graves auxquels il faut chercher à remédier par une légitime et rationnelle entente de la loi.

Mais le remède ne se rencontrera pas dans l'incompétence ou le dessaisissement du juge de paix ; car devant le tribunal d'arrondissement, qu'une partie conteste le titre d'une autre, soit sous le rapport de la validité, soit relativement à la contenance ou sous d'autres motifs, le tribunal rendra un premier jugement qui videra la difficulté. — Qu'un autre sur le terrain vienne prétendre à la propriété de telle ou telle portion, par suite de prescription, qu'il y ait désaccord, alors nouveau jugement. — Qu'au moment de la plantation des bornes, un propriétaire représente un titre qui donne à son voisin une quantité moindre ; qu'il y ait contestation, encore un jugement ; et ainsi de suite, selon les cas.

Avant que d'arriver au jugement définitif, il peut se faire donc que le tribunal se trouve dans la né

cessité de rendre plusieurs jugements sur les différents incidents qui peuvent se présenter.

Si, quelque moyen que l'on emploie, il était
impossible d'obvier à cet inconvénient, il faudrait
bien prendre un parti, et assurément personne
n'hésiterait ; le choix serait bientôt fait : entre deux
maux, le moindre, c'est-à-dire la juridiction occasionnant le moins de frais, de perte de temps et
de soucis.

Sans doute que devant le tribunal on éviterait le
jugement de renvoi ; mais nous avons vu que les
frais de chaque jugement sur chaque incident sont
de peu, en comparaison des autres frais du procès
sur cet incident : ce n'est pas le coût d'une assignation.

Ce n'est donc pas le sursis qui entraîne avec soi
l'inconvénient signalé, puisque cet inconvénient
existe devant le tribunal d'arrondissement aussi
bien que devant le tribunal du canton.

Mais n'est-il pas un remède à cette multiplicité
de jugements? Ne peut-on pas les éviter, surtout
en justice de paix, en réunissant, par exemple,
toutes les contestations devant donner naissance à
des incidents de la compétence des juges supérieurs?
Et quels moyens pourrait-on employer pour parvenir à ce résultat?

J'essaierai d'indiquer ici quelques-uns de ces
moyens, qui m'ont parfois réussi dans mon ancienne
résidence de l'arrondissement de Beauvais, où les
actions en bornage sont d'une grande fréquence.

D'abord, en se plaçant au point de vue ordinaire
des contestations, une première opération doit
avoir lieu. — Comme je l'ai déjà indiqué, elle est

un préalable à toute délimitation, elle a pour objet le mesurage des terres. — Tant que cette opération n'est point faite, on ne peut rien prétendre, ni élever aucune contestation, ni rien décider.

Le travail de l'expert connu, c'est alors que les titres sont appliqués sur le terrain, que les difficultés, les contestations sont élevées, parce qu'à ce moment elles sont opportunes et peuvent exercer une grande influence sur la fixation des limites.

Jusque-là donc on n'a pas à craindre les incidents qui déterminent le sursis, puisque les quantités matérielles, selon la jouissance, ne sont point encore constatées; mais une fois qu'elles le sont, le juge, au jour qui aura dû être indiqué pour l'application des titres', ordonne la plantation des bornes; c'est à ce moment que toutes les contestations doivent être présentées, contestations sur les titres, contestations sur la propriété.

On voit alors qu'un seul et même jugement peut contenir toutes les contestations, et que l'on évite par là plusieurs jugements, non seulement de sursis, puisqu'ils n'ont pas d'importance, mais des instances sur des incidents qui sont de véritables procès engendrant de grands frais.

Cette sommaire indication de la marche à suivre pourra peut-être paraître insuffisante; j'entrerai, à cet égard, dans les détails de pratique, ils serviront à plus préciser ma pensée.

Il convient de prendre une hypothèse où un grand nombre de propriétaires sont en cause. — Dans ce cas, le juge de paix ordonne, par un premier jugement, la visite des lieux avec un expert-arpenteur, parties présentes; il fixe le point de départ et d'arrêt de l'opération ; il vide immédiatement toutes les difficultés matérielles qui peuvent arrêter l'homme de l'art, et rédige procès-verbal avec indication ultérieure de jour pour l'application des titres et la présentation de toutes les observations. L'expert, avec ces données, opère et prépare au cabinet le travail des reprises. — Au jour fixé par le procès-verbal, l'expert et les parties se rendent à l'audience ; communication du travail leur est donné, et toutes les contestations doivent être présentées, parce que, sans cela, le juge ordonnera qu'il sera procédé à la plantation des bornes. — Chaque propriétaire est tenu de s'expliquer sur ce qui le concerne.

Si l'un prétend avoir prescrit, ou par l'existence d'arbres ou autres signes, ou par d'autres motifs ; si les prétentions ne sont point aplanies, le juge renvoie l'incident devant le tribunal d'arrondissement ; si d'autres difficultés qui sortent des attributions des jnges de paix s'élèvent, par le même jugement elles sont également renvoyées.

Dans les opérations où il n'y a que quelques parties en cause, la marche est fort simple ; l'expert commis opère en présence du juge et des parties ; on applique immédiatement les titres, l'expert fait les reprises en conséquence des quantités énoncées. — Si des contestations surviennent, le juge n'en connaissant pas, prononce le renvoi, et il n'y a jamais qu'un seul incident à vider par suite d'un seul jugement de renvoi.

Je sais qu'on peut faire une objection assez spécieuse et dire : si à la première audience une partie vient contester un titre ou soutenir avoir prescrit ;

si d'autres difficultés ont lieu, le juge sera-t-il obligé de prononcer le sursis immédiatement? — Ne pourra-t-il pas ordonner, au préalable, la levée du plan des terrains?

Cela ne fait pas de doute, et si le plaideur conclut à ce qu'il soit statué sur la contestation actuelle, le juge écartera, par son jugement, cette prétention, et renverra après l'opération préliminaire. Ce jugement serait fondé et à l'abri de la critique, ne devant être considéré en définitive que comme mesure d'instruction.

Dans tous les cas donnés, et quelles que soient les contestations, je pense que le juge de paix, auquel la loi ne trace pour les actions en bornage aucune règle de procédure, a le droit de fixer une audience à laquelle les parties seront tenues de présenter toutes les contestations de titres ou de propriété pouvant donner lieu au sursis. Ce sera de sa part une sage mesure de précaution afin d'éviter par là les inconvénients qu'entraînent après soi les incidents dont la connaissance appartient aux tribunaux d'arrondissement.

Mais, comme je l'ai toujours fait remarquer, il faut, au préalable, que les contenances matérielles soient connues; sans cela, les contestations sont sans objet, puisque, tant que l'opération préliminaire n'est pas faite, on ignore si les quantités trouvées selon les jouissances sont conformes aux quantités écrites selon les titres.

Ainsi, en prenant les différentes voies que j'ai ci-dessus indiquées, on échappera aux inconvénients tant redoutés de la multiplicité des jugements de sursis, et surtout aux inconvénients bien autrement

graves des incidents devant les tribunaux d'arrondissement.

Une dernière et puissante considération doit encore faire adopter le sursis.

En supposant que le dernier motif de l'arrêt de
cassation du 12 avril 1843, motif non déterminant,
mais surabondant, dût faire règle, et qu'en conséquence il suffirait d'indiquer la contestation de la
propriété ou des titres, pour que le juge de paix
se déclarât incompétent, eh bien! en ce cas, afin
de dérouter l'esprit de chicane, rien de plus simple
que le sursis.

Si le plaideur n'élève qu'une contestation sans
fondement et dans le but d'éluder la compétence
locale ou de lasser ses voisins, il supportera la peine
de sa ruse en perdant son procès sur l'incident renvoyé, et en étant obligé de retourner devant la
justice qu'il a voulu éviter.

En prononçant le sursis, le juge de paix fixera
un délai pendant lequel la question préjudicielle ou
l'incident sera vidé. Ce délai devra être assez éloigné.
De la sorte, les parties plaidant sur l'incident, ainsi
que toutes les autres, reviendront à l'audience sans
qu'il y ait besoin d'avenir ou de sommation. Ce
mode est dans les termes et l'esprit de la loi ; la
prononciation vaut citation, dit l'art. 28 du code
de procédure.

CHAPITRE XX.

DES RESTITUTIONS. — DES DÉPENS. — DU PLACEMENT DES BORNES.

§ 1er. *Des restitutions.*

Au jour indiqué dans le jugement qui prononce le sursis et qui renvoie l'incident devant le tribunal d'arrondissement, toutes les parties, ainsi que l'expert, se présentent à l'audience. — La partie qui a élevé les contestations donnant lieu au sursis, ou la plus diligente, représente le jugement qui a statué sur la contestation. — Alors les parties font tous dires et observations qu'elles jugent convenables; il est ordonné que l'expert rectifiera ou complétera son travail des répartitions de terrain au cabinet, en suivant pour base les décisions intervenues, tant du tribunal de paix que du tribunal d'arrondissement.

Sur les lieux, en présence ou en l'absence des parties, l'expert représente son travail; chaque propriétaire est obligé de s'expliquer sur ce qui le concerne, approuve ou improuve ce qui a été fait sur le papier, en demande la rectification ou la modification; le voisin intéressé consent ou ne consent pas; l'expert est entendu, et le juge décide si le travail sera ou ne sera pas maintenu.

Les reprises étant consenties ou ordonnées, le juge statue sur les restitutions de fruits ainsi que sur les dépens, et ordonne la plantation des bornes.

A cet égard, tout ce qui a été fait en ce qui concerne la jouissance antérieurement au procès, doit être maintenu, parce que chaque propriétaire est considéré comme étant de bonne foi, jusqu'à preuve contraire. — Ainsi, lorsque la mauvaise foi n'est pas établie, celui à qui l'on reprend du terrain pour compléter la quantité du voisin, si ce terrain est couvert de récoltes, a le droit de recueillir les fruits; en un mot, celui qui sème récolte. Ce mode est aussi simple que juste. — Cependant, si les terres n'étaient encore que préparées, dans ce cas, le voisin aurait à tenir compte des labours et semences.

La loi romaine a une disposition à l'égard des fruits : la loi 4, § 2, *fin. reg.*, porte : *Post litem autem contestatam etiam fructus veniant in hoc judicio; nam et culpa et dolus exindè præstantur. Sed antè judicium percepti, non omnimodo hoc in judicium venient; aut enim bonâ fide percepit, et lucrari eum oportet, si eos consumpsit; aut malâ fide, et condici oportet.*

Après la contestation en cause, les fruits sont aussi accordés par cette action; car après cela la fraude et le dol existent. Mais perçus avant le jugement, ils ne sont point du tout accordés; car, ou de bonne foi perçus, et on en profite si consommés; ou de mauvaise foi, alors il faut assigner (*et condici oportet*).

Pardessus dit que celui à qui l'arpentage ou le bornage a enlevé quelque portion de terrain dont il jouissait précédemment, doit restituer seulement les fruits perçus depuis que l'action est intentée, à moins qu'il n'eût anticipé de mauvaise foi; auquel cas il devrait des dommages-intérêts depuis son anticipation, et tous les dépens.

Curasson. — « La restitution des fruits est une conséquence de l'action en bornage ; mais il faut observer que celui qui, par le résultat de cette opération, sera reconnu avoir anticipé, ne doit les fruits que depuis la demande en justice ; ceux antérieurs à la demande ne pourraient être réclamés que contre le possesseur de mauvaise foi ; mais la mauvaise foi ne se présume point, elle doit être prouvée. Il est rare que cette preuve puisse résulter d'un bornage dont l'objet est de faire réparer de légères anticipations dont on ignore l'époque, et quelquefois la cause. »

Perrin. — « Celui qui, par l'effet du mesurage et du bornage, est reconnu avoir possédé plus qu'il ne lui revenait, ne doit restituer les fruits de la portion de terrain qu'il est tenu de rendre, qu'à compter seulement de la mise en demeure ou de la demande en bornage, à moins qu'il ne soit constitué en mauvaise foi. »

Vaudoré — « Celui qui est obligé de restituer par suite de bornage, ne doit compte d'aucuns fruits s'il a joui de bonne foi, mais il doit en payer la valeur à partir de la mise en demeure, ou s'il a possédé de mauvaise foi, comme *s'il a franchi des bornes* ou *fait une entreprise visible.* »

M. Frion pense que les fruits perçus depuis la demande, doivent être restitués en nature, et que celui qui récupère une portion de terrain doit faire compte des labours et semences ; et s'il y avait dégradation, comme arbres arrachés ou enlevés, il y aurait lieu à dommages et intérêts s'ils l'avaient été depuis la demande. — Le juge de paix a compétence pour obliger à restitution, parce que le juge de la restitution doit l'être pour la condamnation aux dommages-intérêts.

Toutes ces opinions, qui ne diffèrent point au fond, ont toutes pour principe le principe romain.

§. 2. *Des frais. — Ceux judiciaires, en commun ou par tête, et ceux d'opération matérielle proportionnellement aux quantités.*

Le bornage ayant lieu dans l'intérêt commun des propriétaires, les frais devaient nécessairement être en commun. Aussi, sous l'ancienne législation comme sous la nouvelle, cette règle était-elle constante? Le code rural de 91 a décidé qu'il serait à moitié frais, et le code civil à frais communs. Ce changement dans l'expression nous paraît intentionnel.

Pardessus fait une distinction qui n'a pas été adoptée par tous les jurisconsultes. Après avoir dit que celui qui se refuse au bornage doit être condamné aux dépens, n'eût-il que sa quantité, il ajoute : hors ce cas, il nous semble que la proportion dans laquelle les frais doivent être supportés, est celle de l'étendue de chaque propriété ; autrement, le propriétaire d'une portion considérable de terrain, dont l'arpentage serait devenu nécessaire pour arriver à fixer le lieu de plantation des bornes, pourrait ruiner son voisin qui n'en aurait qu'une très-petite partie, en lui faisant supporter la moitié des dépens. Il semble naturel, dans ce cas, de distinguer entre le bornage et l'arpentage : le bornage intéresse dans la même proportion les deux voisins; car il peut seul prévenir les anticipations, mais l'arpentage concerne chacun pour ce qui lui appartient.

Vaudoré, *Droit rural,* critique cette opinion. — L'opération du bornage s'effectue dans l'intérêt réciproque des parties; dès-lors, les frais en sont supportés par moitié entre elles, sans avoir égard au plus ou moins d'étendue de chaque pièce. Le code n'examine, pour fixer leur part contributoire dans les frais, ni la valeur, ni l'étendue des héritages limitrophes (Delvincourt cité). — M. Pardessus prétend que les frais doivent être supportés par chaque partie, en raison de l'étendue de son héritage, mais cette exception n'est point autorisée par la loi. (V. t. 1, p. 56, n° 78.)

Dalloz explique l'opinion de Pardessus. — Aux termes du code, le bornage se fait à frais communs. M. Pardessus, n° 129, enseigne que la proportion dans laquelle les frais doivent être supportés, est celle de l'étendue de chaque propriété. Pailhet, sur l'art. 646, pense que cette distinction est contraire à la loi : la pensée de M. Pardessus a besoin d'être expliquée pour se trouver conforme à la loi. Il faut sans doute entendre son opinion en ce cens que le propriétaire d'un terrain plus petit que celui du voisin qui demande le bornage, ne peut être tenu de la moitié de tous les frais de bornage de la propriété plus grande; mais que, quant à la portion contigue des deux héritages entre lesquels il y a lieu à bornage, la portion de frais proportionnelle doit être établie par moitié. Le texte du code, d'une part, l'équité, de l'autre, ne permettent pas d'adopter une autre interprétation.

Cette dernière opinion de Dalloz nécessite une explication, pour la rendre parfaitement claire, car elle ne se fait pas saisir aussitôt. — Par portion contigue, l'auteur entend sans doute la plantation de bornes, qui doit être par moitié.

Curasson l'interprète ainsi : Pardessus, dit-il, distingue le bornage de la délimitation nécessaire pour y arriver. Les bornes étant destinées à prévenir les anticipations dans l'intérêt des deux parties, elles doivent supporter également les frais de la plantation. Pour ce qui est de ceux de la délimitation, qui sont plus considérables, ils doivent être proportionnels à l'étendue des terrains.

Perrin ne suit pas l'avis de Pardessus. Lorsque le bornage, dit-il, nécessite l'intervention de la justice, les frais judiciaires sont, comme les frais de l'opération du bornage même, supportés en commun, et suivant Pardessus, répartis en raison de l'étendue de chaque propriété. — Toutefois, le sentiment de Pardessus n'a, jusqu'à présent, été adopté, ni par l'usage, ni par la jurisprudence, en sorte qu'on pourrait dire avec l'art. 646 du code civil, que tous les frais relatifs au bornage doivent être supportés par égales portions entre les parties; mais en équité, au moins, le sentiment de Pardessus doit être adopté.

Vaudoré, dans son nouvel ouvrage, a abandonné sa première opinion et s'est rangé de l'avis de Pardessus.

A l'égard des incidents qui peuvent se présenter dans le cours de l'opération et même au début, les frais en doivent être supportés par ceux qui succombent dans leurs prétentions.

Tous les auteurs sont unanimes sur ce point.

Pardessus. — Les frais sont en commun; mais celui qui se serait refusé à la demande, devrait supporter les frais de la procédure à laquelle il aurait donné lieu, quand même il se trouverait, en définitive, n'avoir rien usurpé sur son voisin.

Toullier. — Quoique le bornage se fasse à frais communs, il peut, à son occasion, s'élever des incidents qui suivent le sort de tous les procès, dont les frais sont supportés par celui qui succombe.

Perrin suppose même le cas de la mise en demeure, et fait supporter les frais de la procédure. — Si, sans un empêchement légitime, l'un des voisins refuse un bornage demandé par l'autre; si, sommé de nommer des experts, il reste muet, il devra supporter seul les frais de la procédure à laquelle son entêtement aura donné lieu, encore bien que lors de l'opération, il se trouve n'avoir rien usurpé sur son voisin; mais dans cette hypothèse encore, les frais de l'opération de bornage devraient encore être supportés en commun.

Cette dernière décision n'est pas approuvée par Vaudoré. Selon Perrin, dit-il, celui qui oblige son adversaire à l'amener devant le juge, doit supporter les frais de la procédure. La loi ne fait pas encore ici d'exception : or, on ne peut s'arrêter à l'opinion de l'auteur; tous les dépens, et même ceux de la première opération, rentrent dans la dépense du bornage. — On sent que si l'une des parties élève d'injustes prétentions, et qu'elle ne les fasse pas accueillir, elle doit en payer les dépens comme étant le fruit d'un mauvais incident.

Le mode de la répartition des dépens a donné

lieu, comme l'on voit, à trois opinions principales. Nous ne croyons devoir les adopter ni l'une ni l'autre sans modification.

Pardessus enseigne que la répartition des frais doit être faite en raison de l'étendue des terrains.

Vaudoré, Pailliet, Perrin et autres rejettent cette opinion et décident que les frais doivent être par moitié et non proportionnels au plus ou moins de grandeur des propriétés.

Dalloz et Curasson pensent que l'opinion de Pardessus doit être ainsi restreinte : tous les frais seraient proportionnels aux quantités, à l'exception de ceux de plantation de bornes, qui seraient en commun.

Nous pensons qu'un autre mode doit être suivi, plus conforme à l'esprit de la loi et à la pratique des opérations de bornage, à savoir que les frais judiciaires proprement dits doivent être supportés en commun, et ceux d'opération matérielle, y compris la plantation des bornes, répartis au prorata des quantités.

Cette répartition n'est pas contraire à l'esprit de la loi, pas même à ses termes; car en commun ne veut pas toujours dire par moitié; ce qui est en commun peut être par portions inégales, tandis que la moitié est une quantité déterminée qui ne peut varier. S'il y a deux ou dix propriétaires en cause, ce sera toujours la moitié, le tiers, le quart; mais en commun peut se concevoir avec des quantités inégales, ce ne sera pas moins une répartition commune.

C'est donc avec intention que l'on a substitué le mot commun au mot moitié.

La répartition des frais, comme nous la concevons, est en outre dans l'esprit de la loi. Les frais judiciaires doivent être par tête, parce qu'ils sont en quelque sorte personnels, que la plus ou moins grande quantité de terrain ne les diminue ni ne les augmente.

Mais il n'en est pas de même des frais de l'opération matérielle. Plus les terres ont d'étendue, plus elles demandent de temps pour les mesurer. — Il peut arriver aussi qu'un seul propriétaire ait plusieurs pièces de terre soumises au bornage.

Les auteurs ne parlent des frais judiciaires qu'en tant qu'ils concernent les incidents du procès, et ils les font tous supporter avec raison par le téméraire contestant. L'un d'eux, Perrin, va plus loin ; il prétend que dans ces frais doivent être compris ceux préalables à toute action en justice, tels que sommation, nomination d'experts à l'amiable. Vaudoré soutient au contraire que ces frais tombent dans la masse commune et entrent dans la dépense de l'opération de bornage.

En droit rigoureux, les frais d'un essai de bornage amiablement tenté ne doivent pas faire partie des frais d'un bornage judiciaire. Si nous avions à prendre un parti relativement à cette question, nous nous prononcerions pour les fra s à la charge du plaideur récalcitrant ; car ce serait lui qui aurait occasionné l'action en justice, action qui, sans son mauvais vouloir, aurait pu être facilement évitée.

M. Frion admet la distinction que nous avons faite. « J'ai toujours cru, dit-il, plus conforme à la justice, sans être en opposition avec l'esprit de la loi, de faire acquitter par égales portions les frais de procédure, et à l'égard de ceux relatifs aux opérations, proportionnellement à l'étendue de chaque héritage, lorsque l'un est beaucoup plus considérable que l'autre. — Autrement, dans le premier cas, le propriétaire d'une portion considérable de terrain ne paierait pas plus que son voisin, qui n'en aurait qu'une très-petite partie, bien que les opérations auront dû être beaucoup plus longues pour lui. — Dans le second, au contraire, le même propriétaire supporterait seul la presque totalité des frais de la procédure. (V. p. 58.) »

Ainsi, les frais judiciaires, à l'exception de ceux de contestations incidentes, sont en commun, c'est-à-dire que la répartition s'en opère par tête, et les frais d'opérations matérielles en raison des contenances.

§ 5. *De la plantation des bornes. — Aux bornes naturelles et immobiles, bornes artificielles.*

Une fois les limites des héritages connues, il est nécessaire de les constater au moyen de signes invariables. C'est là l'objet de la plantation de bornes. — Ces signes sont d'une infinie variété. Là ce sont des limites naturelles immuables, telles que rivières, rideaux, rochers, édifices, arbres, haies, fossés, chemins, etc., etc. — Ailleurs des piquets ou pieux, mais le plus généralement des pierres enfoncées en terre.

Nous donnerons les règles que nous ont transmises les jurisconsultes.

Pardessus. — Les lois rurales n'ont point, jusqu'à présent, donné de règles sur la manière de placer les bornes, sur les signes caractéristiques qu'il fallait leur donner, et sur la manière dont elles devaient être faites. Il faut suivre les usages locaux. Lorsque des fossés, des sentiers ou des haies en tiennent lieu, l'usage en détermine la largeur et la profondeur....

Dalloz. — « L'expression de bornes n'a pas dans la loi le même sens que dans le langage usuel. Elle indique des signes physiques ayant certains caractères usités propres à faire reconnaître leur destination. Les usages, à cet égard, varient suivant les localités. Dalloz cite Pailliet, Toullier et Pardessus, et fait remarquer qu'il faut suivre les usages locaux pour fixer les caractères des véritables bornes. (V. rec. alph., v** *Serv.*, art. 2, n° 11.) »

Perrin. — « (Bornes), marques soit naturelles, soit de main d'homme, indicatives de la séparation de deux héritages contigus. — Ainsi peuvent être pris pour bornes les rochers, les édifices, fleuves, rivières, collines, arbres, haies, fossés, etc.; mais on entend communément par bornes des pierres plantées debout et enfoncées sur la ligne qui sépare les terrains. — Les bornes doivent être plantées dans l'alignement les unes des autres, et pour les distinguer des autres pierres que le hasard ou le désir de nuire pourrait avoir placées au-delà ou en deçà, on les assiste de témoins. — Lorsque le terrain est inégal ou assez étendu, il est bien de placer des bornes intermédiaires, de manière que de l'une on puisse apercevoir l'autre; et la ligne de démarcation des deux héritages est la ligne droite tirée d'une borne à l'autre. (V. p. 239, 240.)

Vaudoré rappelle ce que vient de dire Perrin.

On a dû remarquer que les auteurs semblent confondre les bornes naturelles ou immobiles avec les bornes mobiles, et qu'ils appellent *bornes*, les rideaux, rochers, chemins, rivières, haies, fossés, etc. Ces accidents de terrain ne sont pas, dans le sens légal absolu, exactement des bornes; ce ne sont que des démarcations physiques, et ce qui le prouve, c'est que une demande en bornage de propriété ainsi délimitée n'en serait pas moins admissible, et cependant de telles bornes naturelles sont certaines; mais la jurisprudence exige encore plus de certitude; elle veut une plantation de bornes, et surtout nous ajouterons, un titre qui la constate. — D'après cela, il faut entendre les auteurs en ce sens, que les signes naturels, immobiles, n'empêchent pas le placement des bornes admises par l'usage.

Je crois que dans tous les cas possibles il est toujours plus prudent, afin d'éviter toute espèce de difficultés, de se servir de pierres oblongues, avec les témoins usités dans chaque localité.

D'ordinaire, les bornes sont placées à tous les angles des pièces ou parcelles de terrain. Elles peuvent être en plus ou moins grand nombre selon les irrégularités de terrain ou la trop grande longueur des héritages.

Au surplus ces détails rentrent dans le domaine des hommes de l'art.

CHAPITRE XXI.

DU PROCÈS-VERBAL DE L'OPÉRATION DE BORNAGE. — CE QU'IL DOIT CONTENIR. — PLAN FIGURATIF.

Il ne suffit pas de planter des bornes aux extrémités des confins de chaque champ, il en faut encore constater l'existence. Sans cette précaution, le bornage peut devenir illusoire et donner lieu à de fréquentes usurpations, certain que l'on sera que l'on ne pourra arriver au rétablissement des limites que par une nouvelle et dispendieuse opération.

Tous les auteurs prennent soin de recommander cette mesure, et cependant il arrive presque toujours que les propriétaires qui procèdent à un bornage amiable ne l'exécutent pas.

Mais en justice, il n'en peut point être ainsi ; la preuve de l'opération du bornage est une formalité tellement importante, qu'elle doit être constatée par le juge qui y a présidé.

Toullier dit qu'il est d'usage de faire mention des témoins dans le procès-verbal où il est bon de donner les dimensions de la pierre bornale.

Vaudoré, droit rural. — Pour prévenir les difficultés qui peuvent survenir après la plantation, on doit faire dresser un procès-verbal de l'opération et y fixer la longueur et la largeur de chaque pièce limitrophe.

Perrin. — On éviterait bien des difficultés et on

11*

se trouverait dans les termes et l'esprit d'un arrêt rendu par la cour de Pau le 29 mai 1839, rapporté aux annales de la législation, t. 7, n° 171 , si, profitant de l'avis qu'en donne Toullier, on avait la précaution de clairement désigner la pierre bornale ou tout autre objet pris pour borne, dans le procès-verbal de bornage; d'y établir les dimensions et la forme de cette pierre; la distance qui existe entre les unes et les autres; leur direction, leur éloignement des murs, arbres, haies, fossés, etc., de l'un ou de l'autre voisin, et même de tous les deux, s'il est possible; enfin, de désigner aussi les objets qu'on a déposés comme témoins.

Vaudoré, droit civil des juges de paix. — On doit, pour empêcher le déplacement des lignes divisoires, dresser procès-verbal de l'abornement; on y énonce la figure des devises et la distance observée entre chacune d'elles; enfin, on peut prendre des rochers, des édifices pour repère; il est bon qu'on y indique la forme et la nature des témoins. — L'opération doit être faite par le juge ou par un rapport d'expert dûment homologué.

Les auteurs ne s'occupent pas du plan des pièces de terre, et cependant ce plan est la chose la plus nécessaire pour la constatation des opérations. Dans ce plan doivent être indiquées les anciennes limites ainsi que les nouvelles par suite des reprises, et la distance des bornes entre elles.

Curasson a le mieux compris l'importance de ce que devait contenir le procès-verbal, en disant que la plantation des bornes, qu'elle soit pratiquée par les parties elles-mêmes, ou sous la surveillance du juge, doit être accompagnée d'un procès-verbal dans lequel il ne suffit pas de mentionner le nombre, la forme des pierres servant de bornes et les morceaux placés dessous pour témoins; il faut avoir attention d'indiquer, dans ce procès-verbal, comment ont été levées les lignes d'une borne à l'autre; si la ligne est droite, ou si, étant circulaire elle forme telle ou telle courbure d'un côté ou d'un autre. Cette démonstration est la seule manière d'empêcher la transposition des bornes et de faciliter le rétablissement des limites. Un plan joint au procès-verbal d'arpentage et de bornage, serait le moyen le plus sûr, mais il ne saurait être employé que dans des délimitations de quelqu'importance.

Curasson est le seul auteur qui ait parlé d'un plan à joindre au procès-verbal de bornage, mais il ne le considère praticable que pour les opérations importantes. Il ne donne pas de motifs de cette opinion. Nous n'en connaissons aucun, et nous pouvons assurer qu'il n'en existe point, car nous avons pour nous l'expérience, et il nous est déjà arrivé de faire faire par l'expert un plan d'un bornage de deux pièces de terre et même d'un simple rideau présentant des sinuosités.

Le plan est le plus sûr moyen d'obtenir une opération durable; il peut avoir lieu pour tout bornage quelque minime ou important qu'il soit. Il est l'image, la reproduction de ce qui est, de ce qui a été fait : aussi cette reproduction des choses matérielles est-elle appelée *plan figuratif*. — Dans tout bornage un plan doit avoir lieu et être joint au procès-verbal qui n'en est que l'explication motivée.

Voici ce que doit contenir, dans les cas ordinaires, le procès-verbal de bornage :

D'abord les formalités communes à toutes les visites de lieux faites avec expertise.

2°. La décision du juge sur les difficultés matérielles d'exécution.

3°. Les contenances matérielles selon les jouissances actuelles.

4°. Les contenances d'après les titres représentés.

5°. Les pièces de terre qui n'ont pas leur compte.

6°. Les reprises effectuées sur telles ou telles pièces.

7°. La contenance de chaque pièce par suite des reprises.

8°. La condamnation afin de restitution, si les parties n'y consentent.

9°. La plantation des bornes, leur position, leur direction et la distance des bornes entre elles, ou portée de chaîne de l'une à l'autre borne, ou balance des bornes entre elles.

10°. Les restitutions des fruits, le cas échéant.

12°. La condamnation aux dépens, avec la distinction admise entre les frais de procédure et ceux de l'opération, ainsi que les frais des incidents.

CHAPITRE XXII.

VUES GÉNÉRALES.

Avant de terminer notre travail sur le bornage,

nous croyons utile d'indiquer quelques vues générales, fruit de l'expérience.

D'abord, les parties, autant que possible, doivent se voir, se parler, non pas par l'intermédiaire
abusif du garde champêtre, mais par elles-mêmes.
Il faut éviter les occasions de la moindre irritation.

Si elles ne peuvent s'accorder, le propriétaire
intéressé doit se présenter devant le juge de paix
qui indiquera jour aux parties pour les entendre.

Si le magistrat conciliateur, après avoir épuisé
tous les moyens de conciliation, n'a pu parvenir à
terminer l'affaire à l'amiable, le demandeur peut
essayer d'un mode qui, près de certaines gens, a
souvent réussi : la sommation préalable sur les lieux
avec expert.

Dans ce cas, si les parties ne comparaissent pas
ou ne consentent pas à ce mode amiable, le demandeur pourrait ne faire citer que les récalcitrants
et se présenter en justice de paix avec les autres
parties. — Cette comparution volontaire doit être
faite conformément à l'art. 7 du code de procéd.
civile, parce que cet article renferme une règle générale (que le juge soit ou ne soit pas compétent),
et n'est point fait seulement pour le cas de prorogation de compétence, comme le pensent quelques-uns.

A propos de la prorogation de compétence, nous
devons dire qu'avant la loi de 1838, plusieurs auteurs éminents, entre autres MM. Duranton et
Rogron ont été d'avis que la compétence en matière
de bornage pouvait être prorogée en justice de
paix. — (V. Duranton, t. 5, n⁰ˢ 247, 248 et suivants, — et Rogron, code rural expliqué, p. 22
et 23.)

A cette époque, cette doctrine aurait eu ses dangers. Aujourd'hui que les juges de paix ont plus qu'un germe de compétence pétitoire pour ces sortes d'actions, il paraîtrait rationnel de décider qu'ils pourraient, du consentement des parties, connaître, avec prorogation de compétence, des contestations même de propriété ou de titres.

Par là, on éviterait les frais des incidents qui sortent de la compétence des tribunaux de paix.

Mais il est encore une autre voie, celle de l'arbitrage, qui semblerait spécialement faite pour la matière qui nous occupe. — C'est ainsi que l'a envisagé M. Pardessus, t. 1, p. 301.

En parlant d'arbitrage, nous n'entendons conseiller que l'arbitrage par amiables compositeurs, dispensés des règles de droit et des formes de la procédure. Sans cela, le but proposé serait manqué, puisqu'on retomberait dans la procédure des tribunaux (et alors il vaudrait mieux que la justice ordinaire eût son cours.)

Le bornage, appliqué sur une grande échelle, aurait les plus heureux résultats; il pacifierait les campagnes, car il ne serait pas seulement un obstacle aux furtives usurpations qui se commettent si souvent, mais encore aux difficultés de passage, aux indemnités qui en résultent, et à une foule d'autres contestations qui naissent du voisinage.

Pour arriver à ce résultat, il faudrait que les propriétaires de chaque territoire nommassent (par compromis notarié afin d'éviter toutes méprises), plusieurs arbitres choisis parmi les hommes de loi, lesquels auraient mission de faire opérer le bornage de tout le terroir communal et de décider toutes les contestations de propriété et de titres.

M. Dumay, avocat et maire de Dijon, avec lequel nous sommes, sous bien des rapports, en communion d'idées, conseille comme nous, ce bornage, qu'il appelle bornage général des fonds d'un territoire.

Une semblable opération qui paraîtrait, sinon impossible, au moins difficile à l'exécution, a eu lieu dans plusieurs communes des environ de Dijon, et M. Dumay fait des vœux que nous faisons également, pour que cette mesure soit généralement adoptée. (V. appendice à Curasson, p. 59, n° 52.)

FIN.